Johann Weiss

Über das Zunftwesen und die Frage

sind die Zünfte beizuhalten oder abzuschaffen

Johann Weiss

Über das Zunftwesen und die Frage
sind die Zünfte beizuhalten oder abzuschaffen

ISBN/EAN: 9783743406933

Hergestellt in Europa, USA, Kanada, Australien, Japan

Cover: Foto ©Suzi / pixelio.de

Weitere Bücher finden Sie auf **www.hansebooks.com**

Ueber das Zunftwesen und die Frage: Sind die Zünfte beyzubehalten oder abzuschaffen?

Eine von der Hamburgischen Gesellschaft zur Beförderung der Künste und nützlichen Gewerbe am 25. Oct. 1792. gekrönte Preisschrift.

Von

Johann Adam Weiß.

Est modus in rebus, sunt certi denique fines.
Quos ultra citraque, nequit consistere rectum.

Frankfurt am Mayn
bey Heinrich Ludwig Brönner
1798.

Seinen

geliebten Mitbürgern

der

freyen Reichs-Stadt

Speyer.

Die Beantwortung dieser Preißfrage hat bey mir eine doppelte Absicht. Ich bemühte mich, einige aus sichern Erfahrungen genommene Data, nicht die Frage selbst, nach der gemachten Einschränkung für einen blos durch Zwischenhandel bestehenden Staat, aufzulösen, — mein Hauptzweck war vielmehr, als Mensch, der am Elende eines gewiß beträchtlichen Theils der leidenden Menschheit warmen Antheil nimmt, die im Allgemeinen jedem täglich ins Auge fallende, größtentheils unverschuldete Armuth und Noth des deutschen Handwerkers anschaulich darzustellen, ihre mannichfaltige, und doch sich immer in einem Punkt vereinigende Ursachen anzugeben, sie, wo nicht ganz zu heben, doch in etwas zu mindern, auch hohe und niedrige Obrigkeiten auf ihre unglückselige Quellen aufmerksam zu machen. — Ein Zweck, den ich, immer im näheren Bezug auf meine, mir mit Recht ewig theure Vaterstadt, bearbeitete, an dessen Erreichung ich nicht verzweifle; wenn anderst meine, aus langer Erfahrung und eigener genauen Bekanntschaft mit dem Gewerbestand gesammelten Gründe, von denen Personen, welche Einfluß auf dieß Geschäfte haben, reiflich erwögen, als richtig anerkannt, folglich die künftige Bildung der Handwerker und Bürger, ihre Annahme und die spätere sparsamere Ertheilung des Meister-Rechts einigermaßen darnach eingerichtet werden.

Sie kennen mich, geliebte Mitbürger! Ich bin unter Ihnen aufgewachsen. Getrost darf ich mich auf das Innerste meines Herzens, auf Alle meine Handlungen berufen — getrost Sie selbst zu Zeugen auffordern: daß ich Ihr Wohl immer wie mein eigenes angesehen habe, daher Sie um so weniger meinen guten Willen: Ihnen mit dieser Abhandlung nützlich zu seyn, mißkennen werden.

Ich hatte als Meisters Sohn, als selbst gelernter Handwerker, und dann als Zunftherr bey mehreren Zünften die beßte, die sicherste Gelegenheit, den Zunftgeist in seinen mannichfaltigen Gestalten genau zu beobachten. Ich lernte ihn oft als Wohlthäter, oft als Tyrannen seiner Untergebenen, oft als Seegen, oft als Unseegen fürs Publikum kennen — als einen Schutzengel für beyde, so lange man streng auf wirklich gute, durch lange Erfahrung als solche erprobte Zunft-Artikel hielt — als Verderber der Handwerker und ihrer Kunden, wenn diese vernachläßigt, an ihrer Stelle blos alberne, steife, ins gegenwärtige Zeitalter gar nicht mehr passende Observanzen mit einer eben so lächerlichen als schädlichen Pünktlichkeit beobachtet wurden.

Partheyische Vertheidiger dieses Zunft-Geistes sahen und sehen gewöhnlich noch, nur sein Gutes, nie seine Fehler — und leidenschaftliche Verfolger dieser Verfassung, nur das Schlimme, nie ihre unverkennbaren Vortheile — und beyde verfehlten, die auch hier, wie fast aller Orten, in der Mitte liegende Wahrheit. Immerhin mögen in vorigen Zeiten, manche Zunft-Einrichtungen nöthig und nützlich gewesen seyn. Folgt aber daraus, daß sie es Alle ohne Ausnahme, noch jetzo sind? Können sie denn nicht ihren damaligen Zweck völlig erreicht, können sich nicht indessen die Begriffe von tausend Dingen geändert, Lage und Umstände eine ganz andere Wendung bekommen haben? Und müssen sie nicht, in diesem Falle, verbesserten Einrichtungen Platz machen? Wer von Uns, geliebte Mitbürger! läßt sichs nur einfallen, Alles, was ihm als Kind, nothwendig, unverbesserlich, höchstpassend war, auch als Mann oder Greis, aus dem nemlichen Gesichtspunkt zu betrachten? Jedes menschliche Machwerk ist, seiner Natur nach, frühern oder spätern Abänderungen unterworfen. Daher muß, den Umständen gemäß, immer nachgeholfen, eingelenkt, mit Klugheit niedergerissen, aber auch wieder aufgebauet werden, so wie unsere Kenntnisse wachsen oder abnehmen, ja selbst oft genug, wie es der unvermeidliche Einfluß der launigten Göttin Mode erfordert; wenn er so stark, so genau mit unsern Verhältnissen verwebt ist, daß wir ihm, ohne offenbaren Nachtheil, unmöglich ausweichen können. Allein weise, unpartheyische Prüfung muß vorhin abwägen: Ob das Neue oder das Alte, dem Ganzen und allen Theilen, mehr wahren Vortheil bringe — ob wir eine wirkliche Verbesserung einführen, oder einem Hirngespenste nachjagen, das uns vielleicht wie ein Irrlicht in Abgrund führt?

Freyheit (ein seit Jahrtausenden so oft mißverstandenes Wort) ist jetzo die Losung fast aller Völker. Und gewiß ist der größte Theil schwerlich im Stande zu beurtheilen: Ob er dieses Geschenk des Himmels, in seiner ganzen Ausdehnung, ohne grössern Nachtheil benutzen könne? Frey soll auch jedes Gewerbe seyn! so rufen alle Nichthandwerker und Stümper. Und schädlich würde nicht nur den Handwerkern, sondern selbst den Gegnern der Zünfte, die nicht wissen, was sie bitten, die gänzliche Aufhebung aller wohlthätigen Einschränkung werden;

wilder, gesetzloser Taumel würde schnell in Anarchie ausarten.

Ich glaube in meiner Abhandlung überzeugend bewiesen zu haben: daß die Menge der Handwerker auf den Dörfern, vorzüglich aber die ungeheuer übersetzte Meister-Anzahl in den Städten, bey den seit 300 bis 400 Jahren so ausnehmend veränderten Verhältnissen der Handlung ins Ausland und andere Welttheile, der wahre Ursprung des Nahrungs-Mangels und der daraus fliessenden elenden Lage unserer Handwerker sind. Lassen Sie uns z. B. annehmen, Meine theuersten Mitbürger! daß ein Hausvater 50 Morgen Land baue, und seine Produkte jährlich sicher verkaufen kann — daß aber dem nemlichen auf einmal, oder nach und nach 25 Morgen davon entzogen werden, und noch überdieses die Möglichkeit, seine Früchte rc. zu verkaufen, um die Hälfte vermindert wird — so braucht man wahrlich kein grosser Rechenmeister zu seyn, um einzusehen: daß der gute Hausvater, bey aller möglichen Fortsetzung seines vorigen Fleisses, bey aller Erfahrenheit in der Wirthschaft dennoch nur den vierten Theil Einnahme übrig behält, nur den vierten Theil Knechte und Mägde beschäftigen kann, und noch mehr leidet, wenn vielleicht gar der Lohn für Dienstboten steigt, die Lebensmittel theurer werden, und der Aufwand in seiner ganzen Haushaltung zunimmt. Dieß ist gerade das Bild der meisten Handwerker. Ich kenne äusserst thätige, rechtschaffene, geschickte Professionisten, die Tag und Nacht anhaltend zu arbeiten wünschen. Allein sie finden keine Beschäftigung und müssen zu ihrem grossen Jammer, gezwungen müssig gehen. Voll Wehmuth sieht man sie für die Ihrigen gegen den Hungerstod kämpfen, und kaum verschafft ihnen ihr Sieg das trockene Brod. Nun denke man sich dergleichen unschuldig darbende Schlachtopfer! Welchen fürchterlichen Eindruck muß auf sie jede obrigkeitliche Anweisung eines neuen Meisters an ihre Zunft machen! Er seye ein Meisters Sohn oder Fremder. Dieß verändert nichts in der Sache. Einer vermindert, wie der andere, ihre ohnehin kaum halb zureichende Nahrung. Die Zunft muß ihn ohne Widerspruch aufnehmen, weil er eine Burgers Wittwe oder Tochter heurathet, und sich dabey mit dem, entweder wirklichen, oder wohl gar erst nach mehrern Jahren zu erwartenden ungewissen, etwa von einer Erbschaft abhangenden, festgesetzten, elenden Burgerschilling von 500 Gulden als annahmsfähig zeigte, oder als Burgers-Sohn ein unwidersprechliches Recht dazu haben soll. Denn selten wird, ausser diesen beyden Umständen, vorhin die nicht ganz unbedeutende Frage genau untersucht: Hat denn auch der eine oder der andere, wirklich so viel baares Vermögen, daß er sich das oft wenig betragende Handwerkszeug, ohne Schulden zu machen, anschaffen kann? Wo will er den ersten Verlag, die nöthigen rohen Materialien hernehmen, da oft sogar das Geld zu den Kosten des Meister- und Zünftigwerdens geborgt wird? So ist man überhaupt mit der Ertheilung des Meister-Rechts in der That allzu freygebig. Und hiezu verleitet der gewiß nicht richtige, obschon fast allgemein als wahr angenommene Grundsatz: Meisters-Söhnen, oder auch fremden Gesellen, die Meisters-Töchter oder Meisters-Wittwen heurathen, kann man, ohne Ungerechtigkeit, die Annahme in die Zunft unmöglich versagen. Als wenn es keine scheinbare Wohlthaten gäbe, welche dem, der sie erzwingt; in kurzem den größten Nachtheil zuziehen. Als wenn man nicht mit voller Gewißheit voraussehen könnte, daß unter den eben vorausgesetzten Umständen, bey ihrer Armuth, bey dem schön an sich übersetzten Handwerk, dergleichen Personen in wenig Jahren, mit Weib und Kindern, dem grössern oder kleinern Staate, als Kostgänger heimfallen müssen!

Werden Sie, meine Mitbürger! in dieser Lage, die obrigkeitliche Versagung eines so nachtheiligen, sich und andern zu Grunde richtenden Rechts denn willkührlich, ungerecht, oder gar despotisch nennen? Schwerlich kanns einer thun, ohne sich selbst für einen Tyrannen zu erklären, wenn er sein Kind, das sich blindlings zu Grunde richten will, durch die wirksamsten, selbst Gewalt anlegenden Mittel, von dem rasenden Schritt zurück hält. Man entzieht ja dadurch keinem Bürger, oder seinem Kinde seine angebohrnen gerechten Ansprüche auf den Staat, der es allerdings im Alter, in Noth, in Krankheit, in unverschuldeten Unglücksfällen zu unterstützen verpflichtet ist.

Man sucht es nur an einem unüberlegten, gemeiniglich Reue, zu späte Reue bringenden Schritt zu hindern, von einem eingebildeten Schatten-Glück, das sich nur gar zu schnell in Elend und Mangel umwandelt, zurückzuhalten.

Wer hatte nicht schon oft Gelegenheit, die süssen Träume mancher verliebten jungen Leute zu beobachten? Da sieht der junge Mann und sein Mädchen, in der Heuraths-Periode, den ganzen Himmel voller Geigen. — Da gehört ihnen, ohne einen Heller Vermögen, die ganze weite Welt zu — da schwimmen sie in frohen täuschenden Hoffnungen und sehen, im kurzen Taumel übergrosser Glückseligkeit keine Spur von menschlichem Elend, welches so nahe auf sie lauert, sie in wenigen Monaten, vielleicht in wenigen Wochen unerträglich drückt. Da trauen sie ihrem guten Willen zur Arbeit alles zu, vergessen aber nur die Kleinigkeit mit in Anschlag zu bringen: Ob nicht schon mehr als überzählige Hände auf die nemliche Gelegenheit sich zu nähren warten. Denn an Hausmiethe, Abgaben, Kindbetten, Kinder-Erziehung, Krankheiten, und tausend andere unverweibliche häusliche Ausgaben zu denken, läßt ihnen die Liebe keine Zeit, ungeachtet Armuth und Elend manche noch vor Ende der Flitterwochen empfindlich daran erinnern.

Finden Sie nicht selbst, geliebte Mitbürger! in diesem gewöhnlichen Leichtsinne junger Leute, in der, in so vielen Orten nicht immer reiflich überlegten obrigkeitlichen Bewilligung des Meister-Rechts, das so oft fremden oder einheimischen Bürger- und Meisterkindern, ohne vorläufige genaue Untersuchung ihrer Vermögens-Lage, ohne ernstliche Prüfung ihrer Geschicklichkeit, ohne zweckmäßiges Abwägen ihrer Aussichten: Wie und Wovon sie sich mit Weib und Kindern, in der schon an sich übersetzten Zunft, in der Folge nähren wollen oder können? die unversiegende Quelle tausendfachen Elendes? Wie kann ein Vermögen von 500 Gulden (eine Summe, die viele nur auf dem Papier haben) einen Bürger in einer gewerblosen Stadt ernähren, in einer Stadt, wo, wie z. B. in Speyer, Feldbau die Haupt-Nahrungs-Quelle ist? Der Besitzer kann sich aufs Höchste Einen bis zwey Morgen Acker dafür erkaufen. Dieser bringt ihm jährlich

15 bis 20 Gulden Gewinn und von diesen soll Er nun sich und die Seinigen erhalten — soll davon auch die obrigkeitliche Abgaben bestreiten!

Wer diese Umstände genau überlegt, wird nun gewiß das Betragen der meisten Innungen billiger beurtheilen. Er wird nicht mehr in jeder Zurückweisung der um das Bürger-Recht bittenden Fremden, bey der wirklichen Uebersetzung der Meister, in den jetzigen arbeits- und nahrungsloßen Zeiten, eine unartige Widersetzlichkeit gegen obrigkeitliche Befehle finden. Um so weniger, wenn er es erwägt: daß bey den hiesigen Zünften jedes Glied, Mann für Mann, um seine Meynung für oder gegen die Annahme des Meister-Rechts-Canditaten ordnungsmäßig befragt, und nach der Stimmen-Mehrheit entschieden wird. Daher ein solcher auch solange den Bürger-Eid nicht ablegen darf, bis der Zunftherr die Einwilligung der Zunft bey Rath erklärt hat. Ein falscher Wahn wäre es, zu denken: das magistratische Ansehen litte darunter, wenn eine Zunft einem an sie Angewiesenen die Aufnahme mit Grunde versagte; denn sollte sie nichts dazu zu sagen haben, so wäre es eine läppische Ceremonie, sie unter dem Vorsitz eines Rathsglieds, des Zunftherrn, darum zu befragen. Sie haben, liebe Mitbürger, ein unstrittiges Recht mit Gründen abzuweisen, und dieß bewahren Sie Sich als ein kostbares Eigenthum, zum Schutz Ihrer Nahrung. Auf der andern Seite aber werden Sie auch einen oder den andern äusserst seltenen Machtspruch, welcher Fremde, in vorigen Zeiten, in eine Zunft einsetzte, nicht mit dem gehässigen Namen: Despotische Ausübung der obrigkeitlichen Gewalt, brandmarken. Wie sollten Ihre Magistrats-Glieder, die ausser ihren obrigkeitlichen Funktionen, wo jeder dem Amte Achtung schuldig ist, nichts mehr und nichts weniger als Ihnen gleiche Bürger sind und bleiben, sich selbst und ihren Mitbürgern vorsetzlich haben schädlich werden wollen? Uebel verstandene politische, wenigstens nicht allgemein anwendbare Grundsätze, die Reichthum und Glückseligkeit eines Staats nur in einer übergrossen Volksmenge finden, waren sicher nur die wohlmeynenden, aber freylich deßwegen nicht minder schädliche Ursachen, von dergleichen allzu rasch durchgreiffenden Maaßregeln.

Man wollte aller Orten nur viele Bürger haben, unbekümmert, ob man auch viele glückliche darunter zähle — ohne Rücksicht darauf zu nehmen, ob auch alle satt zu essen haben, oder ob nicht die Hälfte und darüber, halb verhungern müsse?

Auch ich war, ich muß es laut gestehen, mehrere Jahre von diesem gewiß nicht allgemein richtigen Grundsatze vollkommen eingenommen. Vergrösserung der Bürgerzahl war in meinen Augen das einzige unfehlbare Mittel, meinem kleinen vaterländischen Staate aufzuhelfen. Mangel an Bevölkerung war, nach meinen damaligen Begriffen die Hauptursache des Verfalls unserer Gewerbe treibenden Klasse. Diesem abzuhelfen, trug ich, nach meiner Lage und Verhältnissen, alles mögliche bey, und wünschte oft, vermögliche Fremde durch öffentliche Einladungen, durch freye Ertheilung des Bürger- und Meister-Rechts herbey zu locken. Und doch wären gerade dergleichen Verfügungen, bey unserer eingeschränkten Handlung, bey unsern mächtigen spekulativen Nachbarn, da wir keine Uns zugehörige

Dorfschaften und Unterthanen haben, das zuverlässigste Mittel gewesen, unsere schon ansässigen Bürger und Handwerker in ein unabsehbares Elend zu stürzen. Endlich nöthigte mich der Gegenstand dieser Preisfrage: Alles hieher Gehörige noch einmal reiflich zu untersuchen, und der augenscheinliche Verfall, die unläugbare Armuth der Handwerker im Allgemeinen, leitete mich nun gerade auf die entgegengesetzte Meynung, sobald von kleinen Staaten unserer Art die Rede ist. Ich wurde vollkommen überzeugt: daß es bey den jetzigen Umständen, bey den beschränkten Verhältnissen ganz kleiner Freystaaten, vorzüglich kleiner und mittlerer freyer Reichsstädte, die kein eigenes Gebiet haben, ein wahres Glück für ihre Bürger ist (da sie sich als Professionisten unmöglich ernähren können, weil Bestellungen und Absatz der schon fertigen Waaren fehlen), wenn sie sich noch mit dem Eigenthum einiger Morgen guten Feldes zur Noth durcharbeiten und ihr Brod bauen können. Ein Vortheil, den ihnen vergrösserte Volksmenge nothwendig entziehen, wenigstens gewaltig mindern würde.

Speyer hat, ausser seinen mehreren tausend Morgen Weyde, Waldung und Wiesen, ausser seinen vielen Gärten und ziemlich beträchtlichem Weinbau, etwa viertausend Morgen treffliches Ackerfeld. Man bezahlt wirklich einen Morgen mit 400 bis 500 Gulden *), und erhält durch den Selbst-Anbau davon,

*) Der Verfasser schrieb dieß im Jahr 1792. seitdem sein Manuscript, durch den Krieg und den unruhigen Geist der Zeit gehindert, ungedruckt liegen blieb. Vermuthlich ist jetzt in Speyer der obige hohe Güterpreis bey einer so grossen Anzahl Landes und der Abnahme der Bürgerschaft durch unverhältnißmäßige Sterbfälle merklich gesunken. Nach einer gedrängten uns zu Handen gekommenen gedruckten Nachricht, hat diese unglückliche Reichsstadt während dieses, auf ihrem Boden über Vier Jahre anhaltenden Kriegs ein Drittheil seiner Bürger durch Schrecken, Kummer und Leiden aller Art eingebüßt; bey jedem Aufenthalte der Franzosen, und besonders bey jedem An- und Abzug derselben, durch Plünderung und Requisitionen aller Art ausserordent-

jährlich im Durchschnitt, höchstens 5 vom Hundert. Laßt uns den Fall annehmen: daß in wenigen Jahren die Zahl der Bürger, und zwar vermöglicher, verdoppelt würde, dann müßte nothwendig der Kaufschilling eines Morgens auf 800 bis 1000 Gulden steigen, also die Procente des reinen Ertrags auf 2 1/2 herabsinken, und so die nothdürftige Nahrung der

---

lich gelitten. Zweymal wurde die Stadt, nach Abführung aller Feuerspritzen, jedesmal vorsetzlich angezündet, zwey und zwanzig Wochen lang, Weine, Früchte, Vieh, Glocken, Uhren, Orgeln, alles metallene Handwerkszeug und Küchengeschirr, eiserne Faßreife, Fenster und Kellergitter, Wirthsschilde, Spiegel, Gemälde, Betten, Weißzeug, Schreinerwerk, sogar Fensterscheiben und Mobilien aller Art ausgeleert und weggeführt, über 150 der vorzüglichsten Gebäude und Kirchen zerstöhrt und niedergerissen, die Stadtmauern, Thore und Brücken verbrannt und eingeschlagen, Gärten und Felder verheert, drey in die Hunderttausende laufende Contributionen angesetzt und bezahlt, viermal Geiseln weggeführt rc.

übrigen immer grössern, minder vermöglichen Bürgerzahl noch sparsamer ausfallen, sich um die Hälfte vermindern. Wenn sich hingegen unsere dermalige Bürger-Summe von 600 auf 400 verminderte, so würde der dadurch gewiß einigermaßen fallende Güter-Preis ihre Procente erhöhen. Alle könnten dann, zwar nicht im eigentlichen Verstande reiche, aber doch vermögliche, wohlhabende Leute, keiner würde, ohne seine eigene Schuld, arm seyn. Freylich wäre, bey unsern 3000 bis 4000 Morgen gemeiner Weyden, auch die wirkliche Stärke der Bürgerschaft nicht zu groß, wenn Sie Sich, meine wertheste Mitbürger! zum Theil zu ihrer Urbarmachung vereinigten, ein bis zweytausend Morgen zum trefflichsten Ackerfeld nützten, und unter sich auf lebenslänglichen Genuß vertheilten. Aus Mangel an Beschäftigung auf Ihren Professionen, erstehen Sie, oft zu Ihrem unverschuldeten Verderben, mit schwerem Pacht die Güter hiesiger frommer Stiftungen, der Geistlichkeit, der Klöster, des Allmendamts 2c. (denen zusammen beynahe ein Viertheil aller Güter zugehört) und verlieren, bey eintrettendem Mißwachs oder unverhältnißmässigem Preis der Ackerprodukte, während Sie Ihr Eigenthum, Ihre fette Weyden nur wenig oder gar nicht nützen, und durch die Urbarmachung so vieler fast öde liegender Morgen Landes, noch oben drein den jetzigen hohen Pachtzinß eben benannter Güter, wo nicht herabsetzen, doch gewiß ihr Steigen hindern würden.

Und die natürliche Folge aus diesem allem — Jedem so kleinen, so beschränkten Staat, der, wie der unsrige, nur als eine einzelne Stadt für sich besteht, deren Haupt-Erwerb Ackerbau ist, muß eine geringe Volksmenge immer zuträglicher seyn, und es ist ein Unglück für seine Bewohner, wenn sich die Obrigkeit einfallen läßt, auf eine, für sie nicht passende Art, die Grundsätze mächtiger Fürsten und grosser Länderbeherrscher nachzuahmen. Diese können in ihren weitläufigen Besitzungen, in manchen Gegenden, Mangel an arbeitenden Händen haben; ihr ausgebreiteter Handel kann viele Tausende beschäftigen, ihnen Brod geben, und den Wohlstand des Ganzen, durch ihre vermehrte Thätigkeit immer mehr erhöhen. Sie können genöthigt seyn, ihren Reichthum, Ansehen und Macht in einer so grossen Volksmenge, und denen daraus zu erhaltenden mächtigen stehenden Heeren zu suchen. Aber mit unserer Macht ist nichts gethan. In unserer unbedeutenden Lage und Verhältniß gegen andere Staatskörper, besserts uns wahrlich nicht, ob wir 1000 oder 10,000 Einwohner haben. Hingegen wird es niemand läugnen, daß wir und die meisten uns ähnliche kleine Reichsstädte, bey 1000 vermöglichen Einwohnern glücklicher sind, als wenn sie 9950 arme und 50 sehr reiche zählen.

Sollte ich durch diese Abhandlung den innigsten Wunsch meines Herzens, wenn auch nicht ganz, doch zum Theil erfüllt sehen; sollte sie in der Folge einem oder dem andern meiner geliebten Mitbürger nützen, etwa ihm und den Seinigen ihr sparsam zugeschnittenes Brod sichern, ihn gegen die Zudringlichkeit fremder Handwerks-Genossen und fernere willkührliche Uebersetzung seines Gewerbs schützen — ihm eine billigere Bezahlung seiner Arbeiten, ohne die gewöhnliche so unbillige Abzüge zu verschaffen — sollte ich für seine jetzige traurige Lage Mitleiden, ihm und seinen Gewerbs-Produkten die verdiente Achtung und Vertrauen gewinnen, die ihm bisher Mode- und Auszeichnungssucht sowohl, als vorurtheilsvolle Vergleichung mit ausländischen, oft schlechteren Waaren, nicht selten entzogen haben — dann wäre die, auf diese Abhandlung verwendete Mühe reichlich belohnt.

Speyer den 9ten May 1793.

Ihr

Sie innigst schätzend und liebender

Weiß.

Inhalt

der

von der Hamburgischen Gesellschaft zur Beförderung der Künste und nützlichen Gewerbe fürs Jahr 1791 — 1792. aufgegebenen

Preisfrage:

Welches sind in unserm Zeitalter und besonders in einem Staate, der nur durch Zwischenhandel (Commerce d'entre-pôt) besteht, die Vortheile, und welches sind die Nachtheile der Zünfte und Gilden, wodurch die Ausübung irgend eines Kunstfleißes oder Gewerbes ausschließlich auf ihre Mitglieder eingeschränkt wird, sowohl in Rücksicht auf die Zunftglieder und Unzünftige, als auch auf das Wohl des Staates überhaupt, und auf den Flor der Gewerbe und den Wohlstand der Arbeiter in demselben insbesondere? Läßt sich diese Frage im Allgemeinen entscheiden, oder ist die Lage der Sachen bey einzelnen Gewerben verschieden zu beurtheilen? Sind die Vortheile oder Nachtheile überwiegend? Welches sind die Mittel, die Zünfte, wenn sie überall gerathen sind, in Rücksicht auf unsere Zeiten und Verhältnisse zu modificiren, daß der Nutzen, dessen sie fähig sind, wirklich erreicht werden könnte? Und wie muß man verfahren, um sie aufzuheben, oder unschädlicher zu machen, wenn die schädlichen Folgen überwiegend befunden werden sollten?

I. Abschnitt.

Darstellung der Frage:

1) Begriff vom Flor und Verfall der Gewerbe.

2) Folgen aus diesem Begriff.

3) Flor der Gewerbe setzt also voraus:

a) Gründliche Einsichten derer, die sie treiben.

b) Sichern Absatz der verarbeiteten Produkte; wie auch vernünftige Wirthschafts-Einrichtung, und richtige Bezahlung ihrer Arbeiten.

c) Vermehrung der Abnehmer, und Verminderung der überhäuften Handwerker.

d) Aufmunterung der Gewerbe Treibenden von Seiten des Staats.

4) Quellen des verminderten Flors der Gewerbe. Armuth der Professionisten im Ganzen, und dennoch Luxus bey den wenigen Reichen. Wie auch ihren Stand übersteigende Kleidung, und häusliches Wohlleben.

5) Allgemeine Uebersetzung der Gewerbe durch Berechnungen erwiesen.

6) In Kur-Pfalz am Rhein.

7) In der Reichsstadt Speyer.

8) Im Herzogthum Magdeburg.

9) Im Fürstenthum Würzburg.

10) In Schweidnitz.

11) In der Grafschaft Katzenelnbogen.

a. b) Handgreiflicher Beweis der Uebersetzung, durch ein jedem unentbehrliches Handwerk.

c. d. e) Des Handwerkers Wohlstand beruht darauf, daß er Gesellen halten kann.

f. g. h) Fernerer Beweis der Uebersetzung aus dem langen arbeitslosen Herumlaufen, selbst fleißiger Handwerks-Pursche.

i) Der Professionist taugt weder zum Halbbauern noch Taglöhner.

k) Durch Handwerker-Tabellen von ganzen Ländern würde sich noch deutlicher zeigen, wie sehr sie übersetzt sind.

l) Und diese Uebersetzung ist nicht allein der Vermehrung der Bedürfnisse zuzuschreiben, sondern auch das Zudringen des Bauern zum Handwerksstande ist schuld daran.

12) In der Reichsstadt Kaufbeuern.

13) Verbindung der einzeln angeführten Fälle.

14) Ursachen und Folge dieser Uebersetzung der Gewerbe.

15) Andere Ursache des Verarmens der Handwerker.

I. Elende, schlechte Arbeit. Warum diese so häufig ist.

II. Begierde sich Kunden zuzuziehen.

III. Die besondere Lage der Professionisten in kleinen und mittelmäßigen Reichsstädten. Unschickliches, unkluges Anlegen der Fabriken, wodurch Unterthanen und Gewerbe, und Fürsten verlieren. Wodurch der Reiz, sich auf Gewerbe zu legen, übermäßig verstärkt wurde. Und dergleichen Reichsstädte, ohne Zünfte zu Grunde gegangen wären.

IV. Daher fällt bey der Uebersetzung aller Spekulations- und Vervollkommnungs-Geist beym Handwerker. Folglich ist äusserste Vorsicht, bey Vorschlägen zu Verbesserung der Gewerbe nöthig.

V. Selbst der zunehmende Luxus ist ein Beweis der Thätigkeit der Professionisten, durch den sie sich aber selbst viel schadeten. Vorzüglich aber Uebersetzung der Professionen auf den Dörfern.

VI. Schaden des städtischen Handwerkers, den er an schlechten Zählern leidet.

VII. Der Professionist verarmt, weil manche Arbeiten, bey der grössern Menge des Geldes und geringern Werth desselben schlechter, als sonst bezahlt werden.

VIII. Er verarmt durch die Modesucht, welche nur ausländische Waaren haben will.

IX. Imgleichen durch die verminderte Ausfuhr seiner Kunst=Produkte.

X. Also durch Mangel der Abnahme, und angemessenen Belohnung.

XI. Ueberdieß braucht man auch wirklich nicht so viele Gewerbe=Produkte, wie vor einem Jahrhundert; und doch wird die Zahl der Professionisten theils durch die Vergrösserung alter, und die Anlegung neuer Städte, theils dadurch, weil weniger als ehemals Deutschland verlassen, vermehrt. Einwürfe gegen die vorige Behauptung und ihre Widerlegung.

XII. Grosse stehende Heere vermindern eher den Absatz und Gewinn der Professionisten, als daß sie ihn vermehren.

XIII. Theurung der Lebensmittel wirft den Handwerker mehr zurück, als andere Stände.

XIV. Und eben so lang anhaltende Krankheiten.

XV. Nicht minder beweist das Zudrängen der Menschen zu den gefährlichsten und unangenehmsten Gewerben die Uebersetzung derselben.

XVI. Gesunkener Werth des Geldes (wegen grösserer Masse desselben), Steigen der Lebensmittel, Holz ꝛc. und nicht verhältnißmäßiges Steigen der Bezahlung der Professionisten, versenken diese in Armuth.

XVII. Buchdrucker, Buchbinder, Kunstweber ꝛc. beweisen die Uebersetzung augenscheinlich.

XVIII. Die Abnehmer des bürgerlichen Standes sind selbst häufig ausser Stand abzunehmen, und machen doch den beträchtlichsten Theil aus.

XIX. Das ungeheure Mißverhältniß, zwischen der ganz reichen, Mittel- und ganz armen Klasse der Einwohner fast aller Staaten, ist ein wichtiges Hinderniß der Abnahme der Kunst-Produkte.

XX. Verminderung der Klöster und stehenden Heere vermehrt die Uebersetzung der Gewerbe.

XXI. Die Erfindung so vieler Spinn-, Band-, Wirk- ꝛc. Maschinen raubt vielen Händen das Brod.

16) Ungleiche Vertheilung der Grundstücke auf dem Lande, ewiges Zerstückeln derselben und ihre Hauptursache, unverhältnißmäßige Bürger-Annahme, zerstöhren den Flor der Gewerbe gewaltig.

a) Allzu grosse Güter.

b) Allzu kleine Güter.

c) Allein der Ackerbau beschäftigt deßwegen noch nicht zu viele Hände. Nur bessere Vertheilung der Güter ist ihm nothwendig.

d) Ohne diese werden viele Professionisten zu ihrem und des Landes Unglück Halbbauern.

e) Und viele Bauern drängen sich zum Gewerbestand, dessen Uebersetzung sie vergrössern, um, ihrer Meynung nach, bequemer zu leben.

f) Welches Drängen zu bequemer scheinenden Lebensarten, vorzüglich der Krämerstand beweißt.

g) Da doch der weise und gütig regierte Bauer ungleich glücklicher, als der Handwerker lebt. Die Haupt-Quelle dieser Uebel ist, die unverhältnißmäßige Bürger-Annahme in Städten und Dörfern.

17) Folglich ist die Gewerbsamkeit in Deutschland nicht gesunken, sondern vielmehr gestiegen. Hingegen desto tiefer der Wohlstand der Gewerbe Treibenden.

18) Alle Zünfte befördern augenscheinliche oder doch versteckte Monopole.

19) Ob absolute Gewerbe-Freyheit diesen Uebeln abhelfen würde?

20) Vortheile, Nachtheile der Zünfte, Schwierigkeiten bey ihrer gänzlichen Aufhebung. Vortheile der Zünfte, ungleich grössere Sicherheit der Nahrung der Gewerbe Treibenden. Gleichförmigere Vertheilung der Nahrung unter die Bürger, wodurch der Armuth gesteuert, und mehr mittlerer Wohlstand für viele, als grosser Reichthum für wenige erhalten wird. Der zünftige Arbeiter wird in seinem Handwerk ungleich vollkommener, da er sich nicht in mehrere vertheilt, und seine Kräfte auf einen Gegenstand verwendet, und kann folglich auch um wohlfeilern Preiß arbeiten. Vortheile fürs kaufende Publikum. Allein sie schränken die natürliche Freyheit der Staats-Bürger ein? wird geprüft.

21) Wirkliche und eingebildete Nachtheile der Zünfte. Alberne, zum Theil schädliche Statuten. Sie veranlassen vielen Zeitverlust für die Meister. Viele unnütze Eß- und Trink-Gelage und Unkosten. Unnütze Ceremonien bey Leichen-Begängnissen. Unnütze Geldprellereyen bey den Aufnahmen, selbst der Bürgers-Söhne aus andern Zünften. Unbilligkeit des Gesellen-Lohns. Chikanen bey Er-

langung des Meister-Rechts. Veranlassen oft gefährliche, wenigstens nachtheilige Empörungen, besonders der Gesellen.

22) Eingebildete Nachtheile der Zünfte. Sie vertheuern ohne Ausnahme die Kunstprodukte, Concurrenz wird die Arbeiten der Professionisten wohlfeiler machen; Zunft-Freyheit machte doch das Ueberspringen von einem Metier aufs andere, das Betreiben mehrerer auf einmal möglich. Es ist hart, daß bey einigen Zünften ein junger Meister keinen Jungen in die Lehre nehmen darf. Hart, wenn Meister überhaupt nicht mehr als Einen annehmen dörfen. Es ist hart, wenn fremde Gesellen eine bestimmte Anzahl Jahre in einer Stadt arbeiten müssen, wenn sie sich darin zünftig machen wollen. Es ist unbillig, und dem Publikum nachtheilig, wenn Fremden das Zunft-Recht erschwert wird. Auch die eingeführten Meisterstücke sind schädlich. Ein schändlicher Mißbrauch war die Handwerks-Unfähigkeit der Kinder von Stadtknechten, Bettelvögten, Schäfern rc., den das Reichs-Gesetz von 1731. aufhob. Deßgleichen die Verfolgung der Raufwolle-Verarbeiter von ihren Zunft-Genossen. Das Verbot, Häute von gefallenem Vieh zu kaufen, für Sattler, ist eine Tochter des albernen Vorurtheils. Es ist drükkender Handwerkszwang, daß kein Geselle in der nemlichen Stadt sich zu einem andern Meister vermiethen darf, ohne 4 Wochen ausser dem Ort gewesen zu seyn. Einschränkung der Gesellen und Jungen-Zahl ist fürs Publikum und die Gewerbe drückend.

23) Schwierigkeiten bey Aufhebung der Zünfte.

24) Vorzüglich in unsern wirklichen Zeitläuften.

25) Ihre Verschiedenheit (wegen vorhandenen Verträgen zwischen den Gewerben und den höhern und niedern Obrigkeiten) wegen der unglaublichen Anhänglichkeit der Professionisten an ihre Zunft-Systeme (weil ihre Aufhebung einige sehr reich, Tausende zu Bettlern machen werde); also noth-

wendig das Publikum mit schlechten Fabrikaten überhäuft würde (weil die Kette der bürgerlichen und Nahrungs-Verbindung dadurch zerrissen wir.), und auf die Art eine Menge verdorbener Handwerker, Bettler, und noch schlimmere Menschen gepflanzt werden.

26) Auflösung einiger Zweifel gegen verschiedene bisher behauptete Wahrheiten. Die Schweitz hat keine Zünfte, und doch blühen die Gewerbe darinnen, England ist zünftig, und seine Professionen blühen. Holland hat Zunft-Freyheit, und dessen Gewerbe blühen. Deutschland hat doch auch viele Societäten zur Verbesserung der Künste und Gewerbe.

27) Läßt sich das Beybehalten oder Aufheben der Zünfte nach einigem Grundsatz beurtheilen, oder muß man auf ihre Verschiedenheit Rücksicht nehmen? Schon freye Gewerbe müssen gegen Uebersezzung verwahrt werden. Bey Zünftigen unterscheide man: aufs Geding arbeitende; handelnde, und vorzüglich mit Zubereitung der Lebensmittel beschäftigte Gewerbe. Gründe zur Behandlung der letztern. Was bey denen bloß für den inländischen Handel arbeitenden Gewerben geschehen muß. Wenn der Professionist für in- und ausländischen Handel zugleich arbeitet, wenn er ganz allein für den auswärtigen Handel beschäftigt ist. Wenn die Professionisten aufs Geding arbeiten, und nicht handeln. Wenn das Gewerbe schon übersetzt ist. Wenn es verhältnißmäßig besetzt ist. Wenn es nicht hinreichend besetzt ist.

28) Mittel der nöthigen Modifikation der Zünfte.

29) Durch Verbesserung der Bürger-Aufnahme.

30) Verbesserung des Ackerbaues.

31) Verbesserte Benutzung und Vervollkommnung der eigentlichen Produkte jeden Landes; z. B. Schaafzucht; Verbesserung der grossen Viehzucht.

Ingleichem der zur Gerberey nöthigen Produkte; der Bienenzucht; des Bergbaues in Rücksicht der rohen, dem Handwerker unentbehrlichen Materialien; Zucht der Seiden-Kaninchen; vergrösserten und verbesserten Hanf- und Flachsbaues.

32) Weise Ein- und Ausfuhr der rohen Materialien und von den Gewerben verarbeiteten Waaren. Modifikation dieser Anstalten in einem Staate, wo Zwischen-Handel möglich und vortheilhaft ist.

33) Minderung und mögliche Abtragung der Staatsschulden.

34) Weise Einschränkung des Luxus, diese muß bey den untersten Ständen, bey den niedrigsten Volks-Klassen anfangen.

35) Kluges Betragen eines Staats gegen seine Nachbarn, Verbindung der Professionisten mit Kaufleuten. Achtung anderer Stände gegen geschickte verdienstvolle Professionisten.

36) Juden und Hausirer hindern den Flor der Gewerbe ausnehmend. Wie auch die jetzt aller Orten angelegte, von Ausländern mit ihren Waaren besuchte Messen und Jahrmärkte.

37) Verminderung der Zahl der Gewerbe Treibenden. Maasstab, ob Gewerbe in einer Stadt zu schwach, verhältnißmäßig, oder übersetzt sind. Minderung der Meister, wo es nöthig, Hebung des Zweifels: daß dieß den Gesellen höchst nachtheilig seyn würde, wenn auch bey den Jungen diese Einschränkung nöthig seyn dürfte. Zweifel gegen diesen Vorschlag und dessen Beantwortung.

38) Wirkliche, eigentliche Modifikation der Zünfte und deren Haupt-Punkte.

39) Prüfung der Jungen vor ihrer Annahme. Ob sie geist- und körperliche Kräfte zu der zu wählenden Lebens-Art haben. Ob sie den technologischen Unterricht gehörig benutzt haben. Untersuchung, ob nicht in dem Gewerbe, das er ergreifen

will, schon zu viele Jungen vorhanden sind. Lehrgeld derselbigen: so geringe als möglich. Zeit der Lehrjahre. Behandlung der Jungen von Seiten der Meister und Gesellen. Kein Meister, der sein Metier selbst nicht recht versteht, soll die Freyheit haben, einen Jungen anzunehmen. Kein Meister soll den Jungen zu andern als Professions-Geschäften gebrauchen. Kein Geselle soll die Lehrjungen mißhandeln. Eigene Lehr-Anstalten für Jungen wären trefflich. In Ermangelung dieser bringe man sie vorzüglich zu Meistern, welche keine, oder doch nicht viele Gesellen haben. Hebung der Mißbräuche bey den Lehrjungen. Prüfung der Jungen, ehe sie ledig gesprochen werden. Wenn der Junge ohne Lehr-Geld lernt; Eltern, Verwandten, oder Vormünder der Jungen sollen nichts zur Wahl des ihn prüfenden Meisters zu sprechen haben. Diese Vorschläge müssen bey jeder Profession nach ihrer Natur verändert, gemindert, oder vermehrt werden. Einschreiben, Ausschreiben der Jungen, Ertheilung der Lehrbriefe. Man mindere alle, die dabey unvermeidlichen Aufwand vergrösserenden Mißbräuche, aber nach und nach. Die Lehr-Meister sollen die Unkosten ganz oder halb bezahlen. Formalitäten bey der Erhebung zu Gesellen.

40) Handwerker-Erziehung.

41) Diese würde die einzig mögliche Bahn zu Ausrottung der Handwerks-Mißbräuche glücklich brechen.

42) Wer soll diesen besondern Unterricht und Erziehung geniessen? Nicht nur wirkliche Jungen und Gesellen, sondern schon der Knabe in der Schule, vorzüglich aber die wirkliche Jungen und Gesellen.

43) Worinnen sollen sie unterrichtet werden?

44) Wer soll, kann und wird dieß lehren?

45) Wo soll der Platz zur Schule angewiesen werden? Woher Holz und Licht?

46) In welchen Stunden?

47) Und wo ist der Fond zu den Kosten?

48) Kein Junge soll vor dem 16ten Jahr in die Lehre aufgenommen werden. Hindernisse und ihre Hebung. Vortheile, auch ökonomische; welche jede Stadt und jedes Gewerbe von dergleichen Anstalten zu erwarten hat.

49) Wanderschaft der Gesellen. Ist nicht für alle ohne Ausnahme nothwendig. Eben so wenig ganz abzuschaffen. Nach der Lage der Gewerbe jedes Orts. Unter welchen Umständen, für welche und wie? Keiner soll vor dem 20sten Jahr in die Fremde. Weisung, die jedem mitzugeben. Was jeder Meister hiebey zu beobachten habe. Wie vorzüglich gut wandernde Gesellen vor andern auszuzeichnen sind. Der das Meister-Recht Suchende soll vorhin alle seine Kundschaften vorlegen. Strafe der liederlich wandernden Gesellen. Jedem Wandernden soll ein Verzeichniß der ihm nützlichen Hauptorte ꝛc. zugestellt werden. Wunsch, daß ein hartes Gesetz möchte abgeschafft, wenigstens gemildert werden. Zeit der Wanderjahre. Wenn das Wandern für den größten Theil ganz aufzuheben seyn dürfte. Voraussetzung bey diesem Vorschlag. Welche in diesem Fall in die Fremde sollen. So entstünden in den Hauptstädten eine Art hoher Schule für die Handwerker jedes Landes.

50) Meisterstücke und Meisterwerden. Nothwendigkeit der Meisterstücke. Einwendungen dagegen, und ihre Auflösung. Es kommt viel Unnutzes dabey vor. Sie kosten den jungen Meister viel, und nutzen keinem Menschen. Veranlassen unnütze Schmausereyen. Der unwissende Meisters-Rechts-Kandidat läßt sich oft von andern helfen. Was zum Meisterstück gewählt werden soll. Bestimmung der Kosten beym Meisterwerden. Wie dem Unterschleif bey Verfertigung des Meisterstücks vorzubeugen.

51) Wie der Liederlichkeit einzelner Meister zu steuren. Vorzüglich der Spielsucht.

52) Methode, dergleichen üble Wirthschafter in Zeiten zu erfahren.

53) Wie den Gesellen = Aufständen, und andern Handwerks = Tumulten vorzubeugen.

54) Vorkehr gegen die Gesellen. Vorkehr gegen die Meister.

II. Abschnitt.

55) Wie sind die bisher vorgetragene Sätze auf den in der Preißfrage eigentlich bestimmten Staat anzuwenden?

56) Wenn er im strengsten Verstande blos durch Zwischenhandel besteht. Wenn er eingeführte rohe Materialien verarbeiten läßt, und so wieder ausführt, Uebersetzung der Gewerbe ist in ihm minder gewöhnlich, und minder schädlich. Eben so die Fehler des Ackerbaues, wenigstens nicht unmittelbar. Ingleichem die Aufnahme mehrerer Bürger. Bey grosser Ausfuhr verarbeiteter, vorhin eingeführter roher Produkte, ist schon grössere Vorsicht nöthig. Doch gestattet sie mehrere Gewerbe = Freyheit. Selbst Gebrauch mancher sonst schädlicher Maschinen. Er kann Vortheile der Zünfte besser benutzen, und ihre Nachtheile besser beseitigen.

57) In ihm läßt sich der Versuch, das Zunftwesen ganz aufzuheben, eher wagen.

58) Er hat aber doch mit denen damit verknüpften Schwierigkeiten zu kämpfen.

59) Die (No. I. 32. 34. 35. 36.) zum Flor der Gewerbe gemachte Foderungen kann er leichter

erfüllen. Daher darf er nur jeden Meister in den Stand setzen, viele Gesellen zu halten.

60) Verschiedene Lage mancher Gewerbe in diesem, gegen andere Staaten.

61) Daher kann er mehr zur Verbesserung des Jungen- und Gesellen-Standes;

62) Zur bessern Handwerker-Erziehung, zum zweckmäßigern Wandern der Gesellen, als andere beytragen;

63) Auch wenn er diese Zünfte beybehält, Meisterstücke und Meisterwerden sehr benutzen.

64) Er wird bey guter Polizey den Verschwendern trefflich steuren. Dem Unfug der Handwerks-Tumulte kräftig vorbeugen.

65) Aber doch vorhin die Zunft-Gesetze jeder Innung einzeln prüfen, damit die neu entworfenen Gesetze das Wohl des Ganzen und der Theile befördern.

Verbesserungen.

Zueignung, Seite XX. Zeile 8 der Note, statt uns, lies mir.

Seite XXV. Zeile 8. lies: dann wäre für die, ꝛc.

— ⸗ 9. streiche das Punktum weg.

— 28. ⸗ 12. statt 6129, lies 5129.

— 50. ⸗ 28. setze nach Meistern ein Comma, und statt Der, lies der.

— 148. ⸗ 8. statt Mangs, lies Mengs.

— 187. ⸗ 14. statt andere, lies andern.

— 291. ⸗ 25. bis 28 ist die Stelle: Die in — Empfehlendes. — wider Willen und Wissen des Verfassers durch eine fremde Hand hinzugesetzt worden, und muß ganz gestrichen werden, wie denn auch aus der Zueignungsschrift des Verfassers deutlich zu ersehen, daß seine Abhandlung bereits im Jahr 1793 zum Druck vollendet war. Die Zeitumstände erlaubten ihm nicht, die seitdem über diesen Gegenstand bekannt gewordenen Verordnungen und Schriften dabey zu benutzen.

Einleitung.

Welches sind

1. In unserm Zeitalter, Darstellung der Frage.

2. In einem Staate, der nur durch Zwischenhandel besteht (Commerce d'entrepôt.)

A. I. Die Vortheile } der Zünfte und
II. Die Nachtheile } Gilden,
wodurch die Ausübung, irgend eines Kunstfleisses oder Gewerbes ausschließlich auf ihre Mitglieder eingeschränkt wird?

Sowohl

1. In Rücksicht auf
   a. die Zunftglieder
   b. und Unzünftige.

2. Als auch auf das Wohl des Staats überhaupt,

3. Und auf den Flor
   a. der Gewerbe
   b. und den Wohlstand der Arbeiter in denselben insbesondere?

B. läßt sich diese Frage

I. Im Allgemeinen entscheiden;

II. Oder ist die Lage der Sachen, bei einzelnen Gewerben, verschieden zu beurtheilen?

C. Sind die Vortheile oder Nachtheile überwiegend?

D. Welches sind die Mittel, die Zünfte, wenn sie überall zu rathen sind, in Rücksicht auf unsere Zeiten und Verhältnisse, zu modifiziren, daß der Nutzen, dessen sie fähig sind, wirklich erreicht werden könnte?

E. Und wie muß man verfahren,

I. Um sie aufzuheben,

II. Oder unschädlicher zu machen?

Allgemeine Betrachtung darüber.

Diese eben so wichtige, als ungemein reichhaltige Frage hat die wohlthätige menschenfreundliche Gesellschaft zu Beförderung nützlicher Künste und Gewerbe in Hamburg jedem Sachkundigen zur Auflösung vorgelegt. Ob meine wenigen Kräfte derselben ganz gewachsen seyen? wird das Urtheil dieser einsichtsvollen Männer entscheiden. Unanhänglichkeit an Altes und Neues sey mein Gesetz! Wahrheit, ich mag sie in Deutschland oder in Frankreich finden; sie mag auf einem akademischen Katheder oder von blos gesunder Menschenvernunft, durch richtige unpartheiische Erfahrung, gefunden worden seyn, mein einziges Bestreben.

Auch ich schätze die Tochter des Himmels, Freiheit, über Alles, denn ich geniesse sie selbst in einem hohen Grade. Aber nicht so den in unsern Tagen berauschenden, Gesetz und Ordnung zerstöhrenden Freiheitsschwindel, dessen Einfluß in der Luft zu schwimmen und wie der Russische Schnupfen anzustecken scheint. Er läßt mich ahnden, daß viele, vielleicht sehr viele der einlaufenden Preißschriften, ausser der meinigen, auf unbeschränkte Gewerbefreiheit, auf gänzliche Aufhebung der Zünfte und Gilden dringen werden *). Daß mancher der die wirkliche Welt gerade desto weniger

---

*) Selbst die verehrungswürdige Hamburgische Gesellschaft zur Beförderung der Künste rc. scheint nach der ausführlichen Nachricht im Journal v. und f. Deutschland II. St. No. 1. 1791, vor der Einsendung und Beurtheilung dieser meiner Abhandlung mehr für, als gegen die Abstellung der Zünfte gedacht zu haben, da der Hr. Einsender, ein würdiges Mitglied dieser Gesellschaft, Seite 113 sagt: „Sie (die „Gesellschaft) hat zur Abstellung des Zunftzwanges und der Handwerksmißbräuche und „zu deren allmäliger Verminderung, im Stillen nach Möglichkeit zu würken gesucht; hat „einzelne geschickte vom Zunftzwang ins Gedränge gebrachte Arbeiter durch Zeugnisse und „Fürsprache zu unterstützen sich bestrebt und „unsern Handwerkern bei aller Gelegenheit „eine ihnen selbst und dem gemeinen Wohl „gleich nützliche willfährigere Ertheilung „des Freimeister-Rechts theils durch „mündliche Vorstellung, theils durch Austheilung eines in dieser Absicht bereits im Jahr „1770. gedruckten Aufsatzes † zu empfehlen gesucht.“

†. Das wahre Beste der löbl. Zünfte und Handwerke, 1770. 1 Bogen, 8. (von Hrn. Dr. Reimarus.)

kennt, weil er seinem Beruf gemäß, sich fast immer zwischen vier Wänden aufhalten muß, allen Zwang für eine Pest der Gewerbe erklären, vielleicht vergessen wird: Wie nothwendig, nützlich, wohlthätig manche Einschränkungen der unvollkommenen Menschheit sind — wie weise das auf Freiheit so eifersüchtige England dem ungeachtet Gewerbe und Handel durch strenge Gesetze gegen den sonst gewissen Verfall sichert *). Zuverlässig wird einer oder der andere vergessen: Daß tiefer Forscher-Blick, Welt- und Menschen-Kenntniß dazu gehöre, sobald von Einrichtung oder Abschaffung einer allgemeinen Sache die Rede ist — vergessen: Daß man ohne viele Erfahrung, keine praktische Sache gründlich untersuchen könne und vorzüglich diejenigen darüber hören müsse, die lang aufmerksame, vernünftige, partheilose Beobachter waren, es ihren Pflichten gemäß seyn mußten. Mancher sieht vielleicht Frankreichs neue Verfassung als das non plus ultra aller menschlichen Weisheit an. Dieß hat erst kürzlich alle Zünfte und Inkorporationen, alle angebohrne und erkaufte Vorzüge, alle ausschliessende Rechte durch einen Machtspruch aufgehoben, um eine absolute Gleichheit herzustellen.

Wie leicht könnte dieß verführende Beispiel den Gedanken erzeugen: Soll denn Deutschland ewig, immer ein Jahrhundert später klüger wer-

---

*) Historisch und politische Abschilderung der Engländischen Manufakturen rc. von Friedrich Wilhelm Taube, Seite 85 und 203.

den? ungeachtet bei uns der Fall noch höchst verschieden ist, und die gänzliche Aufhebung der Zünfte, nur Einen Stand beträfe, den man allen andern aufopfern wollte. Willig gibt man zu, daß in Frankreich zu Wiederherstellung des allgemeinen Wohls, manche individuelle Ungerechtigkeit schwerlich vermeidbar war. Allein dadurch ist noch lange nicht erwiesen ausgemacht: Ob Frankreichs Handwerker und Gewerbe durch die völlig uneingeschränkte Freiheit in einen höhern Flor kommen, ob dessen Publikum und die Staats-Kasse dadurch gewinnen werden? Nicht ausgemacht: Ob Frankreichs Handwerker mit den Deutschen, in Rücksicht auf die Ausfuhr ihrer Produkte, Fabrikation und vorzüglich der ausserordentlichen Uebersetzung in gleichem Verhältniß stehen? Ob es einzelne Fürsten und Reichsstände, in dem zerstückelten deutschen Staats-Körper ohne volle Uebereinstimmung Aller wagen durften, eine gänzliche Freiheit aller Gewerbe, ohne Gefahr, ohne Nachtheil ihrer Unterthanen einzuführen?

Wenn ich nicht den allgemein bekannten Drang zum städtischen bequemern und geehrter scheinenden Bürger- und Handwerker-Leben (und welcher Mensch wird nicht, wenn er die Wahl hat, eine bequeme, leichte Arbeit der härtern vorziehen?) ganz kennte, nicht seine unvermeidlich daraus herfliessende noch grössere Uebersetzung und tieferes Elend mit Recht fürchtete und nicht dabei noch grössern, den gewissen Verlust arbeitsamer Hände zum nöthigen verbesserten Feldbau, berechnete; so würde ich selbst in unsern heutigen Zeiten, wenn von einem neu entstehenden Staate die Rede wäre, keine Errichtung der Zünfte anrathen, würde aber doch eine verhältnißmäßige, mit der Volks-Menge fortlaufende Zahl der Gewerbe und Handwerke Treibenden festsetzen, würde dabei allen Handwerks- und Gildenzwang verwerfen, so wohlthätig und nützlich sie immer vor Jahrhunderten dem Handwerker, dem Flor und Credit der Gewerbe, dem Publikum und den Staats-Kassen waren. Um so mehr aber ist jetzt ihre Beibehaltung anzurathen, da die bürgerliche Einrichtung und Nahrung von Millionen Familien nun einmal ganz darauf beruht; da die Aufhebung der Zünfte diese große Menschen-Zahl nicht glücklicher, gewiß aber, in sehr vielen Gegenden, viel unglücklicher machen würde; da selbst die ausgedehnteste Freiheit, wenn sie nicht in zügellosen egoistischen Raub ausarten soll, das ewige Naturgesetz: Verletze Niemand! nicht zerstöhren darf; da das sehr wahrscheinliche Glück Einzelner, gegen den gewissen Untergang von Millionen, nicht in Anschlag gebracht werden kann — So darf man auch denen, welche theils ein angebohrnes, theils erkauftes ausschließliches Recht, zum Betrieb eines Gewerbes haben, dasselbige nicht durch Machtsprüche schmälern oder gänzlich rauben. Es wird vielmehr doppelte Pflicht seyn, sie bei demselben um so mehr zu schützen; da sie, durch ein widernatürliches Mißverhältnis gegen andere Stände, durch so häufige Eingriffe unzähliger Pfuscher und Stümper, von denen das Publikum gewiß keinen Gewinn zu erwarten hat, bereits in so grosser Zahl zum Bettelstab herabgesunken sind.

Niemand wird läugnen, daß nicht, hie und da, einzelne geschickte Professionisten, bei ihren Ausnahmsgesuchen, vom verdorbenen ausgearteten seinem Zweck entgegen arbeitenden Zunftgeist, aufs häßlichste mißhandelt worden seyen. Allein dieß waren Uebel für Einzelne, die (wie so viele von dieser Art) für ein ganzes Korps eine grosse Wohlthat bleiben, — Uebel die jede weise Obrigkeit, wenn sie nur ernstlich will, zerstöhren, unschädlich machen kann, sobald die Gewerbe treibende Bürger-Klasse wieder in ein richtiges Verhältniß mit andern Ständen gesetzt wird; so bald sie nicht mehr, so bettelarm im Allgemeinen, wie wirklich ist. Daher dürfte die gründliche Verbesserung der Zunfteinrichtungen, und zwar vorzüglich durch Herstellung des eben gemeldeten Verhältnisses das wichtigste seyn. Und dieß um so mehr: Da sich in der ganzen weisen Natur aller Orten ein Maximum und Minimum findet *), welches die Menschen noch nie unge-

---

*) Auch in der Bevölkerung überhaupt. Siehe Süßmilchs göttliche Ordn. ꝛc. 1 Theil, S. 271. 4te Ausgabe. Und daß ein mittelmäsiger Ort oft Ursachen haben kann, die nach seiner Lage eben nicht verwerflich sind, die Bevölkerung ins Uebertriebene nicht zu begünstigen, davon giebt das Journal v. und f. Deutschland 1785. 5tes Stück No. II. S. 391. und 392. ein merkwürdiges Beispiel. Daß aber überhaupt übermäsige Bevölkerung nirgends nützlich sey, wird schon gezeigt im J. v. u. f. D. 1787. 7tes St. No. II. S. 55. In Riesbecks Briefen eines reisenden Franzosen über Deutschland S. 36.

strast zu überschreiten sich erkühnt haben. Der Physiokrat, berauscht vom metaphysischen Nebel, behauptet freilich: Gerade dieß Maximum und Minimum bildet sich bei voller unbeschränkter Freiheit, eben so natürlich von selbst, als die horizontale Oberfläche eines Sees, der eine, auch noch so unebene Gegend völlig überschwemmt. Allein es dörfte auch oft genug im Staate und dessen bürgerlichen Verfassung Folgen haben, welche den physischen, in dem angenommenen Falle nur zu ähnlich seyn würden. Das Wasser reißt zusammen und legt anders wo an. Fürs Ganze gleich viel, und doch gewöhnlich mit drückendem Verlust für viele Jahre, oft Jahrhunderte; bis die zerstöhrten Gegenden wiederum fruchtbar sind. So werden allerdings auch, durch empfindlichen Schaden gewitzigt, Tausende von übersetzten Professionen zurücke bleiben — wenn Zehen, Zwanzig (im Grossen Hunderttausende) zu Grunde ge-

hält der Verfasser, bei der erstaunlichen Fruchtbarkeit der Weiber in Schwaben eine mässige ununterbrochene Auswanderung für eine grosse Wohlthat für diese Staaten. — Ist es aber auch eine Wohlthat für einen Staat, wenn er Menschen bis zur Arbeitsfähigkeit erziehen, und die Früchte derselben Andern überlassen muß? Und sollten diese Menschen nicht dem Lande erhalten werden können, wenn daselbst die Pest der Landes-Cultur, die Brache, abgeschafft, und statt der elenden dreifeldrigen Wirthschaft, bei welcher Schwaben noch überflüssiges Getreide hat, ein besseres, mehr Hände beschäftigendes Cultur-System für rohe und zu verarbeitende Materialien eingeführt würde?

gangen sind. Ja es werden alle Bemühungen des versteckten Anaxagoras von Occident scheitern, wenn er auf dem Papier auch noch so scheinbar beweißt: Daß Bevölkerung allein, und zwar ins Unendliche, das Glück der Staaten vermehre, ohne auf die hier von der Natur selbst vestgesetzten Gränzen Rücksicht zu nehmen. Vorzüglich wenn von einzelnen Menschen-Klassen die Rede ist, und gewiß unwidersprechlich, so bald die Frage so bestimmt wird: Können auch in Handwerken und Künsten sich nie zu viele Menschen auf das nemliche Metier legen?

Da nun überdieß der Fall des blossen Zwischenhandels sich in Deutschland, im Ganzen genommen, seltner als der vermischte findet; so sey mir erlaubt, die vorgelegte Preisfrage aus einem gedoppelten Gesichtspunkte zu beobachten. Sie verlangt zwar eigentlich Entscheidung, für solche Staaten, welche nur durch Zwischenhandel bestehen. Allein mir liegt, als einem ächten Deutschen, das Wohl meines Vaterlandes so am Herzen, daß ich gerne für beide Fälle passend zu antworten wünsche, um so mehr, da die Erfahrung lehrt: Daß gar oft, blos in der Studierstube Prüfende, von der Schönheit eines Systems hingerissen werden, und es dann aller Orten anpassen wollen, ungeachtet es nur in einzelnen bestimmten Fällen voll und vielleicht da nicht einmal ohne Einschränkung brauchbar ist. Ich werde daher

I. Die in der Preißfrage gemachte Einschränkung, anfänglich nicht mit in Anschlag bringen — Vortheile und Nachtheile der Zünfte 2c. ganz im Allgemeinen prüfen.

II. Alsdann aber die aus der Natur des angenommenen Staats fliessenden Modificationen besonders untersuchen.

I.

Begriff vom Flor und Verfall der Gewerbe.

1) Worinnen besteht der Flor, worinnen der Verfall der Gewerbe in Rücksicht auf Zunftglieder und Unzünftige, auf das Wohl des Staats, auf den Wohlstand der Arbeiter? Ohne bestimmte Festsetzung dieser Begriffe, läßt sich schwerlich etwas Gründliches über unsern Gegenstand denken. Gewerbe blühen für sich und den Staat, wenn die sie Treibenden, alle Kunstprodukte, die man von ihrem Beruf zu erwarten, berechtigt ist, bald in möglichster Güte, bei dieser in möglichst niedrigen Preißen liefern und gleichwohl der Arbeiter sein ehrliches Auskommen für sich und die Seinigen dabei findet.

Sie verfallen, wenn man nicht alles von ihnen erhalten kann, was sie liefern sollten, oder doch übertrieben lange darauf warten muß; wenn sie schlechtere Arbeit liefern und sich doch theuer, wenigstens eben so theuer als für gute bezahlen lassen; wenn die Arbeit gut, allein der Preiß zu hoch ist; wenn sie gute, aber in so niedern Preißen liefern, daß die Arbeiter dabei zu Grunde gehen.

Folgen aus diesem Begriff.

2) Daher ist höchster Wohlstand der Zunftglieder noch nicht Flor des Ge-

werbes, so bald das Publikum mehr dabei leidet, als es das Verhältniß der Lebensmittel ꝛc. nothwendig macht. Wird der erste durch schlechte Arbeit, übertriebenes Warten auf dieselbige, überspannte Preiße ꝛc. erhalten, so verfallen die Gewerbe.

Ein Gewerbe verfällt in jeder Gegend, wenn man nicht alle Artikel, die es seiner Natur nach liefern soll, haben kann. Man wird sie auswärts holen. Eben so wenig ist höchste Wohlfeile der Kunstprodukte allein ein sicheres Kennzeichen des Flors der Gewerbe für den Staat. Die Arbeit oder Waaren können so elend seyn, daß der Staat doppelt daran verliert. Zum Beispiel, die auf grossen Messen dem Dutzend nach gekauften Schlosserarbeiten ꝛc. Und wenn der Professionist durch Nahrungsmangel gezwungen wird, Probe haltende, gute Arbeit oder Waaren, in solchen Preißen zu liefern, wobei er nicht nur nichts erwirbt, sondern wohl gar sein eigenes Geld verliert, so erhält der Staat an ihm und seiner Familie, über kurz oder lang Bettler, die er nachher ernähren muß.

3) Sollen demnach Gewerbe blühen, so müssen die Arbeiter ihre Metiers,

a) Gründlich, sowohl theoretisch als praktisch verstehen; folglich nicht nur die beste Gelegenheit haben, sie so zu erlernen, sondern sich auch darinnen zu vervollkommnen. Es muß dem Jungen unmöglich gemacht werden, früher Geselle, dem Gesel- Flor der Gewerbe setzt also voraus: a) gründliche Einsichten derer, die sie treiben.

len früher Meister zu werden, als bis er völlig fähig dazu ist. Ja der Meister selbst darf nicht befugt seyn, zum Nachtheil des Gewerbes und Staats, hierinnen eine eigenmächtige, oder eigennützige Ausnahme zu machen.

b) Sichern Absatz der verarbeiteten Produkte; wie auch

b) Der Professionist oder Künstler muß aber auch des Absatzes seiner Arbeiten gewiß seyn. Sonst wird er nie etwas ins Grosse beginnen wollen und können, weder Zeit noch Kosten auf höhere Vervollkommnung seiner Arbeiten verwenden; folglich mit aller sich erworbenen Geschicklichkeit bald ein Bettler, eine Last des Staats werden, und also nothwendig, entweder stille stehen, oder welches der gewöhnliche Fall ist, zurück sinken, statt vollkommener zu werden, und das Gewerbe wird (wenns mehreren so geht) mit ihnen in Verfall gerathen. Er wird unter diesen Umständen genöthigt, wie man sagt, aus der Hand in den Mund zu arbeiten, wovon Eile und mittelmäsige, ja schlechte Waaren die natürlichsten Folgen sind. Er wird sich oft genöthigt sehen, seine Arbeiten um jeden auch noch so geringen Preiß loszuschlagen, weil es sein und seiner Kinder hungriger Magen stürmisch befiehlt und dabei nicht selten Zeit und Auslage verlieren. Aller Spekulationsgeist geht in dieser Lage zu Grunde; hat er vollends nicht täglich hinreichende Beschäftigung für seine eigene zwei gesunden Hände, so kann er sich nicht einmal zur Noth ernähren, geschweige denn etwas zu sein und der Seinigen Wohlstand für sich bringen. Hieraus entsprin-

vernünftige Wirthschafts Einrichtung der Professionisten

und richtige Bezahlung ihrer Arbeiten.

gen Unmuth und erzwungener Müssiggang. Die Folgen von beiden kennt jeder Menschenbeobachter. Nicht minder setzt unnützer, überflüssiger Aufwand des Handwerkers oder der Seinigen, mit einem Wort Luxus, den geschicktesten thätigsten Mann zurück. Sein Erwerb stirbt an der Schwindsucht. Ueberfällt diese Krankheit mehrere, — und sie steckt oft viele an — so hat das Gewerbe selbst kein besseres Schicksal zu gewarten. Allein dieser Fall kann auch aus einer andern Ursache, ohne die mindeste eigene Schuld, beim sparsamsten, mässigsten Professionisten entstehen. Er soll gute Arbeit in guten Preißen (nicht übersetzt, nicht zu geringe) liefern. Allein er hat eine Menge vornehmer müssiggängerischer Verschwender zu Kunden, das Schicksal des guten Sattlermeisters Wunderlich*), und leider oft genug

*) Siehe das Schauspiel: Nicht mehr als sechs Schüsseln; oder damit ich ein wirklich historisches Beispiel anführe. „Wenn aber auch Professionisten in Bern geschickt und fleissig genug sind, um sich mit ihrer Hände Arbeit anständig nähren zu können, so kommen sie doch deßwegen selten auf einen grünen Zweig, „weil die Vornehmen, für welche sie arbeiten, entweder gar nicht oder schlecht „und langsam, und zwar selten eher, „als drei Jahre nach der Lieferung „der Arbeit, bezahlen. Der geringe Bürger hat nicht das Herz, über diese Weigerung oder Zögerung der Bezahlung zu klagen, „weil er sich vor der Rache der Mächtigen fürchtet, und durch seine stille Gedult hingegen,

nicht das Glück desselben, daß er doch am Ende noch bezahlt wird. In seinem Buche stehen mehrere Hunderte, ja wohl Tausend Thaler. Und wenn er kurz vor der Messe die Conto's auszieht, und sie den hochwohlgebohrnen Herrschaften unterthänigst überreicht, so haben diese zwar zu allem, nur nicht für den ehrlichen Handwerker Geld. Will er nicht diese und mit ihnen viele Kunden verlieren (denn etwas dringend gemahnte Gläubiger von dieser Art, pflegen kräftig!!! zu empfehlen); so muß er aufs neue creditiren, auf der Messe entweder sein Bißchen sauer erworbenes Vermögen zusetzen, oder selbst seine Waaren auf Credit nehmen, wodurch er seinen eigenen beim Einkauf verliert, oder in seiner Gegend Schulden machen muß, oder die Messe gar nicht besuchen und nur im Kleinen einkaufen kann. Was für Flor davon für den Handwerker und das Handwerk zu erwarten seye? spricht die Sache selbst.

c) Vermehrung der Abnehmer

c) Diese so nothwendige Sicherung des Absatzes der verarbeiteten Kunstprodukte beruhet augenscheinlich: Auf Vermehrung der wirk-

---

„kräftige Fürsprache zur Erhaltung irgend eines „Aemtchens zu erlangen hofft, das in Bern, „wie in den kleinern aristokratischen Reichsstädten, das höchste Ziel des arbeitscheuen gemeinen Mannes ist. S. Hrn Hofr. Meiners „Briefe über die Schweiz, 4ter Th. 7. Brief. „S. 61 und folgende.“

lich abnehmenden Personen; auf Verminderung der Theilnehmer an der Nahrung der Professionisten und Künstler oder Verringerung derer, welche sich mit Handwerken abgeben; wobei vorzüglich, auch noch aus andern Gründen, darauf zu sehen wäre, daß so wenig Professionisten, als nur möglich und von diesen nur die allernothwendigsten, auf dem Lande sich niederlassen.

und Verminderung der überhäuften Handwerker.

d) Erfindungsgeist würde bei den Gewerben belebt, wohlfeile, gute Kunstprodukte im Ueberfluß, ohne Nachtheil des Staats und der Professionisten erhalten werden, wenn man sie, sobald sie vorzüglichen Gewerbegeist zeigen, von Seiten des Staats einigermassen, in Rücksicht auf den Aufwand, den sie für ihre Profession, durch Verbesserungen, neue Erfindungen rc. machten, sicherte: Ihnen, z. B. wie in England, Unterstützungen und Belohnungen gäbe, auch wenn sie es verlangten, ein ausschliessendes Recht, doch nur auf wenige Jahre ertheilte. Eine Erfindung ersetzt oft den Gebrauch eines andern fremden Fabrikats und wird dadurch dem Staate doppelt nützlich. Der einheimische Kunst- und Erfindungsfleiß kann nie genug aufgemuntert, geweckt und gestärkt werden. Die ihm zugestandenen Vortheile durch Prämien oder ausschließlichen Alleinbetrieb locken zugleich das Fremde Genie in ein solches Land, wo Fleiß und Geschicklichkeit vorzüglich belohnt wird. Monopol ist ein ärgerliches Wort, das aber wie alle Dinge in der Welt seine zwei Sei-

d) Aufmunterung der Gewerbe Treibenden von Seiten des Staats.

ten hat. Es jeder geringen Erfindung, jeder unbedeutenden Anlage zu verleihen, ist so fehlerhaft, als es einem Gegenstand von großer Wichtigkeit gänzlich zu versagen. Vor seiner Ertheilung muß daher immer auf den Nutzen der Erfindung, die dabei gehabten Schwierigkeiten, Zeit, Mühe, Kosten, Ausdehnbarkeit gesehen werden, um die ausschließliche Begünstigung des Alleinbetriebs einer Erfindung, Anlage oder Kunst darnach zu beurtheilen, die Zahl der Jahre zu beschränken und den Erfinder gehörig zu entschädigen und zu belohnen. Kann die Erfindung eines Fabrikats mehrere nachahmende Arbeiter ernähren, seine Ausdehnung dem Bürger und Staat doppelt nützlich werden, so ist es vortheilhafter, den Erfinder aus der Staats-Kasse zu belohnen als ihm ein Monopol zuzugestehen. Hat derselbe dabei ein einheimisches Produkt veredelt, oder ein fremdes naturalisirt, das Segen und Wohlstand über das Land verbreitet, so verdient er eine zweifache Belohnung *). Deutschland

---

*) England, das in allem, was den Schöpfungsgeist zur Industrie und technischen Unternehmungen aufmuntert, noch immer einzig ist, giebt auch in Rücksicht auf ausschließliche Patents-Ertheilungen und Benutzungen eigener oder dahin verpflanzter Erfindungen ein längst nachahmungswürdiges Muster. Der Urheber derselben bekommt zu seiner Belohnung oder vielmehr Entschädigung (denn wie viele Zeit und Geldverlust muß ein Genie oft auf seine Versuche vergeblich verwenden, während der

würde auf diese Art einen zuweilen eintretenden Aufwand von etlichen Hundert oder Tausend Gulden, in wenigen Jahren, zehn- ja zwanzigfach wieder ersetzt und nach Verfluß der wenigen zugestandenen Freiheits-Jahre, die Erfindung allgemein mitgetheilt erhalten *): Wenn jeder Staat vorzüglich für wohlfeile Lebensmittel, folglich Beförderung des Ackerbaues sorgte, wodurch schon der Uebersetzung der Gewerbe merklich gesteuert würde; wenn man ernstlich darauf dächte, dem geschickten Handwerker seine Hausmiethe möglichst zu erleichtern; für ihn die obrigkeitlichen Abgaben so gelinde als thunlich einrichtete; durch eine genaue Polizei dem Müssiggang steuerte, wodurch der Taglohn der Handwerker leidentlicher werden müßte; wenn man den vortheilhaften Einkauf roher Materialien oder des Verlags bei denen ihrer benöthig-

---

alltägliche Professionist mechanisch fortarbeitet und gewinnt? (ein Patent, das ihm die ausschließliche Benutzung auf einen der Wichtigkeit der Erfindung angemessenen Zeitraum und Jahre zusichert, wofür er aber, an dem Ort, wo es registrirt wird, zur Entschädigung des Publikums eine vollständige genaue Beschreibung seiner patentirten Erfindung zur künftigen allgemeinen Benutzung niederlegen muß.

*) Auch dieß thut in England seit 1753. die Society for the Encouragement of the Manufactures and Commerce und die im Jahr 1773. in York errichtete ähnliche Gesellschaft mit dem Parlament in die Wette.

ten Professionen möglichst begünstigte; wenn endlich die Gerechtigkeitspflege, vorzüglich bei liquiden billigen Forderungen der Handwerker, ihre Binde nie zum Vortheil der Angeklagten, sollten sie auch noch so vornehmen Standes seyn, verschöbe, sondern vielmehr in diesem Falle äusserst strenge zu Werke gienge.

Quellen des verminderten Flors der Gewerbe. Armuth der Professionisten im Ganzen und dennoch Luxus bei den wenigen Reichen

4) Nach diesen hier nur im Allgemeinen hingeworfenen Hauptideen, will ich nun die Quellen des verminderten Flors der Gewerbe und des Wohlstandes der Arbeiter genauer untersuchen und zeigen: daß, fast durchgängig im Grossen genommen, das Elend der letztern die vorzüglichste Ursache des erstern ist. Die Zahl der wirklich reichen Künstler und Handwerker ist im Ganzen gewiß sehr klein gegen die Menge der unter den mittlern Wohlstand, ja bis zur Armuth herabgesunkenen. Und gleichwohl hat der bei dieser geringern Zahl herrschende Uebermuth und Luxus die gefährlichsten Folgen für den Wohlstand der mittlern und armen Klasse der Professionisten. Einer denkt sich so gut als der andere, und wenn auch der Mann noch vernünftig genug ist, mit seinem Beutel zu rechnen, ehe er sich entschließt, seinen ungleich reichern Mitmeister in entbehrlichen Bedürfnissen nachzuahmen; so finds doch gewöhnlich Frau und Kinder desto weniger. Ich bin doch eben so gut als Meister N. N. Frau oder Tochter: Er ist nicht mehr als du. Warum soll diese täglich ihren Kaffee trinken, warum Besuche geben und annehmen, warum dieses oder jenes Kleidungsstück haben und ich nicht? Dieß Liedchen betäubt manches ehrlichen Handwerkers

Ohren den ganzen Tag. Ist er selbst eitel und unklug, so stimmt er leicht damit ein; ist ers nicht, so wird ihm das Leben so sauer gemacht, daß er entweder anfänglich in Kleinigkeiten nachgiebt — und wie bald hascht dann die theure Ehehälfte den ganzen Arm, wenn sie nur einmal den kleinen Finger festgepackt hat! — oder er bleibt strenge seinen sparsamen Grundsätzen getreu. Nun wird die Frau auf tausend Ränke sinnen, sich hinter dem Manne, auf Unkosten der gemeinschaftlichen Kasse, das zu verschaffen, wornach sie so sehnlich dürstet. Eine Pest, die desto gefährlicher wirkt, je nothwendiger beim beinahe Dürftigen oder ganz Armen die Erspahrung jeden Pfennigs ist, je schwerer täglich wiederkehrende kleine Ausgaben fürs ganze Jahr werden.

Wie auch ihren Stand übersteigende Kleidung und häusliches Wohlleben.

Nicht minder zerstöhrende Folgen hat bei Halbbemittelten Nachahmung der Kleiderpracht, neuer Moden, übertriebenes häusliches Wohlleben, welches so oft die Gesundheit zu Grunde richtet; wohin ich vorzüglich das so verderbliche Kaffeetrinken rechne, welches unter dem gemeinen Manne täglich mehr einreißt. Man entschuldige den Luxus ja nicht in einem Lande, welches alle Prachtwaaren selbst liefert oder verfertigt. Seine schädliche Wirkung äussert sich nicht blos im Ausfluß des Geldes in fremde Länder. Pracht veranlaßt, daß jeder Sklav desselben sich über seinen Stand erhebt und mehr ausgiebt, als er soll. Pracht verzärtelt ein Volk, schwächt die Liebe zum Vaterlande und jede edle uneigennützige Denkungsart. Man will nachahmen, mitmachen, und verfällt, wenn mans nicht hat, auf die lasterhaftesten, schlechtesten Mittel, auf die abscheulichsten

Betrügereien, bei welchen endlich nothwendig Haushaltung und Gewerbe zu Grunde gehen müssen.

Allgemeine Uebersezung der Gewerbe durch Berechnungen erwiesen.

5) So nachtheilig der eben geschilderte Feind dem Flor der Künste und Gewerbe ist, so haben sie doch noch mit einem weit fürchterlichern zu kämpfen, da er in Deutschland wenigstens, im Ganzen genommen, allgemein ist. Ungeheure Uebersetzung der Professionen. Calcule sollen dieß beweisen und zwar aus Datis, welche ganz Deutschland gedruckt vor Augen liegen und die, seit ihrer Bekanntmachung, niemand als unrichtig angegriffen, vielweniger widerlegt hat. Ich wähle unter vielen hierzu Churpfalz, Speier, Magdeburg, Wirzburg, Schweidniz, Katzenellenbogen, Kaufbeuren.

Man klagte schon vor einigen Jahrhunderten über die Uebersetzung der Handwerker. In einer gerade vor mir liegenden Obrigkeitlichen Schlosser-Ordnung meiner Vaterstadt vom 11. Mai 1588. und in mehrern andern findet sich im Eingang der Beweggrund zu dieser Verordnung: „Weil das Schlosser-Handwerk dermasen übersetzt, daß keiner vor dem andern zu pleiben etc." Allein die Bedürfnisse haben sich doch seit dieser Zeit gewaltig vermehrt! Zugegeben! doch lange nicht, im Verhältniß, mit der verminderten Zahl der Abnehmer.

Man durchreise Deutschland von einer Gränze zur andern. Man frage jeden Handwerker über die Ursache des Verfalls seines Gewerbes. Und alle werden einstimmig antworten: Uebersetzung und daher entspringender Nahrungsmangel ist die Quelle unserer Dürftigkeit, zwingt uns zum Müssiggehen und spannt unsere Thätigkeit ab. Und was das schlimmste ist, man sieht, statt der Verminderung, eher der Vermehrung des schon überladenen Handwerksstandes entgegen. Und doch schützt gewöhnlich weder Alter, noch Allgemeinheit dieser Klage gegen den Vorwurf: Dieß ist ungegründet; der Handwerker darbt, weil er träge, unwissend ist, nicht auf neue Erfindungen und Verbesserungen denkt. Und doch will man ihre Zahl, durch völlige Handwerksfreiheit, durch gänzliche Aufhebung aller Zünfte und Gilden, noch mit Unzünftigen vermehren — das Uebel ärger machen! Folgende Darstellung entscheidet vielleicht, wer Recht hat.

6) Im Journal von und für Deutschland befinden sich im Jahr 1790, im II. III. und IVten Stücke vier Tabellen über Churpfalz am Rhein. Nach diesen lebten darinnen im Jahr 1785 — — 296710 Seelen. In Churpfalz am Rhein.

a. Unter diesen befinden sich:

Arme		7826
In diesem Jahr Gebohrne		12084
Beisassen		4790
In der Schule	Söhne	24553
In der Lehre	Söhne	2232
Bei den Eltern	Söhne	44691
In der Schule	Töchter	22179
Bei den Eltern	Töchter	49854
Knechte		11185
Mägde		15322
	zusammen	194716

Alle diese geben, ausser Schneidern, Schuhmachern, Beckern, Fleischern, Krämern und wenigen andern Professionen, denen in der dritten Generaltabelle angeführten 66 Gewerben wenigen Verdienst.

b) Verehlichter Bürger sind in der ersten Generaltabelle 43313 angegeben. Folglich könnte man füglich für diese auch 43313 Weiber zu den eben berechneten 194716 rechnen, da Mann und Frau sehr vieles Geräthe in der Haushaltung gemeinschaftlich benutzen, und diese daher (z. B. Commode, Schränke, Schlösser, Fässer, Hausuhren ꝛc.) gewöhnlich auch nur einfach angeschafft werden. Allein sie sollten, zum Ueberfluß, als besondere Abnehmer angesehen, nicht zu obiger sehr wenig Verdienst gebenden Summe geschlagen werden; und es bleiben dennoch, wenn von der sämmtlichen Seelenzahl, die unter (a) gefundene Summe abgezogen wird, mit Einschluß der Handwerker nur 101994 Abnehmer übrig. Von diesen ist der größte Theil Landvolk, dessen Bedürfnisse so wenig sind. Ueberdieß, sind, allem Vermuthen nach, auch die Gesellen und Knechte der Handwerker, als Nichtansässige, nicht unter die Zahl der in der IIIten Tabelle angegebenen 19859 Meister begriffen, wodurch das Verhältniß der Abnehmer noch tiefer sinken muß.

c) Nun giebt die IIIte Generaltabelle die Zahl der 66 verschiedenen Gewerbe an : 19859

Und die IVte Generaltabelle die Zahl der Fabrikanten und Manufakturisten : : 2914

22773

Churpfalz am Rhein hat demnach 22773 Handwerker mit Inbegriff der Fabrikanten; gegen 101994 Abnehmer. Das ist: die Abnehmer verhalten sich zu den Gewerbe Treibenden wie 33998 zu 7591 oder beinahe wie $4\frac{1}{2}$ zu 1.; oder wenn sogar die 2914 Fabrikanten von der Zahl der Gewerbe Treibenden weggelassen würden, wie 101994 zu 19859 oder nahe wie 61 zu 12 oder $5\frac{1}{12}$ zu 1. Folglich müßten im ersten Falle 2 Handwerker von 9 und im andern 12 Professionisten von 61, also im Durchschnitt 1 Professionist von 5 Abnehmern leben.

d) Wollte man dieß Verhältniß endlich gar nach den Familien berechnen, so kämen nur 5 abnehmende Familien auf 3 Handwerkers-Familien, welches aber zu wenig zu seyn scheint.

In der Reichsstadt Speier.

7) In der Reichsstadt Speier leben im Jahr 1792. nach zuverlässigen Nachrichten gegen 5129 Seelen. Nemlich:

		Seelen.
a) Klerisei mit Einschluß ihrer weltlichen Beamten		105
b) Ihre Familie, Dienerschaft und Mägde		150
c) Mönche und Frauenklöster		
Augustiner	14	
Carmeliter	9	
Kapuziner	10	
Dominikaner	10	
Franziskaner	11	
Clarissinnen	19	
Maria Magdalena	22	
	95	95
d) Städtische Bedienstete, welche nicht zugleich Bürger und nicht in Zünften sind, 27 Haushaltungen, jede à 5 Personen		135
e) Im Waisenhaus		21
Transport		506

	Seelen.
Transport	506
f) Im Burgerhospital — —	98
g) Beisassen oder Einwohner, die als Taglöhner, bei dem starken Feldbau der Stadt, den Bürgern arbeiten, 226 Familien. Da sich unter diesen einzelnen Wittwer, Wittwen und Ledige finden, auch mehrerer ihre Kinder bei Bürgern in Knechts- oder Magddiensten stehen, so kann die Familie nur auf 4 Personen angesetzt werden — — —	904
h) Andere gezählte Taglöhner, unter dem Namen der Schafzettler, mit Männern, Wittwen und Kindern — —	107
i) Fremde Handwerksgesellen und Lehrjungen *) — —	290
Transport	1905

*) Die Schumacher allein haben 45 Gesellen, da sie viele Schuhe auf die Märkte und auswärts verfertigen, woran aber wenig gewonnen, oft mit Schaden verkauft wird, daher sie auch meistens blutarm sind.

	Meister.	Witwen.	Seelen.
Transport			1905
k) Zünfte *)			
1. Krämerzunft, in der sich Apotheker, Knopfmacher, Barbierer, Peruquiers rc. befinden — —	55	10	
2. Weber, zu denen auch Seiler u. Färber gehören	29	11	
3. Metzger oder Fleischer **)	40	8	
4. Becker, worunter die Müller, Mehlhändler u. Bierbrauer befindlich	64	16	
5. Schmidtzunft, begreift alle Feuer-, Gold-, Silber-Arbeiter, Gürtler, Blech-, Nagel- und Kupferschmidte, Schlosser rc. — —	42	10	
Transport	230	55	1905

*) In frühern Zeiten, vorzüglich im 14ten Jahrhundert waren die Bürger in 17 Zünfte eingetheilt, die nun in 12 zusammengeschmolzen sind.

**) Von diesen schlachten ⅔ aus Mangel des Vertriebs gar nicht, und nähren sich vom Ackerbau, womit sich auch das letzte Drittel zugleich beschäftigt.

	Meister.	Wittwen.	Seelen.
			1905
Transport	230	55	
6. Schneiderzunft *)	31	6	
7. Schumacher. (Siehe Anmerk. *) S. 25.) —	43	11	
8. Bauleute, Maurer, Zimmerleute, Schreiner, Kiefer, Häfner, Wagner, Glaser ꝛc. — —	79	13	
9. Haasenphüler, Schiffleute und Kärcher oder Fuhrleute — —	47	10	
10. Gärtner, worunter sich viele blos vom Taglohn nähren — —	56	17	
11. Fischerzunft —	28	4	
12. Lauerzunft, zu der alle in Leder, Fellen und Pelzwerk Arbeitende gerechnet werden — —	35	9	
Folglich zusammen	549	125	
Transport			1905

*) Von den Schneidern kann nur etwas mehr als die Hälfte Einen Gesellen halten. Die Uebrigen schmachten nahrungslos.

	Seelen:
Meister und Wittwen überhaupt 674; von diesen privatisiren theils Eltern, Väter und Mütter bei ihren Kindern, die sich beiläufig auf 74 Seelen belaufen —	1905 74
Es bleiben also noch 600 Familien à 5 Personen übrig, die betragen	3000
Dazu kommen noch fremde Bauernknechte und Mägde bei Bürgern —	150
Also der ganze Seelen-Betrag	6129

Hier verhielte sich demnach die Zahl der Abnehmer zur Zahl der Gewerbe Treibenden:

I. Wenn man sie nach der Seelenzahl vergleicht und die letztere mit zu den Abnehmenden rechnet, wie 600 zu 5129 oder wie 1 zu 8½. —

II. Wenn die Gewerbe Treibenden nicht als Abnehmer angesehen, sie, ihre Weiber, Kinder, Gesellen und Gesinde, die sie von ihrem Erwerb erhalten müssen, von der ganzen Volkszahl mit 3290 abgezogen werden, so bleiben 1839 Abnehmer; folglich müssen sich in diesem Falle beinahe zwei Handwerker von Einem Abnehmer nähren, die leider meistentheils selbst dürftige Menschen sind und sich unter den Rubriken der Bauren-Knechte und Mägde, der Waisenkinder, der Spitäler, der Beisassen und Schatzettler vorfinden. Man sage ja nicht: Ein Gewerbe giebt dem andern Verdienst und Nahrung, folglich sind sie wahre Abnehmer. Was Einer beim Andern verdient, verliert er wieder durch Ausgabe, Kosten und Zeitversäumniß an denselben in seiner eigenen Profession und durch eigenes Bedürfniß seiner Fabrikate für sich und die Seinigen. Es geht den guten Leuten, wie den Bauern in einem mir bekannten, ehemals wohlhabenden Dorfe, worinnen das physiokratische System eingeführt worden war. Sie hatten nicht unbeträchtlichen Weinwachs. Bei der herrlichen allgemein eingeführten Freiheit fiengen die meisten an, Wirthschaft zu treiben. Hans zechte bei Kunzen und bezahlte ihn nicht: Du kommst, heißt es, und trinkst auch bei mir! Kunz zechte bei Hannsen und bezahlte mit der nemlichen Münze. Wie der Wein bei beiden alle war, hatte zu seiner großen Verwunderung keiner kein Geld und keinen Wein. Nun hat freilich der Schlosser, wenn er beim Schneider arbeiten läßt, seinen Rock und der Schneider, dem der Schlosser arbeitet, sein Schloß, Thür- oder Fensterbeschläge; aber doch kein Geld. Und wenn dergleichen Tauscharbeiten bei Handwerkern vorfallen, welche starken Verlag erfordern: so fällt der Verlust deutlich genug in die Augen; so zeigt sichs, daß der Gewerbe Treibende im Grunde nicht Abnehmer ist. Doch ich nehme zu desto augenfälligerem Beweise der allgemeinen Uebersetzung, wie bei meinen andern Stände-Tabellen und ihrer Verhältnisse gegen einander, auch hier nur 600 Gewerbe Treibende zu meinem in der Folge, im Ganzen dargestellten, Calcul an.

Nun hat Speier keine Dorfschaften, keine Fabriken und Manufakturen, nur einen kleinen Zwischenhandel und wenig Durchfuhr. Wie sollen nun alle diese Handwerker von sich selbst und den vielen Taglöhnern leben? Nicht hundert können sich von ihrer Profession selbst ernähren. Zum Glücke hat die Stadt eine Menge Feld und zwar das vortreflichste Ackerfeld, welches alle möglichen Producte hervorbringt. Hievon nährt sich der Bürger und muß sich davon nähren; er wird aber auch, wie begreiflich, als gemächlicher städtischer Bauer, beim spätern Aufstehen zur Feld-Arbeit, beim Caffee- und Weintrinken, bei besserer Kleidung und Möbeln, bei kostspieligerer Kinderzucht, kurz bei manchen (in No. 4.) angeführten nahrungsverderbenden Umständen, zwar nicht reich, doch bleibt er immer, aber nicht als Professionist, wohlhabend. Speier zählt wenig reiche, hingegen auch wenig ganz arme Bürger. Allein es wird auch bei dem disproportionirten Verhältniß der Abnehmer zu den Gewerbe Treibenden, nie seine Gewerbe als Gewerbe, in hohem Flor sehen. Der Bauer schadet dem Professionisten und dieser dem Bauern, so bald sie sich in dem nemlichen Manne vereinigen. Doch hievon weiter unten.

8) Im 4ten Band des Deutschen Zuschauers, XI. Heft, No. 33. wird etwas über die Bevölkerung des Herzogthums Magdeburg und der dazu gehörigen Grafschaft Mannsfeld vom Jahr 1784 geliefert. Nach dieser Liste belief sich, mit Innbegriff des Militärs (ohne die königlichen Bedienten, Standespersonen, Diener, Knechte und Juden dazu zu rechnen) die Volkszahl auf — — — 280332 Menschen; von diesen befanden sich in den Städten Im Herzogthum Magdeburg.

a.	Männer, nach allen Umständen und Gewerbe Treibende	19845
b.	Handwerks-Gesellen	2297
c.	Jungen	1988
d.	Fabriken-Arbeiter, Meister und Gesellen	1868
e.	Handwerker auf dem Lande	7205
	Folglich Handwerker	33203

Ohne die unter dem zahlreichen Militair steckende Professionisten mit in Anschlag zu bringen.

Es verhielten sich demnach die Professionisten zu den Abnehmern wie 2 zu 17 beinahe, oder es kommen auf $8\frac{1}{2}$ Menschen ein Handwerker, welchem die übrigen $7\frac{1}{2}$, seiner Frau, Söhnen, Töchtern, Knechte, Mägde, Bauern und einige tausend

Adeliche und Bedienstete Brod und Verdienst geben sollen. Hier und da mag der Handel ins Ausland etwas zur Nahrung derselbigen beitragen. Allein eben dieser Handel hindert auch da, wo er in Deutschland hingeht, das Aufkommen der dort ansässigen Professionisten. Ueberdieß ist, in dem angeführten Verzeichniß dieser Vertrieb fabrizirter Waaren ins Ausland, gegen die Menge der dortigen Handwerker nicht sehr beträchtlich. Und wie mißlich ist nicht diese Nahrungs-Quelle? wie viel tausend Veränderungen und Verstopfungen unterworfen? Vor zwei Jahrhunderten zählte man in meiner Vaterstadt tausend Tuch- und Leinenweber-Stühle. Jetzt ist von den ersten nicht einer, von den letzten nicht 20 im Gange. Man denke sich Kriege, Zerstöhrung, Hemmung der Ausfuhr, ausschliessende Privilegien benachbarter mächtiger Fürsten, Civilisirung roher Staaten, wohlfeilere und nähere Materialien, geringere Ausfuhrkosten, reiche Vorschüsse oder eigenes grosses Vermögen, womit man sich, in wohlfeilen Zeiten, grossen Vorrath anschaffen kann, geringern Arbeitslohn rc.; und man wird sich nicht mehr wundern, wenn bei dem immer steigenden Mißverhältniß der Abnehmer zu den Gewerbe Treibenden, der Flor der letztern sinkt. In manchen Ländern, z. B. im Hohenlohischen, Anspach-, Hallischen rc. ist beinahe jeder Bauer im Winter Wollen- und Leinenweber. Wie viel verlohr nicht Deutschland in dem einigen Artikel der feinen Leinwand? In frühern Jahrhunderten war sie da beinahe allein zu haben. Wie viele Hände wurden nicht damit beschäftigt? Wie viel gieng noch im Jahr 1688 nach England, Schottland und

Irrland? Damals führte aber auch das letzte nur für 6000 Pfund Sterling und hingegen 1741 schon für 600000 Pfund aus, welche 1759 auf 939562 Pfund stiegen, im Jahr 1760 zwar für Irrland (nicht aber zu Deutschlands Vortheil) nur 47869 betrugen, hingegen 1762 wieder 211000 Pfund mehr als 1760 ausmachten. Denn Schottland vermehrte seine Leinen-Fabrikate von 1728 bis 1759 von drei Millionen Englischen Ellen bis auf 10 Millionen, stempelte 1760, 917021 Ellen mehr zum Verkauf; ja es trieb es 1766 bis auf 12 Millionen Englische Ellen. Daher wurde auch von 1754 bis 1774 die Einfuhr der Deutschen Leinwand mit sehr hohen Zöllen belegt. Ists nun ein Wunder, daß dieß Gewerbe in Deutschland sehr merklich, gegen die vorigen Zeiten gesunken ist? *) Das ähnliche läßt sich bei Wollen-Tüchern von Deutschland in Bezug auf Italien **), Frankreich, England und Holland sagen, wovon die letztern uns jetzo die meisten feinen Tücher liefern.

9) Im Göttingischen Historischen Magazin VIIten Bandes 4ten Stück, findet sich eine General-Tabelle der Seelen-Conscription vom Fürstenthum Wirzburg fürs Jahr 1788. Nach dieser hat dasselbe überhaupt — 262409 Seelen. Unter diesen geben, wie schon bei Churpfalz bemerkt wurde, Söhne und Töchter, Kleidungs- Im Fürstenthum Wirzburg.

*) Taube im angeführten Werk, S. 66.—71.

**) Schmidts Geschichte der Deutschen, 6tes Buch, 12tes Kap. S. 110.

Stücke, Becker und Metzger ausgenommen, den meisten Handwerkern wenig Beschäftigung. Eben so Taglöhner, Mägde, Knechte und Handwerks-Gesellen. Der Bauer hat, die ihm nöthigen Gewerbe meistens auf dem Lande. Juden thun den Gewerben mehr Abbruch, als daß sie ihnen Vortheil brächten. Weiber können, aus denen schon (6. b.) angeführten Gründen auch nicht für volle Abnehmer angesehen werden, und noch weniger Fremde, die sich ohnehin, tägliche Bedürfnisse ausgenommen, so wenig als möglich mit Möbels beschweren. Ich will diese alle in eine Summe bringen, damit wir auch hier die Zahl der wirklichen Abnehmer erhalten.

Söhne	—	—	—	62140
Töchter	—	—	—	66961
Bauern	—	—	—	25933
Taglöhner	—	—	—	4365
Mägde	—	—	—	12109
Knechte	—	—	—	4699
Handwerks-Gesellen			—	2176
Juden	—	—	—	3024
Weiber	—	—	—	56144
Fremde	—	—	—	3827
			Seelen	241378

Welche also von der ganzen Seelen-Zahl abgezogen werden müssen, und davon übrig lassen — — — 21031

Von diesen die selbst Gewerbe Treibenden und Handwerker abgezogen — 16231

bleiben wirkliche Abnehmer 4800

welche sich daher zu den 16231 Gewerbe Treibenden verhalten beinahe wie $3\frac{1}{2}$ zu 1 oder wie 27 zu 8. Also etwa für 3 Handwerker Ein Abnehmer. Will man zum Ueberfluß Schuhmacher, Schneider, Hut-, Knopfmacher, Schmidte, Wagner, Becker, Metzger rc. die größten Theils für die ganze Seelen-Zahl arbeiten, auch die Handwerker auf dem Lande, von den 16231 Handwerkern abziehen, so dürften vielleicht 2 Handwerker auf Einen Abnehmer kommen, von denen sie aber als Handwerker so wenig als 3 von Einem leben können.

Aus dieser Wirzburger Tabelle fliessen noch überdieß folgende hieher gehörige Bemerkungen.

a. Der Herausgeber sagt: „Wirzburgische „Patrioten leiten hieraus das einleuchtende „Mißverhältniß zwischen der Bevölkerung „des Landes und der Städte aus dem „noch immer fortdaurenden Gebrauch der „Brache, der übermässigen Grösse vieler „Bauerngüter, Menge der Allmenden und „Gemeinweiden, häufiger Desertion des „innländischen Militairs und Mißbrauch der „Kaiserlich Königl. Werbung her.“

Nun ist zwar die Zahl der Land- und Städte-Bewohner in der Tabelle nicht ganz bestimmt und deutlich angegeben, doch läßt sich aus der Zahl des ganzen Fürstenthums 262409, worunter sich nur 25933 Bauern befinden, schliessen, daß mehr als die Hälfte davon in den Städten wohnen, indem die halbe Summe sämmtlicher Seelen $131204\frac{1}{2}$, und wenn man auf eine Bauern-

Familie 5 Personen rechnet, ihre Menge sich auf 129665 beläuft. Diese würden (wenige Privatisirende und 6337 hohe und niedere Bedienstete ausgenommen) lauter Gewerbe Treibende und davon sich nährende seyn.

b) Nun wollte Süßmilch *) dem Hrn. von Justi nicht zugeben: daß die Städte ⅓ der Einwohner enthalten können, wenn auch nur die unumgänglichsten Lebens-Nothwendigkeiten, für die übrigen ⅔ Landleute, Eigenthümer der Güter, Soldaten und Bediente des Staats sollen gefertigt werden; es wäre denn, daß eine Provinz einen grossen auswärtigen Absatz von Waaren hätte. Von Justi sagt bei diesem Anlaß.

„Alles was man annehmen kann „ist: daß noch eben so viel Handwerker als ⅓ der Einwohner „Statt finden könne, welche die unumgänglichsten Nothwendigkeiten des Lebens, für die vorhergehenden ⅔ Einwohner verfertigen."

Allein diese Berechnung ist offenbar überspannt. Man denke sich

1. Den allgemeinen sehr grossen Vorrath so mancherlei dauerhafter Möbels, die sich oft auf Enkel und Ur-Enkel vererben.

---

*) Süsmilch göttl. Ordnung, 2ter Theil, S. 556 und 557. 4te Ausgabe.

2. Den allgemeinen Geldmangel, und dessen gewaltige Ausfuhr für ost- und westindische Waaren, deren Gebrauch so ungeheuer eingerissen ist.

3. Die in vielen Gegenden grosse herrschaftliche Abgaben:

4. So wird man leicht die Abneigung des Landmanns, sich etwas überflüssiges oder modernes anzuschaffen, begreiffen können.

5. Man vergesse ja nicht, wie sehr die Handwerker auf dem Land überhand genommen (wovon unten weitläuftiger), so daß diese für die täglichen und dringendsten Bedürfnisse sorgen, und doch wenig Arbeit haben.

6. Daß die Ausfuhr in fremde Welttheile beträchtlich abgenommen.

7. Daß mehrere erfundene Maschinerien in Fabriken und Manufakturen viele tausend Gewerbe treibende Hände lähmen.

8. Daß Kriege ungleich menschlicher geführt werden und die Feinde nicht durch allgemeines Sengen und Brennen, nach geschlossenem Frieden, unzähligen Professionisten Arbeit verschaffen, wie noch vor hundert Jahren gewöhnlich geschahe.

9. Daß manche solid denkende Reiche in Kleidung und Möbeln edle Simplicität lieben, andere hingegen undeutsch genug denken: nichts

gut und schön zu finden, was nicht im Auslande unter dem Einfluß der mächtigen Mode-Göttin verfertigt ist.

Alle dieß zusammengenommen, wird jeden auf den nicht unrichtigen Schluß führen: Unter diesen Umständen, mag $\frac{1}{6}$ der Einwohner mancher Provinzen mehr als hinlänglich seyn, die Uebrigen fünf Theile mit allen nöthigen Gewerbs-Artikeln zu versehen.

c) Im ganzen Fürstenthum Wirzburg haben 13762 Meister nur 2176 Gesellen. Also kann nicht einmal der 6te Meister einen Gesellen halten. Wie mags da bei Einzelnen Meistern mit der Arbeit aussehen, mit der er doch Weib und Kinder ernähren soll? Und wovon sollen diese in kranken Tagen leben? Denn erspahren kann einmal der einzelne Handwerker nichts, wenn er auch täglich für seine Hände Arbeit hätte. Und doch muß er noch überdieß, denen immer durchziehenden Handwerkspurschen den einmal eingeführten Zehrpfenning abgeben.

d) Wäre demnach Wirzburg nicht ein bekanntlich mit Frucht, Wein, Vieh und allen Lebens-Bedürfnissen so reichlich gesegnetes Land, so müßten, unter diesen Umständen, seine Professionisten längst verhungern oder auswandern. So erhält vermuthlich die meisten derselbigen der Ackerbau, den sie wahrscheinlich neben ihrer Profession treiben. Allein welchen Schaden dieß dem Flor der Gewerbe bringe, davon und von No. 6. 7.

8. 9. des unter b angeführten, unten
das Land fühlt dennoch bereits im G
die Folgen dieser Uebersetzung. Ein
Theil seiner Einwohner ist in drücke
muth versunken. S. Journal v.
Deutschland 1788. IVtes Stück, No.
5 Seite 343. die wahrlich nicht all
übertriebenen Weinbau, sonde
vom Mißverhältniß seines Gewerbe=
zu den übrigen Ständen herrührt.

10) Eine nicht minder wichtige Tabell
das Journal v. und f. Deutschland im Jah
VItes Stück, No. I. unter der Aufschri
pographie der vesten Stadt Schweid
Herzogthum Schlesien. Nach dieser bef
Seelen=Zahl des Civil=Standes aus
Seelen

Und des Militairs — —

Die Zahl der Professionisten und Gewerbe Treibenden im Jahr 1788

Im Jahr 1741 — —

Diese machen also wirklich beinahe den
Theil der Einwohner aus, wenn man,
die Sache mit sich bringt, ihre Weiber,
Gesellen und Gesinde mit in den Anschlag
Sie verhalten sich daher zu den Abnehmern
dann, wenn man sie und die Ihrigen unt
rechnet, wie 1072 zu 6118 oder nicht vol
zu 6 und es müßte sich ein Professionist von

sonen nähren. Das Militair von 2865 Köpfen kann hier doppelt nicht in Anschlag kommen:

a) Weil dieses größten Theils seine eigene Handwerker hat, welche dem ansässigen Professionisten, den Bierbrauer (und vielleicht auch diesen nicht ganz) ausgenommen, mehr Nachtheil als Vortheil in der Abnahme bringen.

b) Viele davon bei den Fabrikanten selbst arbeiten, ungeachtet sie in dieser Rücksicht, als dort fleissige und wohlfeile Arbeiter, wieder etwas gut machen.

c) Die wenigsten Soldaten häusliche Einrichtungen haben und bedürfen.

Freilich hat Schweidnitz nach S. 505. des angeführten Aufsatzes um sich herum die volkreichste und wohlhabendste Landschaft in ganz Schlesien, worinnen man über 52000 Seelen zählt. Aber auch diese hat gewiß ihre unentbehrlichsten Handwerker selbst, wie der Verfasser, selbst von Rade- und Stellmachern eingesteht, S. 513. „Man verfertigt jetzt schöne Wägen. Da „aber jedes Dorf seinen eigenen Stellmacher hat, „und die Vögte der Land-Edelleute die Stell„macher-Arbeit zu ihrer Winter-Beschäftigung „machen, so bleibt den städtischen nicht viele Ar„beit übrig." Eben so wird das nemliche von den Fleischern S. 509. zugegeben. „Da in „den nahen Dörfern mehrere Fleischer ihr Ge„werbe zum Nachtheil der städtischen „treiben, so ist dieß Gewerbe so sehr gefallen,

„daß es von [illegible] auf 48 sank, ja daß man sie in „die Zukunft auf 36 einschränken mußte." So mögen an Sonn-, Fest- und Werktägen noch so viele Landleute in die Stadt kommen, und sie werden doch dem städtischen Professionisten nicht sonderlich viel zu verdienen geben, wenn man Brauer, Becker, und wenige andere ausnimmt.

Auch hier sey mir vergönnt, einige Bemerkungen theils zu machen, theils aus der Topographie anzuführen, welche auf das bisher Gesagte ein merkwürdiges Licht verbreiten.

I. Der Raschhandel nach Böhmen hat merklich in Schweidnitz abgenommen. S. 506. Ein Beweis dessen, was No. 8. No. 9. b. 6. von der Veränderlichkeit der Ausfuhr gesagt wurde. Im Jahr 1741 warens 11, im Jahr 1788 nur 6 Zeuchmacher.

II. Daß die militärischen Handwerker den bürgerlichen einen beträchtlichen Theil ihrer Nahrung rauben, beweißt S. 509. die Zahl der Büchsenmacher und Schwerdtfeger. Jener waren 1741 6, dieser 7. Im Jahr 1788 von jeder Profession nur Einer. Allein der Verfasser bemerkt auch:

„Ehemals mußte jeder Bürger seine Waf„fen haben, da er zugleich Soldat war. „Jetzt hat nur das Militär seine Büchsen„macher und Gewehr-Fabriken. Die „Garnison in Schweidnitz hat 2 Büch„senmacher und einen Büchsenschäfter."

III. Im Jahr 1741 waren 30, im Jahr 1788 hingegen 59 Schneider. Und doch sagt der Verfasser S. 513.

„Diese 30 Schneider langten zu der ganzen „heutigen Schneider- und Kürschner-Arbeit „zu (welche letztere ehedessen die Schneider „zugleich verfertigten); das eigentliche Ver„hältniß der ehemaligen Schneider zu „den jetzigen ist also, wie 30 zu 79 anzu„nehmen. Ausser diesen hat der Militär„stand noch seine eigenen Schneider; ihre „gesammte Zahl beläuft sich also über 100, „wenn wir bei jeder Compagnie nur 2 an„nehmen. Es versteht sich von selbst, daß „viele unter dem Schutz der launigten Göt„tin Mode leben.„

Ein abermaliger offenbarer Beweis von der Uebersetzung der Gewerbe. Wohin

IV. Auch der augenscheinliche Verfall der Rothgerber Seite 510. zu rechnen ist, die von 24 auf 12 herabsanken, gewiß sich nicht würden vermindert haben, wenn sie wie sonst zu leben gehabt hätten. Denn das vielleicht des Verfassers, die ehemalige Verbindung der Weiß- und Rothgerberei betreffend, entscheidet hier wenig, da noch 1741, der Rothgerber 24 waren.

V. Nicht minder hat die Bierbrauerei abgenommen. Ehemals kamen (S. 506.) auf ein Jahr über 1500 Gebräude; jetzt nicht volle 200. Im Jahr 1569 verkaufte man das

Rechte zu einem Gebräude um 225, nun um 100 Thaler. Es werden aber auch schon seit 1666 sehr viele fremde Biere eingeführt.

VI. Ungeachtet sämmtliche Einwohner ihr Brod vom Becker nehmen (S. 508.); so ists doch auch nur ein Schatten gegen die im 14ten Jahrhundert blühende Zeit dieser Profession. Sie war schon 1740 so sehr gefallen, daß nur immer der 4te Theil zum Backen kam. Und jetzt zieht man 20 Backstuben ein, damit die übrigen ihr Brod behalten. Der Flor der Gewerbe sank, aber gewiß nicht durch Veranlassung der es treibenden Professionisten. Ehemals, fährt der Einsender fort, gieng mehr Brod ins Gebürge, da der Getreide-Handel weniger im Gang war, und man sich noch darinnen mehr mit Handmühlen behelfen mußte.

VII. Nach S. 512. ist Leinenweberei der Hauptnahrungszweig der Gebirge-Bewohner, die auch deßwegen vom Kriegsdienste eximirt sind. Sie führten (S. 506.) im Jahr 1741 für 6000 bis 7000 Thaler, im amerikanischen Kriege für 100000, im Jahr 1788 für mehr als 300000 Thaler aus. Und doch ist die Zahl der Leinenweber binnen diesem Zeitraum von 34 auf 12, also beinahe aufs Drittel herabgesunken. Ein augenscheinlicher Beweis, daß der Flor eines Gewerbes nicht von der Menge der es Treibenden, sondern vielmehr vom richtigen Verhältniß ihrer

Zahl zu den übrigen Umständen abhängt.

VIII. Ungeachtet das Militär größten Theils seine eigenen Schuster hat (S. 513.); so wird doch eine Schuhbank mit 160 und mehrern Thalern bezahlt. Allein man sucht auch die Schweidnitzer Schuhe, so wie die schlesische Leinwand, vorzüglich um ihres wohlfeilen Preises willen.

IX. Dieser wird nach S. 505 und 506 aus der starken Getreide-Zufuhr und sehr beträchtlichen Viehmärkten erklärbar. Ueberdieß bewirken die in den benachbarten Gebirgen gewonnenen, zum Behuf der Schweidnitzer Bürger und Garnison jährlich in die Stadt gelieferten 40000 bis 46000 Scheffel Steinkohlen, eine jährliche Holz-Ersparniß von mehr als 7000 Klastern. Ein Umstand der es jedem Professionisten sehr erleichtert, wohlfeiler zu arbeiten.

X. Aber auch hier ist, was ich No. 4. vom Luxus und Kaffeetrinken sagte, nebst der verderblichen Lotterie-Sucht, eine wahre Pest der Gewerbe. Kaffee ist nach S. 515. das allgemeine Getränke des Armen und des Reichen, und der Schweidnitzer consumirt jährlich gegen 100000 Pfund. Den ungeheuren Luxus, vorzüglich des 16ten Jahrhunderts, schildert S. 519. Die Bürger waren sogar gewohnt, ihr Frühstück und Abend-Brod in den Bier- und Weinhäusern zu verzehren. Nun ist derselbe zwar geringer als in andern Handelsstädten Schlesiens, aber doch immer noch grösser, als es dem Wohlstande des Ganzen angemessen ist. Ja das Lotto hat (S. 516.) in 20 Jahren gegen 170000 Thaler gekostet, wobei gegen 56666 Thaler gewonnen, folglich über 113000 Thaler verlohren wurden. Ein auffallendes Beispiel von der Lotto-Pest sehe man im Journal v. und f. Deutschland 1789. 1stes Stück, No. XII. S. 63. Man sehe diesen letzten Umstand ja nicht für eine Kleinigkeit an. Er trägt mehr als man glaubt, zum Verfall der Gewerbe, vorzüglich des Mittelstandes, ja der Armen bei, und ich kenne mehrere Familien in meinem Geburts-Orte, die ihren letzten Heller ins Lotterie-Comtoir getragen und nicht aufgehört haben, bis sie gänzlich zu Grunde gerichtet waren — unter diesen Vornehme die so lange fortspielten, bis sie Schulden von vielen Tausend Gulden und keinen Heller mehr zum Bezahlen hatten, an welchen die guten Professionisten und Gewerbe oft beträchtliche Summen verlohren haben.

11) Nach einer in Schlözers Staats-Anzeigen VIter Band, 22ten Heft eingerückten, von Herrn Kammer-Assessor Hüpeden entworfenen Volks-Tabelle der Grafschaft Katzenelnbogen vom Jahr 1783 enthält dieselbige: In der Grafschaft Katzenelnbogen.

Männer — — — —	4206
Weiber — — — —	4414
Söhne — — — —	5691
Töchter — — — —	5285
Transport	19596

	Transport	19596
Knechte	— — — —	374
Mägde	— — — —	701
Gesellen	— — — —	77
Lehrjungen	— — —	81
	Also die Menschen-Zahl	20829

Unter diesen befinden sich, ohne die Gesellen und Lehrjungen mit zu rechnen, 1663 Handwerker. Es verhalten sich demnach die Gewerbe Treibenden zu den Abnehmern, wenn man die ganze Menschen-Zahl für die letztern annimmt, wie 1663 zu 20829 oder beinahe wie 1 zu 12½. Daher muß sich hier ein Professionist oder Gewerbe Treibender von 11½ andern nähren, worunter sich seine Frau, Kinder, Gesinde, Bauern, Knechte, Mägde, Taglöhner, ja das Kind in der Wiege befinden. Freilich fiele die Berechnung scheinbar vortheilhafter für die Handwerker aus, wenn man obige Menschen-Zahl unter die in der Tabelle befindlichen 5 Peruquiers, 1 Goldschmidt, 1 Uhrmacher, und dergleichen nicht stark besetzten Gewerbe vertheilte. Allein wie viele Tausende, von der ganzen Volks-Summe brauchen in ihrem ganzen Leben keins von diesen, und vielleicht noch dreißig ähnlichen Handwerkern? Dieß beweißt bloß, daß in dieser Grafschaft dermalen noch weniger Luxus herrscht, daß man da der Natur noch getreuer, nur die nützlicheren und nöthigeren Gewerbe vorzüglich braucht und die zahllose Menge eingebildeter Bedürfnisse geringschätze. Gesetzt aber, daß auch ein Paar einzelner Gewerbe, wegen ihrer Neuheit, in einem Lande das Glück hätten, nicht übersetzt zu seyn: so ist doch dieser ihr Vortheil, bei der wirklichen Lage der Umstände, nur von kurzer Dauer. Neid, Eifersucht, Wunsch, sich und seine Kinder auf eine bequeme Art leicht zu nähren, erzeugen in kurzem eine Menge Concurrenten, die sie bald unverhältnißmäsig übersetzen. Diesem vorzubeugen, sich im **alleinigen** Besitz zu erhalten, lassen sich Erfinder oder Stifter neuer Gewerbe, in manchen Ländern, auf Kosten aller braven Unterthanen, ausschließliche Privilegien auf eine lange Zukunft ertheilen, woraus das Streben und die Thätigkeit des Handwerkers augenscheinlich erhellt.

a) Um einen handgreiflichen Beweis von der Uebersetzung der meisten Gewerbe, bei der sich unmöglich **jeder**, wenn er auch noch so geschickt und thätig ist, von seiner Profession nähren **kann**, zu geben, wähle ich ein jedem unentbehrliches Handwerk, da sich nur in einem solchen Falle, die Lage aus sichern Erfahrungen abstrahiren, die ganz unverhältnißmäsige Menge der Arbeiter gegen die Abnehmer unwidersprechlich darthun läßt; und begreiflicher Weise, sind Gewerbe dieser Art, ihrer Natur nach, da sie jeder haben muß, immer die zahlreichsten. In der hier angeführten Tabelle finden sich 171 Schuhmacher. Es kommen also auf jeden 121 Abnehmer oder Schuhe Bedürftige. Jeder von diesen soll **jährlich** 3 Schuhe oder in **zwei** Jahren **drei Paar** brauchen. Man wird mir schwerlich vorwerfen können, daß ich **zu wenig** ansetze. Der Bauer und Arme geht im Sommer so viel möglich

Vorzüglich in Rücksicht auf die Schuster.

unbeschuhet, trägt im Winter so viel möglich Holz-Schuhe. Der Stuben-Handwerker und sitzende Arbeiter schont sie ausserordentlich. Wie viele Kinder in der Wiege brauchen gar keine und wie sorgfältig läßt sie der Landmann schwer mit Nägeln, ja Hufeisen beschlagen? Muß doch der immer beschuhete Soldat, bei grossen Herren, Jahr für Jahr, gewöhnlich mit einem Paar und ein Paar Sohlen auskommen. Unter dieser Voraussetzung kommen also, auf Einen Meister jährlich 182 Paar neue Schuhe. Hier verdient er, aufs höchste, nach Abzug aller Zugehör, (mit Einschluß der weniger Gewinn abwerffenden Weiber-Schuhe, und der grossen Anzahl für Kinder, von welchen das Paar oft nur 20 Kreutzer kostet) wenn er auch an jedem Paar 20 Kreutzer gewinnt, alle Jahre . . . 60 fl. 40 kr.

Jedes Paar einmal zu sohlen und zu flecken soll ihm Gewinn abwerfen 10 kr. welche betragen 30 — 20

Also jährlicher Verdienst für jeden Schuhmacher . . 91 fl.

Da die meisten ihr Leder gewöhnlich, in einzelnen Häuten und pfundweise, beim Gerber oder Leder-Händler auf Credit kaufen müssen, so wird selten dieser Verdienst für sie herausspringen. Es verfertigt aber ein gewöhnlicher Schuhmacher in einer

Woche 7 Paar Schuhe, und muß also auf 182 Paar verwenden

	Tage
26 Wochen oder , , ,	182
Täglich kann Er 3 Paar ohne Anstrengung sohlen und flecken, dieß betrüge , , , ,	61
In einem freien Wohnorte muß jeder Bürger alle 3 Wochen eine Tag- und Nacht-Wache thun; statt dieser in andern Gegenden vielleicht eben so oft oder noch öfter Frohnen, oder besondere Abgaben dafür bezahlen, anderer Geld und Zeit-Versäumnisse, die in vielen, vorzüglich kleinen souverain ähnlichen Staaten, nicht selten den Einwohner drücken, nicht zu gedenken. Dieß beträgt ,	17
Sonn- und Feiertäge, welche letztere in protestantischen Ländern, bis auf wenige aufgehoben sind , ,	63
Für Krankheiten, Zeit zum Leder-Einkauf, Zuschneiden, Schuheanmessen in und ausser seinem Wohnort und sonstige nothwendige Versäumnisse , , , , ,	42
So wäre das Jahr voll mit Tagen	365

Und nun hat Er, mit Einschluß des Gewinns, an denen für sich und die Seinigen verfertigten Schuhen verdient 91 fl.

b) Nach dieser Berechnung darf nun kein Meister einen Gesellen halten. Jeder Meister müßte täglich ein Paar neue Schuhe oder 3 Paar Sohlen und Flecke zu verarbeiten, und noch überdieß lauter richtig bezahlende Kunden haben, wenn er seine 91 Gulden jährlich unfehlbar verdienen will. Und mit diesem geringen Verdienst soll er jetzt seine herrschaftliche Abgaben, Hauszinns, Wochen-Betten, Krankheiten, Kleidung, Kost, Erziehung einer oft zahlreichen Familie ꝛc. bestreiten!!! Wer wird dieß, vorzüglich in Städten, für möglich halten?

Des Handwerkers Wohlstand beruht darauf, daß er Gesellen halten kann.

c) Sobald der Handwerker keine Gesellen halten kann, und mit den Seinigen, blos von seiner eigenen Hände Arbeit leben muß; so ist er ein sehr armer Mann. Feuer, Licht, Hausmiethe, herrschaftliche Abgaben ꝛc. bleiben bei mehreren Gesellen immer die nemlichen. Denn diese müssen dem Meister seinen Gewinn bringen; daher auch die Vergleichung ihrer Anzahl, mit denen in einer Stadt arbeitenden Meistern. Der beste Maaßstab ist, wenn man von Uebersetzung oder Nichtübersetzung eines Gewerbes spricht. Nach der Tabelle von der Grafschaft Katzenelnbogen verhält sich die Meister-Zahl zu den Gesellen wie 1663 zu 77, oder wie $21\frac{1}{2}$ zu 1. Und wenn man die 81 Jungen mit in Calcul bringen wollte, wie 1663 zu 158; dieß wäre wie $10\frac{1}{2}$ zu 1. Folglich kann da im ersten Falle höchstens der 21te, im letzten höchstens der 10te Meister Einen Gesellen halten.

d) Wenn aber auch jeder einen anstellen könnte, so wäre doch dieß zur spahrsamen Erhaltung für ihn und seine Familie kaum hinreichend.

e) Wie viele Professionen, z. B. Schmidte, Schlosser, Zimmerleute ꝛc. können nicht einmal einzeln auf ihrem Handwerk arbeiten? Was sollen nun diese anfangen, wenn sie nicht genug Arbeit für Einen Gehülfen haben? Und ist nicht der Schaden beim Feuer-Arbeiter, doppelt groß, da er beim nemlichen Holz oder Kohlen-Verbrauch, allzeit mehrere Hände beschäftigen könnte, wenn er mehrere Abnehmer hätte?

f) Das Journal v. und f. Deutschland liefert uns im Jahr 1788. Vten St. No. IV. S 419. die Geschichte der 4 jährigen Wanderschaft eines Weißgerbers. Vermöge dieser arbeitete er jährlich nur $36\frac{1}{2}$ Woche, und zwar nicht aus Lauffsucht oder Liederlichkeit, auch nicht wegen Krankheit. Ja es wird dabei bemerkt: daß Gesellen wohl 11 Monate im Jahr, wegen Arbeits-Mangel herumziehen mußten, wodurch mancher brave Pursche lebenslänglich ein schlechter liederlicher Taugenichts wird. Doch hievon und

Fernerer Beweis der Uebersezzung, aus dem langen arbeitslosen Herumlaufen, selbstfleissiger Handwerks-Pursche.

und von mehrern Fehlern des so genannten Wanderns weiter unten. Ich führte es hier nur als einen verstärkenden Beweis der Uebersetzung der Gewerbe an.

g) Diese erscheint in der Tabelle des Hüpedenschen Aufsatzes nicht einmal so grell, wie sie wirklich ist. Der scharfsinnige Verfasser sagt am angeführten Orte, im Vorbericht zur Tabelle: Seite 183. Daß in dem kleinen Lande Katzenelnbogen, welches keine Residenz, keine grossen Städte hat, beinahe der 2te Einwohner ein Professionist seye. Nach diesem begreifen ihre Kinder, Weiber, Gesinde und sie sebst, das halbe Quantum der ganzen Volkszahl oder 10414 Menschen, in sich, wo nothwendig der Erwerb noch sechsfach kärglicher ausfallen muß, als ich ihn oben berechnet habe.

h) Nun macht zwar der Herr Kammer-Assessor auf der nemlichen Seite die Bemerkung: daß von den Handwerkern 1066 auf dem Lande wohnen; und da die Flecken Langenschwalbach und Nastätten starken Ackerbau treiben, so könne man auch von denen daselbst wohnenden Professionisten, noch einen beträchtlichen Theil auf die Liste der Halbbauern setzen. Ja wenn man die ausser St. Goar und St. Goarshausen wohnenden Handwerker zu den Bauern zählte; so würde das Verhältniß zwischen ihnen und dem Bürgerstande ungefähr wie 1 zu 3 seyn, oder auf einen Handwerker drei Abnehmer kommen. Allein eben diese Auseinandersetzung beweißt unumstößlich, daß die Gewerbe, weil die sie Treibenden sich neben ihren Professionen sehr mit Bauern-Geschäften abgeben müssen, ausserordentlich übersetzt sind, und ihre übergrosse Anzahl auf dem Lande das meiste dazu beitrage.

i) Womit soll sich aber der verzärtelte Professionist in einer Gegend, die keinen beträchtlichen Feldbau hat, oder wenn er wenigstens keine Grundstücke besitzt, und ihn doch Nahrungs-Mangel drückt, durchbringen? In diesem Falle ist er wahrlich unglücklicher als der Allmosen bedürftige Bettler. Mit Rechte schämt er sich zu betteln, wenn er sein Metier versteht. Zur harten Taglöhner-Arbeit hat er weder Kräfte noch Geschick, und eben so wenig einen der rauhen Kost gewohnten Magen. Hätte er aber auch beides, so wird ihn erst kein Bauer dingen wollen, weil er kein Vertrauen zu ihm hat.

Der Professionist taugt weder zum Halb-Bauern noch Taglöhner.

k) Daher ist das Wie und Wovon sich nähren für den armen übersetzten Handwerker ein schweres, ihm allein oft unauflösbares Problem, welches jede Obrigkeit, vor seiner Annahme, nie unaufgelöst lassen sollte. Hierzu gehörte aber freilich, wie in dem neulichen Aufsatz sehr richtig bemerkt wird, ein vollständiges Landes-Inventarium über die Professionisten, ihre Nahrung und möglichen Absatz. Dieß würde bald das ungeheure Mißverhältnis des Gewerbe-Standes gegen die übrigen ins

Durch Handwerker-Tabellen von ganzen Ländern würde sich noch deutlicher zeigen wie sehr sie übersetzt sind.

hellste Licht setzen, und hoffentlich väterliche Obrigkeiten zu weisen Einschränkungen bewegen, welche diese fürchterliche Staatskrankheit, bei der die Säfte stocken, und die Glieder ihre Dienste versagen, nach einigen Jahrzehenden heilen und Alles wieder ins natürliche Verhältniß setzen könnte. Eine Cur, welche allerdings die sorgfältigste Aufmerksamkeit verdient, die jetzo vielleicht möglicher als ehemals wäre, da der Ackerbau, durch die Theilnahme so vieler Grossen und Gelehrten an demselben, so viel ehrenvoller, selbst in den Augen des vornehmen und geringen Pöbels geworden ist.

Und diese Uebersezzung ist nicht allein der Vermehrung der Bedürfnisse zuzuschreiben, sondern auch dem Zudringen des Bauern zum Handwerksstand.

1) Man wähne ja nicht, als ob die Last unserer theils dringenden, theils eingebildeten Bedürfnisse allein, diese übermäsige Menge von Professionisten erzeugt habe. Der allgemeine Hang zum gemächlichern und in des Bauern Augen geehrteren Bürgerlebens, hat ungleich mehr dazu beigetragen. Ganz anders war die Lage der Umstände vor 800 Jahren, als Heinrich I. der Städte-Erbauer den neunten Mann von den Kriegern (also nicht den neunten Einwohner aus der ganzen Volkszahl) zum Bürger oder Handwerker machte. Da arbeitete kein Professionist ausser den Städten; da begannen Künste und Gewerbe erst in Deutschland zu keimen; da wurde jede Erfindung gesucht, bewundert, und worauf es vorzüglich ankommt, bezahlt; damals suchten Käufer die Verkäufer, und nun ists gerade umgekehrt.

Einen einleuchtenden Beweis von letztern giebt das rastlose, fast ängstliche Streben der Künstler und Professionisten nach Absatz, die unzähligen Ankündigungen, Empfehlungen und Erfindungen, wovon unsre Menge gelehrter und politischer Zeit-Blätter voll sind — ihr dringendes Anbieten ꝛc. und nun entscheide man: Obs dem Handwerker an Eifer, Betriebsamkeit und Thätigkeit, oder an Abnehmern fehle? Wie viele nützliche Erfindungen können unmöglich gedeihen, weils ihnen bei diesen an Unterstützung mangelt. Muß nicht, unter solchen Umständen, das vorzüglichste Talent zurückgeschreckt und erstickt werden? Und leider läßt sich dieser Fehler nicht einmal schnell im Allgemeinen verbessern, (denn von einzelner Fürsten Unterstützung kann die Rede nicht seyn) da Geld-Mangel und Hunger nach nothdürftigem Gewinn zu viele Menschen preßt und auch so viele Abnehmer zur äussersten Sparsamkeit zwingt.

12) Auch von der Reichsstadt Kaufbeuren liefert uns das Journal v. und f. Deutschland eine bestimmte Liste der Professionisten, Handelsleute ꝛc. fürs Jahr 1783 und 1787, im Jahrgang 1790 Vtes Stück No. VII. S. 384 u. 385. Nach dieser lebten 1783 daselbst Seelen 4000 — In der Reichsstadt Kaufbeuren

Gewerbe Treibende im Jahr	1787	820
	1783	800
Also auch hier hat sich die Professionisten-Zahl in 4 Jahren vermehrt um		20

Will man nun (so unrichtig es auch ist, wie ich schon einigemal erinnert habe) dennoch die ganze Seelen-Zahl für Abnehmer ansehen, so verhielten sich im Jahr 1783 die Gewerbe Treibenden zu den Abnehmern wie 800 zu 4000 oder wie 1 zu 5, woraus sich schliessen läßt, welch Mißverhältniß sich erst ergeben würde, wenn von der Seelen-Zahl die weggenommen würden, welche sich nicht zu eigentlichen Abnehmern qualificiren.

Nothwendig müssen also die dortigen 331 Weber einen beträchtlichen Absatz ins Ausland haben, womit sie sich, zur Zeit hauptsächlich, und allein durchbringen. Würden sie aber, so wie wir oben Beispiele gesehen haben, dieser unsichern Stützen beraubt (und daß Handel eine ungemein der Veränderung unterworfene Sache seye, beweist das neuere Beispiel von St. Domingo. Schwäbischer Mercur No. 143. den 30. Novemb. 1791. S. 466.); so müßte ein beträchtlicher Theil der Einwohner auswandern oder verhungern.

Verbindung der einzelnen angeführten Fälle.

13) Wenn wir nun nach allen diesen, kaum einen zehnjährigen Zeitraum umfassenden, Tabellen die in so verschiedenen Gegenden aufgesuchte Zahl der Gewerbe Treibenden und eben so die Zahl ihrer Abnehmer, zusammenrechnen und sogar in jedem Ort seine ganze Seelen-Zahl als Abnehmer betrachten; so wird sich doch, auch bei der viel zu groß angesetzten Menge der letztern zeigen, daß ich in No. 5, mit Recht behauptet habe: Uebersetzung und Nahrungs-Mangel ist die Hauptquelle des sinkenden Flors der Gewerbe und des Wohl-

standes der sie treibenden Personen *); denn es werden selbst in diesem Falle auf einen Gewerbe Treibenden nicht einmal volle 13 Abnehmer kommen. Es waren

	Gewerbe Treibende		Seelen.
Churpfalz am Rhein No. 6.	22773	—	296710
Speier No. 7. — — —	600	—	5129
Herzogth. Magdeburg No. 8.	33203	—	280332
Fürstenth. Wirzburg No. 9.	16231	—	262409
Schweidnitz nebst dem Land No. 10. in Absicht der Seelen	1073	—	52000
Grafschaft Katzenelnbogen No. 11. — — —	1663	—	90829
Kaufbeuren No. 12. — —	800	—	4000
Also in allem zusammen	76343	—	921409

Mithin verhielten sich unter dieser Voraussetzung die Gewerbe Treibenden zu den Abnehmern wie

*) Der Verfasser des im Journal v. und f. Deutschland 1786. IItes St. No. XVIII. S. 193. rc. eingerückten Briefs über den Verfall der Reichsstadt Kölln, scheint nicht an diese Grundsätze gedacht zu haben, sonst hätte er schwerlich, nach vielen wichtigen angeführten Gründen, woraus sich das Sinken ihrer Gewerbe hinreichend erklären läßt, Seite 195. geradezu von Zunft-Despotismus geredet, ohne zu untersuchen; Ob die noch übrigen Handwerker bei dem schon vorhandenen Verfall, nicht bereits übersetzt gewesen sind, und also zu ihrer eigenen Erhaltung, nothwendig die Annahme mehrerer hindern mußten.

76343 zu 921409 oder wie 1 zu 12 $\frac{[illegible]}{[illegible]}$ das ist, wie oben bemerkt wurde, nicht völlig wie 1 zu 13. Ob aber mit Einschluß aller Gesellen und Jungen, die vom Gewerbe-Gewinn erhalten werden müssen, und daher mit mehr Recht unter die Gewerbe Treibenden, als ihre Abnehmer zu zählen wären, mit Einschluß seiner selbst und seiner Familie, Ein Gewerbe Treibender, der nicht mehr als 13 Abnehmer hat, sich von seinem Gewerbe nähren könne? beantwortet sich aus dem Vorhergehenden zur Genüge.

Und selbst bei dieser durch Calcule erwiesenen Uebersetzung der Gewerbe Treibenden in Deutschland, ihrer dargestellten unverhältnißmäsigen Zahl gegen die der Abnehmer, ist die Grösse und Menge jener bei weitem noch nicht erschöpft. Noch mancherlei Umstände vermehren die Zahl der Professionisten und vermindern die der Abnehmer. Die Laienbrüder in den Klöstern sind meist Handwerker, welche für dieselben auf ihre erlernte Profession lebenslang arbeiten. In Garnisonen pfuscht eine Menge militairischer Handwerkspursche. Auf vielen adelichen und freien Gütern sind ungezählte Unzünftige zur Verfertigung der Handwerks-Arbeiten ansässig. Hin- und herziehende, nirgends ansässige Gesellen fertigen oft dem Bauer um geringe Kost und Lohn Schreiner-, Schuhmacher-, Wagner-, Schneider- und allerlei Arbeiten. Nomadische Kesselflicker, Flaschner, Buchbinder und mancherlei Professionisten durchziehen die Länder. Schwarzwälder Bauern versehen halb Deutschland mit hölzernen Uhren; allerlei Hecken-Gesindel pfuscht mit Pfeiffen und Röhren, mit beinernen Knöpfen in das Dreher-Handwerk. Viele

Bauern und Bürger stümpern mancherlei nöthige Handwerks-Arbeiten zu ihrem Hausgebrauch mit eigener Hand *). Die Bäurin backt gewöhnlich selbst ihr Brod; viele weben ihre Wolle und Linnen, ganze Dörfer im Gothaischen, in der Schweiz und fast in jedem deutschen Ländchen arbeiten im Winter oder auch das ganze Jahr hindurch für mancherlei Fabriken und Manufakturen, oder Ein Maschinenwerk verrichtet die Arbeit von Tausenden Gewerbe Treibenden. Ausländische Krämer und Kaufleute, Engländer, Polen, Schweizer, Italiener, Franzosen, Niederländer überströmen Deutschland auf Messen und Jahrmärkten mit allen möglichen Gewerbsprodukten, oder der gewinnsüchtige innländische Kaufmann beziehet ihre Fabrikwaaren aller Gattung und schmälert dem innländischen Gerber, Schuhmacher, Hafner, Tuch-, Linnen- und Strumpfweber, Hut-, und Knopfmacher, Seifensieder, Lichterzieher, Messer-, Nagel- und Waffen-Schmidt, Schlosser und vielen andern ihr kümmerliches Brod. Aehnliche Beweise der zu gering angesetzten Zahl der Gewerbe Treibenden gegen die der Abnehmer ließen sich noch in Menge darlegen, wenn sie nicht jedem, der sie wissen will, augenfällig uud bekannt wären.

Sind nun die Gewerbe sogar nach obigem Fall und Rechnung übersetzt, nach der man die

---

*) Ich habe einen simplen Bauernknecht, der ohne das gewöhnliche Handwerkszeug neue Wagner-, Dreher-, Kiefer-, Kübler- und Schuhmacher-Arbeit mit vieler Fertigkeit macht.

Zahl ihrer Abnehmer offenbar viel zu groß annimmt; wie viel mehr müssen sie es seyn, wenn, wie bei einigen geschahe, ihre Summe richtig bestimmt würde.

Ursachen u. Folgen dieser Uebersetzung der Gewerbe.

14) Allein es ist nicht genug, dieß Gewerbe-Uebel *) in Rücksicht auf sein Daseyn zu kennen. Wir wollen nun auch seine Ursachen und Folgen untersuchen. Die letztern

---

*) So giebt das Journal v. und f. Deutschland 1791. VItes Stück, No. V. Seite 521. ein schreckliches Beispiel der Folge von Gewerbe-Uebersetzung. Der größte Theil der Strumpfwirker in Erlangen, deren Innung sehr groß ist, stirbt an der Schwindsucht. Viele wegen zu großer Anstrengung ihrer Kräfte, da wöchentlich sehr viele 12 — 14 Strümpfe verfertigen müssen, um ihre Familie zu ernähren, und doch nur einen Reichsthaler dadurch verdienen; bei anhaltend heftiger Erschütterung der Brust leicht diese Krankheit bekommen, sich nicht abwarten, nicht gleich heilen lasseu, auch wegen Zeit und Geldmangel, bei der geringen Bezahlung nicht können. Nicht seltene Beispiele beweisen, daß auf diese Art der Mann Frau und Kinder ansteckte, und so nacheinander alle an der nemlichen Krankheit starben.

Sehr wahr schildert der Verfasser des Aufsatzes: Ueber Porzellain-Fabriken, im Journal v. und f. Deutschland 1785. Ites Stück, No. II. Seite 7 u. 8., die Lage dieses Gewerbes und dessen Uebersetzung, wovon sich eine leichte und passende Anwendung auf die Handwerker machen läßt.

fallen schrecklich ins Gesicht: Armuth im Ganzen der Gewerbe Treibenden und daher der Verfall der Gewerbe und Künste. Denn einzelne sehr reiche Professionisten beweisen für den Wohlstand dieser ganzen Klasse von Menschen so wenig, als ein oder etliche ungemein reiche Bauern für den Wohlstand eines Dorfs, in welchem alle übrigen kaum Taglöhners Nahrung finden und niemand wird eine Stadt deßwegen für wohlhabend halten, wenn sie unter 6000 Seelen, zum Beispiel, 3 — 4 Kapitalisten von 100000den, hingegen am Rest, wo nicht Bettler, doch größtentheils Menschen hat, welche täglich

---

Alles predigt: Fürsten werdet nicht Handelsleute, Selbstfabrikanten und Monopolisten. Es ist ein übles Steckenpferd, wenn Fürsten selbst Handel und Manufakturen reiten. Sie haben keine Kenntnisse davon; Ihre Räthe, Studierte, Juristen eben so wenig. Der Handelsgeist schwingt sich mit raschen Adlersflügeln empor, wenn ihm lange vieljährige Erfahrungen sicher rathen, thätig zu seyn. Der auf manche Art zerstreute Jurist und Kameralist ist an den Schildkröten- und Schnekken-Gang gewöhnt, den jedes Strohhälmchen aufhält. Er ist unersättlich im Anfragen, Schematisiren, Designiren, Status Abfordern, Tabellisiren, und glaubt, darauf komme es an.

Ueber dieß gehets diesen Fabriken wie den Universitäten und Cur-Brunnen. Keine unserer jetzigen hat noch zahlreichen Zulauf, weil mehrere nach der Hand sind angelegt worden. Wahrlich ein neuer Beweis des so wichtigen Maximum und Minimum.

ohne Feder und Papier ihre Rechnung schliessen können

Andere Ursachen des Verarmens der Handwerker.

15) Daß 24 Professionisten, im nemlichen Orte unter den nemlichen Umständen, gewiß nur das halbe Brod haben, wenn sich vorhin nur 12 ehrlich und redlich nähren konnten, giebt mir hoffentlich jeder ohne Beweis zu. Daß ungeheure Uebersetzung ihres Standes im Ganzen gefunden wird, wurde im Vorhergehenden gezeigt. An ihrer Armuth wird man also eben so wenig zweifeln können, wenn uns auch die traurige Erfahrung nicht so fürchterlich davon überzeugte. Ich weiß es wohl, daß viele das Verarmen der Handwerker ausser dieser Hauptquelle noch aus vielen andern herleiten. Aber ich will auch diese prüfen und zeigen: Daß sie entweder unmittelbar oder doch mittelbar der Uebersetzung ihr Daseyn zu danken haben — oder wenigstens das Uebel derselbigen verdoppeln und verdreifachen.

Elende schlechte Arbeit. Warum diese so häufig ist.

I. Die Leute liefern elende Arbeit, darum nimmt ihnen niemand was ab und sie verderben. Ein Einwurf, der häufig genug gemacht, aber selten der Billigkeit gemäß untersucht wird: Warum sie so elende Arbeit liefern? Ferne sey es von mir, dem gewissenlosen Betrüger das Wort zu reden, deren es im Gewerbe-Stande, wie in allen immer giebt. Aber auch eben so fern, jeden, der schlechtere Waare liefert, geradezu für einen solchen oder für einen unwissenden Stümper zu erklären. Ein dritter Fall tritt leider, vorzüglich in Deutschland, nur zu oft ein. Wenn der Britte in England kauft, so denkt er kaum ans Feilschen oder Abmarkten. Er setzt bloß vollkommene Güte der Arbeit voraus *). Unter 100 Deutschen Abnehmern kaufen gewiß 90 nur nach Wohlfeile, ohne Kenntniß, ohne Rücksicht auf innere Güte, und vieles bloß deßwegen, weils wohlfeil ist, weils so wenig kostet. Nach diesem herrschenden Geiste muß nun der Professionist sein Kunstprodukt bearbeiten; und wenn er auch der geschickteste Meister ist, so sieht er sich genöthigt, wegen der Concurrenz so vieler elenden Meister, mit ihnen in die Wette schlecht zu arbeiten, um mit ihnen in die Wette Absatz zu gewinnen **). Und diese schlechte Arbeiter sind gewöhnlich

---

*) Taube im angeführten Buch, S. 53.

**) Im Journal von und für Franken, 4ten Bandes, 3tes Heft, Seite 324, sagt der Einsender in den Beiträgen zur Geschichte der Künstler und Handwerker in Fürth: „Ausser der grossen Theurung ist auch noch eine Hauptursache, warum die Nürnbergischen Handwerksleute nicht so wohlfeile Preise machen können, als die Fürther, diese nemlich: daß sie ihre Arbeiten fleissiger ausarbeiten, um ihre Zeichen im Credit zu erhalten, welches bei Auswärtigen aus gedoppelten Ursachen nicht geschehen kann, indem sie eines Theils mit Taglöhnern, Kindern arbeiten, welche die nöthige Geschicklichkeit nicht haben, anderntheils aber um so geringe Preiße nicht anders als flüchtig wegarbeiten können.“ Diese gedoppelten Ursachen schlechter Arbeit finden sich leider zum grossen Nachtheil des Publikums und des fleissigen geschickten Handwerkers jetzt aller Orten.

Zöglinge des eben geschilderten Publikums, die es oft genug besser machen könnten, aber dem Vertrieb zu gefallen, schlechter machten, sich auf einige Zeit wohl dabei befanden und nun die übrigen mit hinreissen. Märkte und Messen liefern viele Waaren um die Hälfte, (No. 2.) aber auch noch zu theuer, blos fürs Aug und die Wohlfeile gefertigt. Der Käufer will also betrogen seyn, und wird betrogen, merkts beim Gebrauch der Waare und wird doch nicht von seiner Sucht, auch künftig wohlfeil zu kaufen, geheilt. Andere sehen sich (bei der zahllosen Menge von Meß-Krämern, die mit Gewalt verkaufen wollen, die ihre Waare nicht selten von grossen Handelsleuten, und Fabrikanten, und oft genug auch fabrikmäsig gearbeitet, auf Credit nehmen und endlich zu bezahlen aufhören) genöthigt, ihre ächten besseren Waaren eben so niedrig wie diese, mit wahrem Schaden abzusetzen, denn Fracht und Zehrung will bezahlt seyn. Sie scheuen sich vor den einmal gewissen vergeblichen Kosten der Rückfracht. Sie haben manchen Gläubiger, der ihnen rohe Materialien lieferte, auf diese Messe vertröstet, und der muß befriedigt seyn, wenn nicht aller Credit sinken soll; oder sie haben, wenn die Waaren nicht abgesetzt werden, zwar fertige Produkte, aber kein Geld, um weiter fortzuarbeiten.

In allen diesen mancherlei Rücksichten, voll der trüglichsten Hoffnung, den erlittenen Schaden ein andermal zu ersetzen, geben sie auch ihre gute Waare um das halbe Geld, und sinken so, mit jedem halben Jahr tiefer.

II. Noch beklagungswürdiger ist das Schicksal manchen jungen Meisters. Dieser hat sein Gewerbe vollkommen inne, weiß, was zu tadelfreier Waare gehört, hats in grossen Orten gelernt, wo aber auch das Gute gut bezahlt wird; arbeitet im Anfang enthusiastisch für seine Profession, ganz vortreflich, aus edlem Stolz, gut zu arbeiten, blos in der Absicht, sich Kunden zu verschaffen, ohne Gewinn, oft mit einigem Verlust; wenn er nun einige Kundschaft sich mit vieler Mühe erworben hat, so schämt er sich vor seinen Genossen, dieselbigen wieder durch Erhöhung der Preiße zu verlieren, geht bei allem Fleiß und Thätigkeit zu Grunde, und zieht noch überdieß seinen Mithandwerkern, durch seine unverhältnißmässigen Preiße, Vorwürfe und Schaden zu. Einer meiner Freunde wohnte 3 Jahre bei einem jungen Schreiner im nemlichen Hause, beobachtete ihn als Gewerbefreund genau und versicherte mich: daß der gute Mann, blos auf diese Art, mit seiner Frau und Kindern in die bitterste Armuth geriethe. Eine Bestättigung dessen, wovon mich selbst so viele Beispiele überzeugt haben, die ich mit mehrern ins kleinste Detail gehenden Berechnungen belegen könnte, wenn ich nicht lieber Beweise aus dem Ganzen, dem Allgemeinen, zu liefern mich entschlossen hätte, da gegen einzelne Beispiele so leicht der Einwurf gemacht wird: hier walteten vielleicht besondere Umstände vor, von denen sich nicht aufs Grosse schliessen läßt.

Bestrebe sich Kunden zuzuziehen.

III. Nirgends aber seufzt der, noch im vorigen Jahrhundert in hohem Flor gestandene Hand-

Die besondere Lage der Professio-

kennen, und ihr in ihren Ländern freien Schwung gestatten.

„Es ist mit diesen Städten soweit gekommen, daß viele derselben ihr kleines Gebiete werden verkaufen müssen, um ihre Schulden zu bezahlen rc." Was nun diese Städte bei den damaligen Umständen waren und es bei denselben nur seyn konnten, sollen sie und andere bei den ausserordentlich veränderten noch seyn, und weil sie es nicht sind; so suchen Viele und zum Theil selbst der Verfasser des reisenden Franzosen in dem Zunft-System, durch dessen kleinlichte Politik und Eifersucht die Handwerker in Fesseln liegen, die Ursache des Verfalls der Gewerbe. „Richtiger liegt sie zum Theil, wie der nemliche Verfasser fortfährt, in den Erpressungen kleiner Herren, die ihre Maitressen, ihre Jagdhunde, französische Köche und wohl auch ein englisches Pferd haben müssen, in dem Gezerre mit den Nachbarn, welches durch die verwirrte Verfassung des Reichs ins Unendliche gezogen wird, in den geringen Vortheilen, die ein kleiner Staat seinen Einwohnern gewähren kann, in dem immer anhaltenden Geldverlust, indem der kleine Herr seinen Luxus größtentheils mit fremden Waaren befriedigt, in der geringen innern Konsumtion; der Absatz in die meisten benachbarten grössern Staaten ist durch Auflagen auf fremde Waaren erschwert, und die Industrie findet in diesen durch den Schutz mächtigerer Fürsten, durch die stärkere Konsumtion, und in der Mannichfaltigkeit, welche ihr diese grösseren Länder liefern, ungleich mehr Vortheile."

Unschickliches, unkluges Anlegen der Fabriken rc.

Die Anlage neuer Fabriken und Manufakturen durch Fürsten auf ihre Rechnung und Gewinn richtet oft das nemliche seiner Handwerker zu Grunde, oder hindert den Absatz des andern bisher gangbaren Handwerksprodukts! Bei den baaren Mitteln, dem Eigenthum schicklicher Gebäude, Erleichterung der Ab- und Zufuhr, Befreiung jeder Abgabe, der Zölle, Accise, Waagegelder, der Fertigung und des Absatzes ins Grosse, dem Bann der rohen Produkte im Lande oder dem Ankauf derselben in Schiffsladungen von erster Quelle und hundert andern Vorzügen und noch besonders bei dem grossen Vorzug: Daß der Fürst sich nicht von dem abfallenden Gewinn seiner Fabrikate, wie der Bürger nähren muß, leichter als dieser wagen und dabei stärker gewinnen kann, ist es keine Kunst, den Flor einer Fabrik auf den Ruinen armer Unterthanen aufzubauen. Ist es aber nicht die schrecklichste Tyrannei, wenn ein Fürst von dem Bürger Abgaben fodert und ihm die Mittel, sie zu erwerben, entzieht? Oder ist es mindere Tyrannei, wenn er einem Einzigen, einem Projektenmacher oder gar fremden Günstling auf Kosten hundert anderer braven Bürger eine solche Wohlthat durch ausserordentliche Unterstützung und vorgenannte Vorzüge zur Anlegung einer Fabrike oder Manufaktur verleiht? Kaiser Theophilus hinterließ den Fürsten ein schönes Beispiel hierüber, da er das Handelsschiff seiner Gemahlin zu verbrennen befahl und dabei sagte: Wenn sich die Fürsten der Handelschaft ergeben wollen, so müssen ihre Unterthanen Hungers sterben.

Daß fast jeder Fürst in seinem Lande, so weit es Lage und Menge der rohen Produkte erlauben, das System des grossen Colbert nachahmte, fast jeder durch Handel, Fabriken und Gewerbe seine Gegend zu bereichern suchte, war eine wohlgemeinte Absicht; daß sie aber vielen herbeigezogenen Fremdlingen und Projektmachern ausschliessende Freiheiten und Monopole, oft genug zum Schaden der ansässigen Professionisten sowohl, als der Landleute gaben, vernichtete den Zweck. Leztern wurde nicht selten die Ausfuhr ihrer Früchte, rohen Produkte, Tabak, Krapp, Hanf, Wolle rc. gesperrt oder durch übermässige Zölle erschwert, ja sie noch überdieß gezwungen, die schlechten innländischen Fabrikate, statt der bessern ausländischen in höhern Preißen zu nehmen. So wurden Schwätzer mit dem Blut von tausend armen Unterthanen gemästet, der Flor der Manufakturen und Fabriken dem Fürsten vorposaunt, der so getäuscht, den Unternehmern eine grosse Summe nach der andern, ohne, oder doch gegen äusserst geringe Zinnse, vorschoß. Diese durften oft nicht vergessen, denen sie beschützenden Unterfürsten, den Zehnden, vielleicht noch mehr, vom Vorschuß abzutragen; lebten selbst herrlich und in Freuden — und am Ende wurde der gute Fürst, bei seinen menschenfreundlichen ökonomischen Absichten, troz allen bewilligten, ausschließlichen, reichen, Gewinn bringenden Vortheilen von den Projekmachern ums Kapital betrogen. So kenne ich Krapp-, Porzellain-, Salpeter- und Glas-Fabriken, welche mehr als 100000 Gulden kosteten und nichts mehr liefern.

Gesetzt aber die Unternehmung glückte wirklich auf Kosten der armen Unterthanen!*) Da fand man z. B. durch die Zölle der aus- und eingehenden Waaren, durch mancherlei Accise sehr bald ein merkliches Plus in den Staats-Einkünften (die niemand so leicht mit dem Wohlstand der Unterthanen verwechseln wird); dieß war ein mächtiger Reitz dergleichen Etablissements immer mehr zu vergrössern, und so wurde nicht nur dem angränzenden Reichsstäd-

wodurch der Reitz, sich auf Gewerbe zu legen, übermässig verstärkt wurde?

---

*) „Die Vortheile von Fabriken fallen fast ganz allein den reichen oder fähigen Unternehmern zu, und werden dadurch eine Hauptursache des steigenden Luxus. Die Arbeiter verdienen selten mehr, als sie nothdürftig brauchen, oder wenn sie auch mehr erwerben, so bringen sie es meistens wieder durch, verbreiten Prachtliebe und andere Laster unter den niedrigen Klassen der Menschen und beladen den Staat bei den geringsten Unfällen, welche ihre Ernährer und deren Unternehmungen leiden, mit Hunderten oder Tausenden von Armen, die vielweniger stark, gesund und allgemein brauchbar, als Landleute und Handwerker sind. Ungeachtet ich nicht behaupte, daß die Arbeiter in den Fabriken für den Staat kein grosser Gewinn seyen; so bin ich doch zugleich überzeugt, daß man nicht Ursache habe, sich über ihre Vermehrung so sehr, als über die Vermehrung von Landleuten zu freuen. Wenn aber der Gewinn erkünstelter Fabriken auch viel weniger drückend für die übrigen Unterthanen wäre, als er wirklich ist; so würde er doch lange nicht den Schaden ersetzen, der durch Fabrikmonopolien der Industrie und dem Handel der übrigen ansässigen Unterthanen zugefügt wird.“ S. d. G. H. Magazin, V. B. 1. St.

ter (um den man sich freilich nichts bekümmert) sein bisheriges Brod entzogen, sondern auch überhaupt, weil zu viele Menschen für diese Gewerbe treibende Lebens-Art in allen Ländern gestimmt sind, selbige zum bequemern Erwerb ihrer Lebens-Nothdurft, vom Pflug hinweg in die Werkstätte gelockt, wo sie sich nun selbst zur traurigen Last fallen.

und dergleichen Reichsstädte ohne Zünfte zu Grunde gegangen wären.

Nun stehen zwar gerade in dergleichen Reichsstädten die Zunft-Systeme noch in besonderer Achtung und Schutz. Sie taugen also nichts, sie sind vielmehr schädlich. Man siehts ja augenscheinlich an der sichtbaren Nahrungslosigkeit dieser Gewerbe treibenden Bürger. Allein dieser Schluß möchte etwas unrichtig seyn. Eben ohne diese Zunft-Systeme wären sie noch weit unglücklicher, gewiß von einer Sündfluth Gewerbe treibender Fremder überströmt. So arm und nahrungslos, als Professionisten, diese freien Reichsbürger in ihrem Republickchen wirklich sind, so viele Anhänglichkeit zeigen sie doch, nicht nur selbst für ihre Vaterstadt *), sondern auch der

*) Beinahe jeder Reisebeschreiber bricht jetzt, nachdem er von einer weinerlichen oder spaßhaften Disposition ist, in Mitleiden oder Spott aus, wenn er seinen Fuß auf den Boden einer Reichsstadt setzt. Modeschriftsteller burlesquiren über die hölzernen Figuren und die antiken Grimassen der Reichsstädter und schliessen gewöhnlich ihre Farce mit der großen Perüque des Herrn Amts-Burgermeisters; fast jeder Politiker verfällt in reformatorische Convulsio-

adeliche und fürstliche Unterthan fühlt einen beständigen, nicht verkennbaren Reitz, Theil an ihrer städtischen Freiheit und Regierung, we-

---

nen, wenn ihm der Name einer Reichsstadt ins Ohr oder in die Feder kommt, deren Ausbruch desto heftiger ist, wenn Reichsstädte in den Landen oder an den Grenzen seines Fürsten liegen. Daß diese Herren doch immer nur das Unnütze in diesen Städten durch ihre Weisheitsbrillen sehen, nie dabei bedenken: daß Bürgerglück nicht in Modegewohnheiten und in Geldreichthum besteht, und daß sie durch ihre Reformen mehr als ein paarmal hundert tausend Menschen nicht glücklicher, wohl aber unglücklicher machen könnten! Alles was zum Glück des Menschen etwas beiträgt, muß dem Menschenfreunde gewissermassen ehrwürdig seyn, so gering, albern oder komisch es auch seyn mag. Wie unglücklich wären wir, wenn man uns die Spiele und Täuschungen unserer Einbildung nehmen wollte! Wollen diese Herrn Reformatoren von dem Nutzen des allgemeinen Wohls in Deutschland schwatzen, so werden sie wissen, daß die Reichsstädte, trotz der Schmälerung ihres Kommerzes, ihrer Handels- und Schiffahrts-Privilegien, ihrer Grenz- und Territorialrechte immer noch ihre Schuldigkeiten oft eifriger als andere Reichsstände leisten. Ihre unkriegerischen Kontingente von Einem und Einem halben Mann oder Stiefel, tragen freilich nicht viel zum Schutz und Wehr des deutschen Vaterlandes bei; aber was taugen denn, ausser den Paraden und Bürger-Executionen, die friedliebenden Krieger mancher grösseren Stände?

So besonders hart auch die Zeiten des Kriegs für die Reichsstädte sind, die Freund und Feind weniger schont; so oft sie die Necke-

nigstens an den geringen obrigkeitlichen Abgaben zu nehmen — sich bei und unter ihnen häuslich niederzulassen. Würde diesen nicht

---

reien ihrer mächtigen Nachbarn im Frieden fühlen müssen: so ziehen doch ihre mit wenigem zufriedenen Bürger den Genuß ihrer *deutschen* Freiheit den Reichthümern leibeigener Unterthanen und vornehmer Speichellecker doch weit vor, deren leuchtenden Dunst und goldenes Joch ein *Reichsstädtischer Bürger ohne Patriziat* selten gegen seine Mittelmässigkeit und Armuth vertauschen möchte. Sein immer frohes Bewußtseyn: daß er seine Söhne nicht zum Soldatendienst, seine Töchter nicht zu Maitressen vornehmer Taugenichtse erzieht, daß er seine Felder nicht für das Wild bestellt, sich nicht wie ein Jagdhund zur Hatze gebrauchen lassen, sein Vieh und Gesinde nicht für den Hof- und Herrendienst halten muß, keine Beamten-Schikanen, keine despotische Exekutionen, keine willkürliche Auflagen zu fürchten hat, und seine kleinen Abgaben nicht für Maitres de Plaisir, nicht für militairische Puppen, für Maitressen, Jagdhunde, Pferde und wie die Saugthiere der Länder alle heissen, hingiebt, sie nur dem Staat und sich selbst für nützliche Anstalten leiht; das Bewußtseyn, daß er mit seinen selbst vorgeschlagenen Vorgesetzten, die nichts wichtiges ohne seine Zuziehung thun können und ihm verantwortlich sind, gleiche Rechte, gleiche Ansprüche hat, macht ihn, beim Anblick gepreßter Unterthanen um ihn her, mit seinem Stückchen selbst gebaueten Brods und seinem nothdürftigen Gewerbe ohne Reichthum glücklich. Kriege und nachbarliche Neckereyen sieht er als vorübergehende Uebel an, die ihm nachher den Werth seiner Freiheit doppelt schätzbar machen.

die Aufnahme durch Kosten bei den Zünften merklich erschwert, so würde daraus eine noch grössere Uebersetzung, ein noch drückenderer Nahrungs-Mangel entstehen.

Zünfte und Magistrat finden hierinnen ein treffliches Mittel, ihr nothwendiges Verfahren zu rechtfertigen und einem noch drückendern Elend vorzubeugen. Der größte Theil kleiner Reichsstädtischer Bürger muß würklich größtentheils vom Ackerbau leben. Da würde gewiß eine grössere herbeigezogene Volks-Menge die liegenden Güter bald dermassen vertheuern, daß der Ertrag eines Ackers, mit den Zinnsen des Ankaufs-Quantums, gar nicht mehr in einem erträglichen Verhältniß stünde, wodurch der minder Vermögliche noch unglücklicher und die Lebensmittel für jeden, vorzüglich den Armen, noch theurer werden müßten.

IV. In einer solchen Lage muß der Gewerbe treibende arme Handwerker sich nothwendig meistens nur mit seinem gegenwärtigen Vortheil beschäftigen. Gewinn in der Ferne taugt nicht für ihn, denn er muß täglich Geld und Brod haben. Daher zieht er den gewissen Vortheil dem ungewissen, den gegenwärtigen dem grösser scheinenden zukünftigen vor.

Daher fällt bei der Uebersetzung aller Speculations- u. Vervollkommungs-Geist beim Handwerker.

Welche Behutsamkeit ist, unter diesen Umständen, bei den scheinbarsten Vorschlägen zur Verbesserung der Gewerbe, welche durchdachte Prüfung nothwendig, wenn nicht Tausende

Folglich ist äusserste Vorsicht bei Vorschlägen zu Ver-

besserung der Gewerbe nöthig.

durch herzlich gutgemeinte, aber schädliche Reformen und blos theoretische Chimären gänzlich zum Bettelstab herab sinken sollen, bei dem Zünftige und Unzünftige zu viel zum Sterben und zu wenig zum Leben erwerben können — wenn man nicht unväterlich und unweise einigen wenigen Reichen Thür und Thor öffnen will, alle Nahrung allein an sich zu ziehen! Der Professionist bietet sicher, schon durch seine bedürftige Lage genöthigt, allen seinen Kräften auf, seinen Kunstprodukten die möglichste Wohlfeile, Geschmack und Vollkommenheit zu geben. Er sucht seines eigenen Vortheils wegen das Angenehme mit dem Nützlichen, das Bequeme mit dem Haltbaren, das Schöne mit leidentlichen Preißen zu verbinden. So lang es aber nicht an Concurrenten zur Arbeit, sondern an Abnehmern fehlt — schöpft er Wasser ins Sieb.

Selbst zunehmende Luxus ist der Beweis der Thätigkeit der Professionisten durch den [illegible] aber selbst viel schadeten.

V. Luxus ist allerdings die Quelle tausend neuer einst unbekannter Bedürfnisse. Wer erfand sie aber, als der nach Nahrung und Gewinn ängstlich ringende Handwerker. Ein redender Beweis seines Fleisses, des unermüdeten Studirens seines Gewerbes. Allein unglücklicher Weise mußte der städtische Bürger selbst der Hauptabnehmer dieser Waare seyn, das Opfer seiner eigenen Erfindungen werden. Das Volk von Paris (schreibt Fried. Schulz im IIten Band über Paris und die Pariser. Berlin 1791.) ist mehr der Lastträger des Luxus und der Ueppigkeit, als der nützlichen Industrie; muß aber, um seinen Unterhalt zu gewinnen, es sich eben so sauer werden lassen, als der Drescher in den Provinzen. Es ist stolzer und üppiger, weil es für den Stolz und für die Ueppigkeit arbeitet ꝛc. Adeliche, Gelehrte und andere reiche Partikuliers sind, im Verhältniß gegen den Bürger, wenn von Abnahme die Rede ist, eine unbedeutende Zahl als man gewöhnlich wähnt. Der Handwerker selbst wurde vom Strom der modischen Erfindungen mit fortgerissen, einer der Abnehmer des andern und dadurch noch ärmer als vorhin. Bauern, die erste und größte Anzahl der Bewohner eines jeden Lands, blieben bis auf den heutigen Tag in Rücksicht ihrer Garderobe und Möbeln, bei ihrem Zwilchkittel, höchstens blautüchenen Rock, einigen hölzernen Stühlen, Tisch, Schrank und Bette, von welchen die letztern oft genug ihren Groß- und Urgroßvätern gedient haben. In der Kost sind sie leider von ihrer glücklichen Einfalt, zu ihrem Schaden, aber gewiß nicht zum Vortheil des Handwerkers, abgegangen. Denn wenn der Landmann doppelt so viel als sonst verzehrt, so bleiben für den Handwerker unstreitig weniger Lebensmittel zum Einkauf übrig, die er folglich theurer bezahlen muß. Ich kenne einen nicht unbedeutenden Flecken. Dieser hatte noch vor 40 Jahren keine, höchstens einen Becker, der kaum alle Sonntage, Wecke oder Semmeln lieferte. Wirklich hat der nemliche Flecken viele Becker. Nun ißt der Bauer, der sich halb vermöglich wähnt, zum Kaffee täglich für einige Kreutzer Weißbrod *); dieß

*) Friedrich der Einzige erschwerte seinen Unterthanen das verderbliche Kaffee-Trinken,

muß ihm der Professionist der benachbarten Städte desto theurer an seinen Früchten, Wein, Eyern, Butter rc. bezahlen, und soll doch eben so wohlfeile und gute Hüte, Schuhe, Strümpfe rc. liefern, ja sogar noch wohlfeiler verkaufen, weil dem Bauer, bei seinem Eß- und Trink-Luxus für Handwerks-Arbeiten um so weniger Geld übrig bleibt, wobei er sich kaum das Entbehrlichste anschafft. So richtet Uebersetzung der Professionen auf dem Lande den Bauern, und mit ihm den Handwerker zu Grunde, ohne zu rechnen, daß unter diesen Umständen, wenn mehrere Professionen aufs Land verpflanzt werden, der Bauer ungleich weniger Lebensmittel in die Stadt bringt, die Zufuhr dadurch vermindert wird, der städtische Professionist manchen Abnehmer verliert und theurere Viktualien kaufen muß.

Vorzüglich aber Uebersetzung der Professionen auf den Dörfern.

---

durch einen sehr hohen darauf gelegten Zoll, vorzüglich im Jahr 1784 aus weisen Gründen, wozu freilich die eingeführte französische Mauth auch ein beträchtliches aus andern Ursachen, so wie zur Auflage auf den Tabak, mag beigetragen haben. Friedrich Wilhelm, Hildesheims Regent, gab im Jahr 1786, den 4ten Jenner ein allgemeines freundschaftliches Kaffee-Verbot. Was darinnen, und im Journal v. und f. Deutschland 1788. XItes [illegible], No. III. S. 392 und 393. über die Nachtheile dieses Gaumen-Luxus und andere damit verwandte Dinge, so treffend gesagt wird, findet man in hundert andern deutschen Ländern gerade so.

VI. Aber auch in Städten tragen viele, vorzüglich vornehme Einwohner, durch ihre schlechte Wirthschaft und unseliges spätes Bezahlen nicht wenig zum Verfall der Gewerbe bei. Ich habe diesen Umstand schon oben berührt und muß ihn doch noch einmal rügen, da gewiß tausend Andere mit mir Beispiele genug kennen, daß viele vom Adel und ihnen ähnliche Grosse den armen Handwerksmann mit seiner Foderung oft so lange warten und laufen lassen, daß, Zeitversäumniß dazu gerechnet, nicht selten die Zinnsen dem zu fodern habenden Kapital gleichen, die ihm doch meistens nicht bezahlt werden, und wenns auch geschähe, den zugefügten Schaden nicht ersetzen. Ists nun ein Wunder, wenn der Gewerbe treibende Bürger, in dieser Lage, die Preiße übersetzt und doch am Ende, vorzüglich, wenn die Herren ganz aufhören zu bezahlen, zum unschuldigen Bettler wird?

Schaden des städtischen Handwerkers, den er an schlechten Zählern leidet.

VII. Eine Ursache der verarmenden Professionisten ist ferner: Der auffallende Unterschied im Preiß mehrerer Handwerks-Artikel, deren Werth, durch die Menge der Arbeiter und gesunkenen Werth des Geldes (weil dessen eine ungleich grössere Menge ist), bei dem die Viktualien stiegen, merklich gefallen ist.

Der Professionist verarmt, weil manche Arbeiten, bei der grössern Menge des Geldes und geringern Werth desselben, schlechter als sonst bezahlt werden.

Kauft man nicht jetzt eine ungleich schönere und bessere Taschen-Uhr um den sechsten Theil des ehemaligen Preißes? Tabaksdosen von Papiermaschee wurden, noch vor 40 Jahren, mit 5 und mehr Gulden bezahlt. Nun kann man sie um 6 Kreutzer haben. Bücher, Glas,

Waaren, Spiegel, Gewehre, Metall-Arbeiten, Kupferstiche ꝛc. sind um den zehnten Theil des Preises zu haben, den sie anfänglich, bei ihrer Seltenheit hatten. Der Ueberfluß dieser Dinge setzte ihren Werth herab, und die Vergrösserung der Geld-Masse verminderte den Werth derselben. Wie sehr bestättigt sich auch hierdurch, was ich (V.) von Entstehung des Luxus, seinem Einfluß auf die Gewerbe, die unermüdete Thätigkeit der Professionisten, aber auch von dem Mangel an Abnehmern sagte!

Er verarmt durch die Modesucht, welche nur ausländische Waaren haben will.

VIII. Noch weit stärker drückt den *deutschen Handwerker* die übermäßige, durch Modesucht veranlaßte Einfuhr ausländischer Fabrikate und das schändliche Vorurtheil, welches an deutscher Arbeit nur ihre Mängel und an ausländischer nur ihre Schönheiten aufsucht, wenn gleich beide ihre eigenthümlichen Schönheiten und Mängel haben. Wie viele unvaterländische Vornehme und Reiche schaffen sich gewiß nichts an, kaufen gewiß keine Waare, wenn ihr nicht das heiligende Paris oder London aufgeprägt ist, und werden, wie sie es verdienen, hundertmal dabei hintergangen. Sie verdienens, da sie *abergläubisch*, Alles, was ihre Landsleute verfertigen, wenns auch eben so gut, eben so niedlich und noch dazu ungleich wohlfeiler ist, geschmacklos, plump und elend finden, und die Arbeit des nemlichen Professionisten bis an den Himmel erheben, sobald sie ihnen als ausländisch vor ihre Wohnung gebracht wird. Dergleichen Thorheiten ließen sich von Wien und andern grossen Orten namentlich mit Beyspielen beweisen. Aber es ist leider mehr als Thorheit — Mord und Raub an den vaterländischen Gewerben, wodurch, seiner Folgen wegen, Tausende unglücklich werden. Ich gebe es willig zu, daß manches ausländische Fabrikat zierlicher als bei uns verfertigt werde. Nur sollen die elenden Mode-Kraft-Genies beiderlei Geschlechts es nicht ungnädig nehmen, wenn freie deutsche, weder von französischem Schwindel, noch an Gesundheit verdorbene Männer, nur eben so viel Unpartheilichkeit fodern, verlangen, daß man ihnen eingestehe: viele innländische Arbeiten sind besser als die ausländischen; und doch hängt die berauschte Einbildung an den letztern; und doch wählt sie nur diese und dieß meistens in solchen Artikeln, welche dem Arbeiter einen erlaubten rechtmäßigen Gewinn zusichern, bei welchem noch überdieß unter Tausenden vielleicht nicht zehen, einen wesentlichen Unterschied zwischen der Güte und Nettigkeit der vom ausoder innländischen Meister verfertigten Arbeit wahrnehmen würden, wenn nicht ihre selbstgenügsame Thorheit es jedem, mit dem wahren kleinfügigen Geiste, bis zum Eckel vordemonstrirte, oder das schnackische Modell eines pariser Faquins oder englischen Elegants zu schreiend in die Augen fiele. Aber auch oft dadurch werden ganze Gewerbe verdrängt, sie sinken in Nichts, ohne ihr Verschulden, weil der Geist des Zeitalters sich völlig ändert, wovon in neuern Zeiten die Mode des Filets das 20000 Spitzen-Arbeiter an den Bettelstab brachte und von ältern Zeiten das Handwerk der Ohrbändleinsmacher in Nürnberg, der Harnischmacher, der Spießschmidte, der Zopfmacher, und mehr andere ein auffallendes Beispiel sind. S. Journal v. und f. Deutschland, 1785. Vten St. No. I. S. 380—384. Wie unsicher ist demnach der Flor eines Gewerbes, wenn es größtentheils von der launigsten Mode-Göttin abhängt?

Imgleichen durch die verminderte Ausfuhr seiner Kunst-Produkte.

IX. Der deutsche Professionist mußte ärmer werden, muß heut zu Tage über Uebersetzung klagen, da die Ausfuhr innländischer Kunstprodukte nicht nur unglaublich vermindert worden ist, wie schon No. 8. beim Absatz der Leinwand gezeigt wurde; sondern vielmehr eine Menge Waaren, die wir ehemals ausführten, nun bei Uns von aussen eingeführt werden.

Also durch Mangel der Abnahme u. angemessenen Belohnung.

X. Mangel an angemessener Belohnung für Zeit, Arbeit und Auslagen müssen jeden Künstler zurücksetzen, wenn er blos von seinem Gewerbe leben muß. Was würde aus dem bekannten Würtembergischen Kunst-Genie, Herrn Pfarrer Hahn, geworden seyn, wenn er sich und die Seinigen, wie tausend andere, von diesem Talent allein hätte ernähren müssen? Es wird doch niemand es wagen, zu behaupten, daß er sich mit dem, was ihm sein Landesherr und der Marggraf von Baden abgenommen haben, hätte durchbringen können. Wäre er wohl fähig gewesen, seinen Werken die bekannte Vollkommenheit zu geben, wenn ihm nicht sein Posten als Prediger Brod verschafft hätte? Hätte er nicht, bei allem enthusiastischen Kunstgefühl, wie andere aufs Kleine verfallen, fürs liebe Brod, mit Hintenansetzung aller neuen Erfindungen arbeiten müssen, da bekanntlich eine Menge seiner schönen Arbeiten, nach seinem Tode, noch unverkauft bei seinen Söhnen liegen und auf Abnehmer warten? Wie gieng es der vortreflichen Müllerischen Rechenmaschine in Giessen und noch vielen andern? Welchen mächtigen Einfluß haben oft, bei dergleichen Abnahmen, troz aller redlichen Bemühungen edeldenkender Männer, Ehrgeitz volle Chikanen anderer, die alles geringschätzen, was sie nicht selbst empfohlen haben? Laudatur ars & alget — dieß fühlt ein mir genau bekannter sehr geschickter Maler, der vorzüglich die Wachs-Malerei auf Papier in Landschaften ungemein vervollkommnet hat. Seine Arbeiten fanden bei vielen Kunstverständigen, selbst an Höfen, sehr grossen Beifall, aber — leider wenige Abnahme. Nun muß Er sich, da Loben und Ansehen seiner Kunstwerke ihm und seinen 7 Kindern kein Brod schaffen, bis zur gröbsten Tüncherarbeit herabwürdigen. Wer hindert hier und in so vielen ähnlichen Fällen den Flör des Gewerbes und der Kunst — der Künstler oder seine durch Mangel des Absatzes veranlaßte Dürftigkeit? Vom Neid und der gewissenlosen ehrgeizigen Chikane, die oft auch Gelehrte hindert, von ihren Talenten Gebrauch zu machen, will ich gar nicht sprechen. Ja selbst Belohnungen allein richten nichts aus, so lange die Menge der Professionisten zu groß ist. *)

Ueberdieß braucht man auch wirklich nicht so viele Gewerbe-Produkte wie vor einem Jahrhundert.

XI. Zudem braucht man wirklich heut zu Tage nicht so viele Gewerb-Produkte, als noch vor hundert Jahren. Es ist eine bekannte Sache, daß der Mordbrenner Louvois unter Ludwig XIV. die Möbeln ganzer Städte und Dörfer in Kirchen, um sie zu flüchten, aufthürmen und dann erst auf einmal in Asche verwandeln ließ. Nun konnten freilich nach dem Ryßwicker Frieden die zurückgekehrten möbellosen Einwohner die Handwerker, auf ein halbes Jahrhundert überflüssig mit Arbeit versehen. Denn so viele Familien mußten nach der Wiedererbauung ihrer Wohnungen, so jämmerlich auch ihre Vermögens-Lage war, doch das nothwendigste wiederum anschaffen. Man wende ja nicht ein: dieß sind höchst unglückliche seltene Perioden, die in jetzigen menschlichern Zeiten jeder verabscheut, niemand zurücke wünschen, auf die keiner eine Profession erlernen wird. Davon ist hier gar die Rede nicht, sondern davon: Wie es möglich war, daß vor hundert Jahren, in manchen Gegenden

*) Hessen-Cassel suchte zwar im Jahr 1786 und noch immer, Industrie, vorzüglich der Handwerker, durch Belohnungen neuer Erfinder und Verbesserer aufzumuntern (S. Journal v. und f. Deutschland 1786 VItes Stück, No. XVI. S. 565 — 566.); und doch wills, wie fast aller Orten, mit den Handwerkern nicht gedeihen! Man vergißt ihr Verhältnis gegen die Abnehmer.

Deutschlands, wo nicht mehr, doch eben so viel Handwerker subsistiren konnten, welche nun übersetzt sind und sich nicht ernähren können.

Verleitet durch den kleinen Absatz einer Waare ins Inn- und Ausland schmiedeten schwindlichte Projektanten blendende Plane zur Erweiterung des Handels, und überredeten gewinnsüchtige Fürsten zu deren Ausführung, die in der Anlegung neuer Städte und Marktflecken, und dabei besonders ertheilten, andere innländische Professionisten schwer kränkenden Vorzugsrechten und Privilegien bestanden; aber kaum war man der Vollendung nahe, so ahmte der neidische Nachbar dem Beispiele nach, brachte mit Aufopferung grosser Summen den Handel des erstern ins Stocken und den seinigen kaum bis zum unfruchtbaren Aufkeimen. Dadurch ward eine Menge fremder Handwerker herbei gelockt, deren Kinder und Kindes-Kinder jetzt mit andern in ältern Städten eine kümmerliche Nahrung theilen. Diese in neuern Zeiten vergrösserten alten und ganz neu angelegten Städte mußten die Anzahl der Handwerker vermehren und die der Abnehmer vermindern. Es wurde zwar auch hie und da ein Dörfchen auf irgend einer Wüste angelegt; allein diese stellten das zur höchsten Unzeit verrückte Verhältnis zwischen Städten und Dörfern bei weitem nicht her: es entstunden zu viele Städte und blieben zu wenige Dörfer, wodurch sich eine neue Quelle der Uebersetzung und des Verfalls der Handwerker öffnete, welche die Lebensmittel und die rohen Produkte

und doch ward die Zahl der Professionisten theils durch die Vergrösserung alter und die Anlegung neuer Städte;

vertheuerte, und die in Menge verfertigten Waaren herabsetzte und unwerth machte. Dieß Mißverhältnis zwischen Städten und Dörfern gehört jetzo freilich unter die unausführbaren Dinge; denn Städte müßten in Dörfer, und Dörfer in Städte umgewandelt, die Handwerker aus diesen und die Bauern aus jenen verwechselt werden, um sie alle in bestimmter Volkszahl im Cirkel umher zu versetzen.

theils dadurch weil weniger als ehemals Deutschland verliessen, vermehrt.

Man gehe einige Jahrhunderte zurück, so kommen wir in die Zeiten, welche durch Entdeckung eines neuen Welttheils, durch Aufsuchen weniger kultivirter Europäischer Staaten, auf Deutschland beinahe die nemliche Wirkung hatten, wie die ehemaligen grossen Völkerwanderungen, nur mit dem Unterschied, daß diese Nationen schaarenweise auszogen und jene einzeln, aber desto wiederholter auswanderten. Schmidt bemerkt in seiner Geschichte der Deutschen VI. Buch, Kap. 12. S. 23. „In Preussen liessen sich, nachdem es vom Teutschen Orden bezwungen war, eine Menge Deutsche nieder und trieben Künste und Handwerker. Später hin zogen sie nach Ost- und West-Indien, vorzüglich nach Amerika." Manche reitzte anscheinender grosser Gewinn, viele wurden durch Seelenverkäufer fortgeschleppt, die meisten verliessen aus Mangel der Nahrung ihr Vaterland. Diese epidemische Seuche und eitle Hoffnung zu schnellem Reichthum ist nun einigermasen verschwunden. Selbst der gemeinste Mann sieht endlich ein, wie gefährlich Ost- und West-Indien dem Leben so vieler Europäer ist; sieht ein, wie schwer es hält in Amerika ein grosses Glück zu machen. In allen fremden Ländern trifft man eine Menge ansässiger deutscher Handwerker und Handwerkspursche an, die dort ihr Brod gesucht haben. *) Ein Umstand der einige hieher gehörige Hauptwahrheiten sehr ins Licht setzt.

a. Daß dieses Auswandern den zurückgebliebenen innländischen Professionisten damals Luft und Platz gemacht hat.

b. Daß durch die Abnahme desselbigen sich Deutschlands Gewerbe Treibende um so schneller vermehren mußten, und natürlich übersetzt wurden.

c. Daß fremde Länder zum Theil mit Handwerkern versehen sind, die es ehemals nicht waren, folglich nicht nur weniger Kunst-Produkte aus Deutschland brauchen, sondern auch den überflüssigen deutschen Professionisten weniger Plätze übrig sind, wo sie Brod suchen können.

d) Daß, da seit langer Zeit, kein Theil der Erde entdeckt wurde, wo sich Künstler und

---

*) Hätte man in Deutschland früher auf ein weises richtiges Verhältnis der Handwerker und Gesellenzahl gegen die Abnehmer fest gehalten, so wäre dadurch den immerwährenden häufigen Auswanderungen geschickter Professionisten vorgebogen, Handel und Wandel den Gewerbe-Treibenden erhalten worden.

Handwerker in einiger Menge nieder-zulassen, Lust bekamen (denn den fünften Welttheil und Botanybay wird man doch nicht hieher rechnen), auch dieß zur Vermehrung der deutschen Professionisten unglaublich viel beitrage.

e. Daß, da auch Spaniens zum Theil äusserst gewerblose Staaten, im Jahr 1768 durch den abgedankten Preussischen Partheigänger Thürrigel, mit vielen hundert deutschen Fabrikanten und ihren Familien bevölkert wurden, welche dort eine sonst ungewöhnliche Unterstützung fanden und viele wichtige Fabriken von mancherlei Arten angelegt haben; da dieses Land bereits 1768. mehrere fremde Gewerbs-Artikel, z. B. Hüte, Kattun, gemalte Leinwand, Musseline, Batrist, Kammertuch, Nesseltuch ꝛc. vorzüglich 1770. durch die pragmatische Sanction verboten hat; da in Amerika mehrere Fabriken und Manufakturen angelegt worden sind, daß, sage ich, auch dieser Umstand keinen kleinen Einfluß auf die Ausfuhr deutscher Gewerbs-Produkte und die vergrösserte Anzahl der Gewerbe Treibenden haben muß. *)

Einwürfe gegen die vorige Behauptung u. ihre Widerlegung.

Wahr ists, der Handwerkspursche ist immer noch eine grosse Menge, welche, wenigstens auf eine sehr lange Zeit, sich ausser ihrem deutschen Vaterlande aufhalten. Dieß beweisen verschiedene Preussische Verfügungen, welche

*) Taube in d. a. Schrift. S. 121, 122 u. 171.

das Ausstellen der Lehrbriefe verbieten, um sie desto mehr zur rechten Zeit wiederum ins Vaterland zurück zu zwingen. Allein da wirkt wohl auch die Furcht vor den Kriegsdiensten ein beträchtliches.

Wahr ists, eine Menge in öffentlichen Blättern erscheinender Edi̇ktal-Ladungen, welche größtentheils Handwerkspursche angehen, die sich in andere Reiche und Welttheile verlohren haben, zeigen, daß auch in andern Gegenden viele ihr Vaterland, wo nicht auf immer, doch auf eine lange Zeit, meiden. Man kann wirklich, ohne Gefahr sehr zu irren, annehmen: Es werde kaum der zehnte Theil von ihnen vorgeladen, da unbeträchtliches Vermögen, allzugrosse bekannte Entfernung, oder auch Privatnachrichten von ihrem Tode, die Ladung entweder unräthlich oder überflüssig machen.

Wahr ists, der Handwerkspursche findet bei seinen ihm einmal zur Nothwendigkeit gemachten Wander-Jahren, ungleich mehr Gelegenheit, sich auswärts niederzulassen.

Allein es ist auch eben so wahr, daß dieß alles seltner geschehen würde, wenn sie in ihrem Vaterlande, das jeder, bei sonst gleichen Verhältnissen, vorzieht, ihr gewisses Brod und Nahrung zu finden, hoffen könnten. Diesem sehen, bei der Uebersetzung die wenigsten mit Gewißheit entgegen. Daher bringen viele, weil schon ihren noch lebenden Eltern Vermögen und Nahrung im Vaterlande fehlt, um es ihnen, durch ihre Niederlassung nicht noch mehr zu schwächen oder gar zu entziehen, ihre besten Jahre im Auslande zu, und kommen denn gemeiniglich im Alter schwach, oft von Ausschweifungen entnervt, dem Staate zur Last als Bettler nach Hause.

Man untersuche genau, zu welcher Menschen-Klasse die meisten herum ziehenden alten Bettler ehemals gehört haben, und es wird sich finden, daß der größte Theil von ihnen unter der Gewerbe treibenden sich befand, und einige durch Verschwendung, viele durch Unglücksfälle, die meisten durch unverschuldeten Nahrungs-Mangel, anfänglich zum Müssiggang und dadurch zum Betteln genöthigt worden sind. Ein Fall, der desto leichter ist, da unter hundert Kunden vielleicht 80 sind, welchen es zur andern Natur wurde, keinen Handwerker, selbst die streng taxirten nicht ausgenommen, ohne die sündlichsten Abzüge zu bezahlen, die oft mehr als den rechtmäßigen Gewinn wegnehmen. Allein ich halte mich bei diesem Uebel nicht auf, ungeachtet es größtentheils junge anfangende Meister trifft, die es gemeiniglich am wenigsten aushalten können, und sichs doch, um Kundschaft zu erwerben, am östersten müssen gefallen lassen; denn dieser Mißbrauch ist gewiß jedem Rechtschaffenen, so gut als mir bekannt.

Grosse stehende Heere vermindern oder den Absatz und Ge-

XII. Manche rechnen das Militair und stehenden grossen Heere unter die Abnehmer, welche dem Gewerbestand Vortheile bringen sollen. Und doch tragen gerade diese nicht wenig zum Verarmen desselbigen bei. Der größte Theil der Soldaten erhält seine wenigen, und unter diesen die wichtigsten Bedürfnisse, zum Theil von ihren Regiments- und Compagnie-Handwerkern, die nebst den vielen andern Handwerkspurschen unter dem Militaire in die bürgerlichen Gewerbe pfuschen, zum Theil von grossen Lieferanten, die den bürgerlichen Professionisten dermassen zu pressen, so geschickt Nebeneinkünfte für sich damit zu verbinden wissen, daß der gute Handwerker oft kaum das halbe Brod dabei verdient; und wie viel wird nicht aus dem Auslande auch in diesem Falle bezogen? Ueberdieß ist, in vielen Gegenden, die möglichst wohlfeile Bekleidung des Soldaten, seit mehrern Jahren, ein eigenes Studium vornehmer Wohldiener (ihrer eigenen Beutel oder ihrer Fürsten, will ich nicht entscheiden) geworden, die sich wenig darum bekümmern, ob ihr Untergebener sich wie ein eingepökelter Heering in ein eben so eng als kurzes Kleid gepanzert, bei Hitze, Regen, Schnee und Frost, wie ein Wurm krümmt und halb zu Grunde geht oder nicht; wenn sie nur ein hohes gnädiges Lächeln, an der wohlbesetzten Tafel ihres Herrn, zur Belohnung hoffen können. Hart ist wahrlich der Eingriff des gemeinen Soldaten in die ohnehin dürftige Nahrung des bürgerlichen Handwerkers. Dieser muß der Obrigkeit seine bestimmten Abgaben entrichten. Jener ist davon frei und zieht seinen, obschon geringen Sold, zu dem der Bürger bereits das seinige beiträgt. So wird Wein und Bier in manchen Kasernen ausgeschenkt, ungleich wohlfeiler als vom bürgerlichen Wirth, weil das Mi-

winn der Professionisten, als daß sie ihn vermehren.

litair keine Wein- oder Bier-Accise bezahlt. Daher entgeht dem Bürger nicht nur diese Consumtion vom Soldaten, sondern es wird auch heimlich in Menge in Nichtsoldaten-Häuser geschleppt, wenns tausendmal in den Concessionen heißt: Nur fürs Militair. Beispiele sind verhaßt, sonst könnte man sie namentlich anführen.

Theurung der Lebens-Mittel wirft den Handwerker mehr zurück als andere Stände.

XIII. Mehr als irgend einen andern Stand werfen den Professionisten theure Zeiten und ungewöhnlich hohe Preiße der Lebens-Mittel auf mehrere Jahre zurück, ja sie stürzen ihn oft auf sein ganzes Leben in Schulden. Er braucht so gut als andere mehr Geld zum Einkauf und darf doch, mit seiner Hände Arbeit im Preiße, entweder gar nicht, oder doch nicht verhältnismäsig steigen. Ja es wäre oft beinahe nöthig, eher damit zu fallen, um nur etwas weniges zu verdienen, indem fast jeder Käufer sich auf die allernothwendigsten Bedürfnisse einschränkt, da jedem der Mund so viel aus seinem Beutel nimmt. Viele Professionisten müssen dadurch nothgedrungen auf minder gute Arbeit verfallen. Eine grosse Erleichterung für den armen Handwerker und jeden dürftigen Menschen im Staate wäre es, wenn, wenigstens in theuren Zeiten alle Consumtions-Abgaben von den täglichen gewöhnlichen Eßwaaren aufgehoben und solche auf fremde Produkte und entbehrliche überflüssige Waaren des Luxus übertragen werden könnten. *)

*) In einem, im 2ten Band des Journals von und für Franken befindlichen, zum Theil vor-

XIV. Keine der geringsten Ursachen des Herabsinkens der Handwerker sind die etwas lange anhaltenden Krankheiten, die sie härter als andere Menschen-Klassen drücken: der fürstliche oder städtische Bediente wird krank — allein seine fixe Besoldung geht fort. Der Bauer wird krank, und seine Frau, Kinder, ja Taglöhner können demohngeachtet das Feld bestellen, wo die Saat dennoch glücklich gedeiht. Nur mit dem kranken Handwerker liegt seine ganze Nahrung, vorzüglich in dem Falle, der, wie gezeigt wurde, immer häufiger werden muß, wenn er sich ohne Gesellen, allein mit seiner eigenen Hände Arbeit zu nähren gezwungen ist. Er soll aber auch Gesellen haben. Wer

und ebenso lange anhaltende Krankheiten.

———

trefflichen Aufsatz über die Ursachen der Theurung aller Lebens-Mittel rc. sagt der Einsender im §. 18. mit voller Wahrheit: „Niemand klaget so sehr und mit mehrerem Rechte über Abnahme der Nahrung als der Kaufmann, der Fabrikant und der Handwerks-Mann. Jedermann schränket sich in allen Ständen so viel ein als er kann. Es fehlet also an dem Vertrieb der Waaren innerhalb Landes, und die Ausfuhr in fremde, auch sogar in die zum Deutschen Reiche gehörigen Länder ist meistentheils gehemmt. Anstatt daß sie nach Beschaffenheit der Theurung der Lebens-Mittel ihren Verdienst steigern könnten, müssen sie vielmehr froh seyn, wenn sie nur etwas an den Mann bringen können und einen kleinen Verdienst dabei machen. Nicht einmal die unentbehrlichsten Dinge lassen sich nach Proportion steigern. Man schlage den Verdienst eines Handwerksmanns rc.

weiß dem ohngeachtet nicht, daß bei mehrern Professionen Mitbeschäftigung, Zurichten und Zuschnitt des Meisters die Hauptumstände sind, ohne welche die Gesellen allein weder den so bleibenden Gewinn, vielweniger Kunden zuziehen. So kannte ich mehrere Schneidermeister, deren Werkstatt mit vier und mehr Gesellen besetzt war. Nach einer vierteljährigen Krankheit derselben stund sie leer, alle ihre Kunden hatten sich, bei ihrer Wiedergenesung zerstreut und — sie konnten sie, so lange sie lebten, nicht wieder zusammen bringen. Ein ähnliches Schicksal hat der kranke Schuster. Auch dieser muß sein Leder selbst auf eine vortheilhafte Art zuschneiden. Der Wagner, Schreiner, Drechsler rc. müssen jedes Stück Holz aufs pünktlichste benützen. Der Schlosser, Schmidt, Nagelschmidt rc. ihr Kohlen-Feuer sparsam gebrauchen, und so noch viele andere, die hier zu nennen Überfluß wäre. Man setze hinzu, daß im Ganzen wenige Meister in der Lage sind, daß sie sich auf einen solchen Nothfall etwas zurücke legen können. Wenige, die es haben, scheuen die Arzt- und Apothekerkosten zu ihrer Wiederherstellung ganz unmäsig. Die Herbeirufung des erstern wird von einem Tage auf den andern verschoben und die Krankheit immer hartnäckiger, die sich anfänglich mit geringem Geld- und Zeit-Aufwand hätte heben lassen, oder sie fallen gar bei dem, so vielen Städten noch eigenen Mangel einer guten medizinischen Polizei Afterärzten und Quacksalbern in die Hände, bei denen sie mindere Kosten, als beim Stadtarzt zu haben wähnen, aber leider um ihr Geld,

Gesundheit, ihre Wiedergenesung und Leben betrogen werden.

Hamburgs wohlthätige Anstalten, eines der schönsten und größten Werke der Menschenliebe, können leider nicht überall nachgeahmt werden; da, wo es möglich wäre, ist der vereinigte edle Eifer so vieler thätiger Menschenfreunde noch nicht erwacht, und Hamburg bleibt bis heute einzig. Inzwischen wäre für arme einzelne Professionisten schon viel gewonnen, und dabei den Afterärzten ihr verderblicher Unfug gelegt, wenn in jeder nur etwas bevölkerten Stadt, ein oder zwei Aerzte, vom Staate ein Wartgeld für Handwerker und Arme überhaupt erhielten, und diese Nothleidende unentgeltlich dafür zu besorgen hätten.

XV. Wie hungrig man in jedem Gewerbe nach Nahrung schnappe, beweißt unter andern die Menge von Menschen, welche die schmutzigsten, eckelhaftesten, gefährlichsten, der Gesundheit und den Sinnen höchst nachtheiligen Gewerbe begierig treiben und ergreifen. Das betäubende Geräusch des Hammers bringt alle Sensen-Schmidte um ihr Gehör. In Spiegel-Fabriken wartet schon ein anderer sehnlich auf die Stelle des Quecksilber-Verarbeiters, um, wie dieser, in wenigen Jahren gelähmt, die nemlichen Quaalen wie sein Vorgänger auszustehen. Ein gleiches Verhältnis hat es mit dem Schrotgiesser. „Das Schrotgiessen ist eine unläugbare vergiftende Beschäftigung." Ich kenne selbst einen für nichts als Gewinn ein-

Nicht minder beweißt das Zudrängen der Menschen zu den gefährlichsten und unangenehmsten Gewerben die Uebersetzung derselben.

pfindsamen Kaufmann in S***, der mir mit der größten Kaltblütigkeit erzählte, daß er keinen Schrotgiesser über gewisse Jahre (seine Bestimmung habe ich im Unwillen über den Unmenschen vergessen) gebrauchen könnte, sondern alle an der Auszehrung stürben, worauf er aber, wegen des höhern Taglohns, so er für diese Arbeit gäbe, sogleich einen andern an seine Stelle zu setzen wüßte. S. Journal v. und f. Deutschland, 1791. IIItes Stück, No. XII. S. 267. Der gewiß nicht überflüssig bezahlte Bergknappe erzieht seinen Sohn in der nemlichen Lebensart. Eine Schacht stürzt zusammen, zerschmettert beide. Dem noch an der von Hunger halb verdorrten Brust säugenden Enkel erzählt die trostlose Mutter, wenn er heran wächst, den fürchterlichen Tod seines Vaters und Groß-Vaters. Und kaltblütig fährt auch dieser mit einem Glück Auf! in die Schacht. Man denke sich die Menge Schornsteinfeger, Seifensieder, Gerber und dergleichen eckelhafte Gewerbe, die alles thun und wagen, um Nahrung zu finden. Eine Wahrheit, welche die Uebersetzung aller Gewerbe treibenden Stände aufs neue bestättigt.

Gesunkener Werth des Geldes (wegen grösserer Masse desselbigen) Steigen der Lebensmittel, Holz rc. und nicht verhältnis-

XVI. Alle fixe Geldgehalte bediensteter Personen wurden seit einem Jahrhundert, bei gesunkenem Werthe des Geldes und gestiegenen Lebens-Mitteln um die Hälfte, oft um das Ganze erhöht, und dieß mit vollem Recht. Hingegen manche Handwerks-Waare und Lohn hat seit langen Jahren bis auf den heutigen Tag, ihren festgesetzten Preiß. Auch den Professionisten

mäßiges Steigen der Bezahlung der Professionisten, versenken diese in Armuth.

und wahrlich diesen vorzüglich, drückt der erniedrigte Werth des Geldes, die Erhöhung der Lebens-Mittel, der ausserordentlich gestiegene Holzpreiß, die theuren Hausmiethen, die erhöhten Abgaben an die Obrigkeit. Und doch wollte ichs keinem, bei Verlust seiner Kunden, auf die schon zehen andere begierig lauren, rathen, einen höhern Lohn für seine Kunst-Produkte zu fodern. Was bleibt manchem übrig als minder dauerhafte Arbeit zu liefern, wozu freilich bei mehrern der schon oben geschilderte Luxus, der alles in seinem verschlingenden Strudel mit fortreißt, ein merkliches beiträgt.

Buchbinder, Buchdrucker, Kunstweber rc. beweisen die Uebersetzung augenscheinlich.

XVII. Sollte ja eine Profession heut zu Tage blühen, so sollte es bei unserer allgemeinen Lesesucht, beinahe Lesewuth, die Buchbinderei seyn. Allein man berechne, wie schnell ein Buch gebunden ist, wie viele bloß brochirt werden, wie viele, bei den sehr häufig gewordenen Lesegesellschaften ein und ebendasselbe Buch lesen, wie schonend Bücherfreunde mit ihren Bänden umgehen, wie wenige auf den thörichten Gedanken mehr verfallen, die Bücher zu schönen kostbaren Tapeten zu gebrauchen, welch ein Heer von Buchbindern Deutschland anfüllt — das sich mit dem Lesehang zusehends mehrte — und man wird sich nicht wundern, wenn manche von diesem Handwerk aus Arbeits-Mangel mit leerem Magen spatzieren gehen müssen, oder sich von Dorf zu Dorf mit dem 2 und 3ten Einband urgroßväterlicher Charteken, zerrissener A B C-Bücher oder Catechismen gegen den

Lohn eines elenden Mittagessens beim Bauer, vom Hunger-Tod retten.

Die Weberei hat eine hohe Stuffe der Kunst erreicht. Sie trägt die schönsten Zeichnungen in die Leinwand über. Aber gerade diese Künstler sind gewöhnlich, unter ihren Genossen die ärmsten. Sie bekommen selten dergleichen kostspielige Arbeit und noch seltner dafür verhältnismäßigen Ersatz ihrer Zeit und Mühe. Dergleichen Kunst-Produkte sind, theils an sich sehr theuer, meistens sehr dauerhaft, werden ungemein geschont, sind bei Versteigerungen gewöhnlich um den halben Preiß zu haben und werden selten von andern Personen als Vornehmen bestellt. Dieß Kunst-Gewerbe blüht also in Rücksicht auf seine Vollkommenheit, verfällt hingegen in Rücksicht auf seinen Gebrauch wegen Mangel der Abnehmenden; der Flor derer, die es treiben, sinkt, da so vielen ihre Kunst, ohne ihr Verschulden, unnütze wird.

Tabaks-Fabrikanten sollten, bei dem heutigen allgemeinen Gebrauch dieser Waare, die reichsten Leute seyn. Und doch fühlt beinahe kein Gewerbe seit 20 Jahren mehr Mangel an Abnahme als gerade dieses. Man trifft es aber auch sogar auf den Dörfern an. Zu allem, was anfänglich, ehe das Verhältnis überschritten wird, sehr einträglich ist, finden sich tausend Theilnehmer und Nachahmer, bis es durch ihre Menge, eben so nahrungslos als die übrigen wird. Sogar die Schriftstellerei ist davon nicht ausgeschlossen, ungeachtet sie etwas mehr als blossen Willen und Geld, auch Kopf und Talente erfordert *); konnte dieß geistige Gewerbe übersetzt werden, wie viel mehr war es bei den mechanischen zu erwarten, bei welchen zwar mindere Geisteskräfte, wohl aber ein paar gesunde Hände das nothwendigste sind, womit die Natur doch beinahe die meisten Erden-Söhne versehen hat.

Aehnliche Bemerkungen, wie beim Buchbinder, liessen sich über die Buchdruckerkunst anstellen. Sie ist als Kunst so hoch gestiegen, daß Deutschlands typographische Schönheit, da wo es bezahlt wird, rühmlich mit England und Frankreich wetteifert, auch wohl Arbeiten liefert, die jenes nicht liefern konnte. Allein in welcher Lage befinden sich die meisten Setzer und Drucker? Und warum? Man lese die heutigen Klagen gegen den Nachdruck, und die Antwort giebt sich von selbst, ungeachtet nicht zu läugnen ist, daß wenn von einem Gewerbe des Plautus: Musice

*) Im VIIIten Stück des Journals v. und f. Deutschland 1791. No. X. S. 207. wird von den Ursachen der überhand nehmenden Vielschreiberei in Deutschland, auch diese angegeben: Die überhand nehmende Menge von Studirenden und die fehlende Gelegenheit sie unterzubringen. Mancher junge Mann hat das Seinige rechtschaffen gelernt, besitzt aber keine Mittel, sich zu erhalten und findet keine Beförderer. Er setzt sich also hin und schreibt um des lieben Brods willen.

vitam agere, gesagt werden kann, dasselbe vorzüglich auf die meisten Setzer und Drucker vollkommen anwendbar ist.

Die Abnehmer des bürgerlichen Stands sind, selbst häufig, ausser Stand abzunehmen u. machen doch den beträchtlichsten Theil aus.

XVIII. Mit Unrecht schrieb man also bisher den so genannten Verfall der Gewerbe auf Rechnung des Handwerkers. Die Gewerbe sind verfallen, aber die sie Treibenden wurden, durch Mangel an Bestellung und Abnahme, größtentheils in die Irus-Zunft versetzt. Diesen Mangel sollte man allerdings ganz heben, und dann werden sich beide emporschwingen. Man berechnete nie ernstlich die unmässige Anzahl Professionisten im Verhältnis gegen die, von denen sie sich nähren müssen; man dachte sich nie deutlich die Millionen zum Theil unnöthige Möbeln, welche der vermögliche Käufer schon im Ueberfluß hat; man überlegte schwerlich mit voller Ueberzeugung, wie viele fast unzähliche Ausgaben die oft selbst arme abnehmende Bürger-Klasse, täglich, stündlich, monatlich, jährlich, ohne Widerrede bestreiten müsse, die alle weit nothwendiger als der Erkauf so vieler Kunst-Produkte sind: Wohnung, Essen, Trinken, Krankheiten, obrigkeitliche Abgaben. Die grössere Menge des Geldes, nicht Reichthums, machte die allgemeine Klage über den grossen Geldmangel *) unter dem gemei-

*) Ungeheuer auffallend ist, was in der gekrönten Abhandlung, über die Mängel in der Regierungs-Verfassung der geistlichen Wahlstaaten im Jour-

nen Manne vielen verdächtig, ungeachtet man täglich von unschuldigen bloß aus Nahrungs-Mangel herrührenden Koncursen der Handwerker hörte, die ein schreiender Beweis ihrer elenden Lage sind. Denn wenn es dem thätigsten Menschen an Arbeit und Nahrung fehlt, wenn der hungernde Vater das Häufchen seiner Kinder um Brod schreien hört, es ihnen nicht verschaffen kann, und an einen zu ersparenden Nothpfenning auf unvorhergesehene Unglücksfälle nicht denken darf — so verliert sich wahrlich in ihm alle Freude seines Lebens und mit ihr jeder Reitz zu neuen Unternehmungen.

Daß aber der bürgerliche Abnehmer den größten Einfluß auf die meisten und wichtigsten

---

nal v. und f. Deutschland 1787. VIIten St. No. II. S. 89. als Resultat einer weitläufigen vorhergehenden Berechnung der Geld-Ein- und Ausfuhr von Deutschlands geistlichen Staaten steht.

Von 1700 bis 1780 gieng aus und wurde ausgeführt : :	3389,018274 fl.
Sie erhielten dagegen an eingekommenem fremden Gelde	1274,400000 fl.
Daher überstieg die Ausfuhr, die achtzigjährige Einnahme um	2114,618274 fl.
Also jährlich in allen geistl. Staaten zusammengenommen um :	26,432728 fl. 25½ kr.

Und dieß in 25 Staaten, welche schon einen höchstbeträchtlichen Theil Deutschlands ausmachen. Was läßt sich hievon fürs Ganze schliessen und erwarten?

Gewerbs-Artikel habe, auf deren Absatz die Hauptnahrung der Professionisten beruht, wird schwerlich jemand läugnen. Schon ihre Zahl ist ja ungleich grosser als die Zahl der Höflinge, des Adels und weniger sehr reichen Partikulairs. Letztere können wohl einen oder etlichen Handwerkern bisweilen eine beträchtliche Summe zu verdienen geben. Allein dieß verliert sich beinahe, wenn vom Ganzen, wie hier, die Rede ist. Freilich verbreitet sich der Modegeist von seinem Geburts-Ort, den Höfen, zum Unglück über Städte und ihre zahlreichen Einwohner, weil er am Hofe nicht genug Nahrung, zu wenig Erhaltung findet. Hier fällt er aber auch mit vollem Druck auf den Handwerker, der oft mit fortgerissen, durch ihn noch dürftiger, noch unglücklicher wird, als er sonst wäre. Die größte Menschen-Zahl aller Länder, die Landleute, lassen sich, wie schon bemerkt wurde, nicht so leicht von ihm anstecken, zollen diesem verderblichen Geiste des Luxus wenig oder nichts, und seine Erhaltung fällt fast ganz allein auf den Bewohner der Städte.

Das ungeheure Mißverhältniß zwischen der ganz reichen, Mittel- u ganz armen Klasse der Einwohner fast aller Staaten, ist ein wichtiges

XIX. Aus allem diesem ergiebt sich bereits das wichtige Resultat: Der zunftgerechte Handwerker schmeichelt sich, es könne ihm bei dem bisherigen Zwangs-System der Zünfte unmöglich an Nahrung fehlen — und schließt äusserst falsch. Denn die Erfahrung spricht für das Gegentheil; ein grosser Theil der Nichthandwerker schreit: Weg mit dem unnatürlichen Zunftwesen! Dann werden die Gewerbe blühen, wie die Erde nach einem fruchtbaren Regen, der nach einer halbjährigen Dürre das Land erquickt; dann wird man bessere und wohlfeilere Kunst-Produkte erhalten — und auch dieser verfehlt die Wahrheit. Denn wir haben immer die nemlichen Bedürfnisse, mit und ohne Zünfte, nicht mehr und nicht weniger. Nur wenige lassen sich durch die blosse Neuheit zu Abnehmern umschaffen. Schon jezt kann jeder, was er braucht, bei zehen Meistern, statt bei einem haben. Oft genug mangelts diesen Zehen an Brod; wie wirds erst zwanzig und mehrern ergehen? Doch hievon noch bestimmter unten.

Hinderniß der Abnehmer der Kunst-Producte.

So lange das ungeheure Mißverhältnis zwischen der ganz reichen, mittelvermögenden und ganz armen Klasse der Einwohner (welches sich beinahe in allen Staaten findet) nicht gehoben wird, können sich einmal an dem nemlichen Gerichte nicht mehrere satt essen, als der Vorrath erlaubt. Kaum werde ich irren, wenn ich unter 21 Menschen, Einen Reichen, Zehen die ihr tägliches Auskommen mühsam erwerben, und Zehen im eigentlichen Verstande Arme, welche keinen Bissen Brod auf den kommenden Tag haben, im Durchschnitt annehme. Für wen soll nun, bei einer so allgemeinen Unvermöglichkeit eine noch mehr übersezte Anzahl von Gewerbe Treibenden arbeiten? Von wem und woher Abnahme erhalten? Die grosse Volks-Klasse, der Baurenstand, ist meistens arm, und giebt ausser einigen gewöhnlich auf seinem Dorfe befindlichen Professionisten, den übrigen keinen Heller zu verdienen; ausser den nöthigsten Bedürfnissen in seine Haushaltung schafft er sich nichts an; kommt ein Jahr des Unglücks, schlechte Wein- und Frucht-Erndte, sehr harte Winter, Ueberschwemmungen und Hagelschlag dazu — da fühlen Krämer auf Messen und Jahrmärkten, und mit diesen die wenigen dem Landmanne unentbehrlichen, städtischen Handwerker die dürftige Sparsamkeit des Bauern in manchen kleinen Artikeln aufs empfindlichste — lernen aus der Erfahrung, daß jede eben angeführte traurige Ereigniß den Bauern gewöhnlich drei und mehrere Jahre zurücke setze und den Gewerben, auch noch lange nachher, wenn sich der Bauer schon wieder erholt hat, beträchtlichen Nachtheil bringen.

Verminderung der Klöster und stehenden Heere vermehrt die Uebersezzung der Gewerbe.

XX. Wohlthätig und nützlich ist die Aufhebung der überflüssigen Klöster und die Abschaffung des Heers von Mönchen, vorzüglich der Bettel-Mönche, die der Landmann meistens nähren und kleiden mußte. Aber auch gewiß empfindlich dem Professionisten, dem sie noch manchen Nahrungs-Erwerb brachten *). Doch nicht nur dieser Verlust drückt den Handwerker. Mancher Handwerks-Pursche, der aus Ungeschicklichkeit, Gemächlichkeit oder heiliger Einfalt ein Laien-Bruder wurde, bleibt nun bei seinem Metier, und mancher Bauern-Junge, den sein stolzer Vater zum prätentionsvollen

*) Schlözers Staats-Anzeigen, 1stes Heft, No. 10. Es dürfte dieser Umstand wohl wichtiger seyn, als daß er ein Gegenstand der Ironie zu werden verdiente.

Mönche geweihet hätte, wird nun, um mehr als seines Gleichen zu scheinen, ein Handwerk erlernen. Eben so muß die Verminderung der grossen stehenden Heere, die Uebersetzung der Professionisten höchst nachtheilig vermehren, wenn nicht die Grossen der Erde ihr vorzügliches Augenmerk darauf richten, daß die Entlassenen sich mehr dem Landbau als den Gewerben widmen. Denn manches Heer nährt viele 1000 Jünglinge, welche sonst zum Handwerksstand bestimmt waren und diesen zuverläßig noch mehr belästigt hätten.

XXI. Eine nicht geringe Ursache des Verfalls der Nahrung der Gewerbe Treibenden wird im Journal v. und f. Deutschland 1790. Vtes Stück, No. IX., durch folgende Frage gerüget. „Hat noch kein Schriftsteller erwogen, oder will keiner erwägen den unendlichen Schaden, den die Welt, und Deutschland insbesondere erleiden wird durch die vielen neuen und täglich sich vermehrenden Spinn-, Band-, Dresch-, Wirk-, Hechel-, Weber-, und andere dergleichen Maschinen, die den Wittwen und Waisen (man setze ohne Bedenken hinzu, den Handwerkern) das Brod nehmen, indem sie ihnen die Arbeit rauben? Kann wohl das Publikum im Ernst dabei gewinnen, wenn es jeden Artikel, zwar um 2 oder 3 Groschen wohlfeiler, aber um so viel arme Leute mehr ernähren muß, die in Müssiggang, Liederlichkeit und Laster nunmehr versinken, anstatt daß sie, wenigstens größten Theils, brave, biedere Leute geblieben wären, wenn man ihnen ihr Stückchen Brod gegönnt hätte?

Die Erfindung so vieler Spinn-, Band-, Wirk- rc. Maschinen, raubt vielen Händen das Brod.

Herr Hofrath Döhler erläuterte diese allgemeine wichtige Frage schon vor 7 Jahren, sehr triftig in seiner Abhandlung: Drei wesentliche Polizei-Artikel, die 1783. in Frankfurt und Leipzig heraus kam, worin er in No. 2. vom Manufaktur- und Handwerks-Wesen, Seite 33, 34 und 35. ganz richtig bemerkt: „Sechsstens: ist es eine in der natürlichen Billigkeit und zugleich auf die allgemeine Wohlfahrt des Staats gegründete Regel, daß man diejenigen Manufakturen und Fabriken nicht dulten, weniger von neuem errichten sollte, welche denen armen und kleinen Künstlern und Handwerkern Schaden thun, und ihnen das Materiale ihrer Handarbeit benehmen, welches z. B. geschiehet, wenn durch Wasser- oder Windmaschinen dasjenige geschiehet, was sonsten arme Leute verrichten können und haben. Ich bin dem zufolge auch gegen alle diejenigen Erfindungen, nach welchen durch einen einzigen Menschen so viel verrichtet werden kann als sonsten durch viele geschehen muß, als wodurch sowohl dem Mittel- als armen Manne, welche doch den größten Theil eines Staats ausmachen, die Nahrung und der Unterhalt genommen wird; hierüber hat Montesquieu Tom. 2, p. m. 387. schöne Gedanken."

„Dergleichen Maschine, sagt er, deren Gegenstand ist, die Kunst abzukürzen, sind nicht allezeit nützlich, wenn die Arbeit auf einem mittelmässigen Preiß stehet, bei welchem sowohl der Käufer als der Arbeiter bestehen kann: die Maschinen, welche eine

Handarbeit oder Manufaktur vereinfachen, das ist, die Zahl der Arbeiter verringern, sind allezeit schädlich: und wenn die Wassermühlen nicht schon überall eingeführt wären, so würde ich solche niemalen für so nützlich halten, als man glaubt, weil sie eine unendliche Zahl Hände ausser Arbeit gesetzt haben rc."

„Eine Hauptsorge des Regenten muß seyn, daß ein jeder Mensch Arbeit bekäme, etwas verdienen und sich ernähren zu können. Dergleichen Erfindungen sind lobens- und belohnungswürdig, und taugen, um als eine Seltenheit hinterlegt zu werden, und solche in Nothfällen allenfalls auch mit Nutzen anwenden zu können; sind aber, wenn man sie ohne Unterschied in Aktion setzen wollte, der Armuth nachtheilig, und vermehren die Müssiggänger und Bettler, folglich mit Nachdruck zu verwerfen. Denn es ist eine schwache Schadloshaltung für das Publikum, daß es dadurch gewisse Waaren mit weniger Mühe und um einen geringen Preiß bekommt, folglich etwas mehr dabei gewinnet, da auf der andern Seite so eine grosse Menge elender und armer Leute dem Publiko zur Last fallen. Aber solche Erfindungen sind mehr anzuwenden und zu beloben, welche auch sogar den Blinden, *) Lahmen,

*) In dem erst seit 4 oder 5 Jahren von dem menschenfreundlichen Stifter Hauy errichteten Institut für Blindgebohrne in Paris, lernen, nach dem schon angeführten Werk von Fried.

Tauben und preßhaften Leuten Brod und Arbeit verschaffen können: doch ist, was das Erste betrift, ein wohlbedächtlicher Unterschied zu machen zwischen einem Lande, welches kein auswärtiges Kommercium hat, und zwischen einem kommercirenden Staat, Conf. les Elemens du Commerce, p. m. 175.

Auch Taube hat die oben aufgeworfene Frage in dem oft angeführten Werk Seite 83 und 84. theils schon beantwortet, theils wenigstens die Gründe zur Beantwortung sehr gut angegeben. Würde aller Orten so solid wie in Scheffield gearbeitet, wo die Verfertigung der Stahl- und Eisen-Waaren allein 40,000 Fabrikanten beschäftige, welche unter 600 Meistern arbeiten, deren Zunft unter dem Tittel: The Cutlers of Hallamshire bekannt ist; wo das geringste Feder-Messer durch die Hände sechs unterschiedlicher Fabrikanten geht, ehe die Klinge fertig ist, ungeachtet auch hier, wie zu Birmingham sehr viele künstliche, viele

---

Schulz über Paris und die Pariser, die Blindgebohrnen nicht nur Noten und Buchstaben lesen, sondern auch Musik, Buchstaben schreiben, Bücher drucken; ja sie geben auch einander, und selbst sehenden Kindern Unterricht in der Geographie. Ausser dem stricken, spinnen, weben sie und machen Bänder, Stockschleifen und andere nützliche Dinge mit vieler Sauberkeit und Festigkeit. Mit Recht setzt der Herr Verfasser die Frage hinzu: Die Deutschen ahmen so gerne den Franzosen nach: wie kommts, daß sie es nicht in Ansehung dieser heilsamen Sache thun?

Zeit ersparende Maschinen angetroffen werden; dann möchte der obgerügte Schaden, wegen der dennoch nöthigen vielen Arbeiter, vom Nutzen fürs Publikum so ziemlich im Gleichgewicht erhalten werden. Da aber dieß nicht ist, und an vielen Orten Deutschlands immer nur auf die so sehr beliebte vermeinte Wohlfeile, nicht aber auf die innere Güte der Waare gesehen wird, so sind Maschinen, die nur eine grosse Menge so genannter Fabriken-Arbeit (im schlimmen Verstande) liefern, allerdings Räuber am Publikum und den übrigen Professionisten. Doch ist Herrn Taube's der Sache angemessene Entscheidung nicht aus der Acht zu lassen. „Wenn alle Völker einig werden könnten, keine Maschinen zu gebrauchen; so wäre es sehr gut, weil alsdann mehrere Hände beschäftigt und mehrere Einwohner ernährt werden würden. Wenn aber nur Ein Volk Maschinen braucht und das andere nicht, so wird das Erstere alle Manufakturen, durch Ersparung des Arbeitslohns, wohlfeiler fertigen können, und die andern im Absatz ihrer Waaren zurück setzen.“ Eine wirklich unläugbare Wahrheit, woraus mehrere andere folgen:

a. Dergleichen Maschinen tragen wirklich zur heutigen Uebersetzung des Gewerbestandes ungemein viel bei, das Publikum mag nun dabei gewinnen oder verlieren.

b. Ein Staat, der sehr starke überwiegende Ausfuhr seiner Handwerks-Fabrikate hat, gewinnt offenbar durch Einführung solcher Maschinen.

c. Bei weniger oder gar keiner Ausfuhr, sind sie dem Nahrungsstande der Gewerbe und dem Staate augenscheinlich nachtheilig.

d. Wo Zwischenhandel die Seele des Staats ist, möchten sie, wenn nicht die Menge der Abnehmer und Ausfuhr verarbeiteter roher Produkte ausserordentlich groß ist, wenigstens mehr Schaden als Nutzen bringen.

Ungleiche Vertheilung der Grundstücke auf dem Lande, ewiges Zerstükkeln derselben, und ihre Hauptursache, unverhältnißmässige Bürger Annahm, zerstöhren den Flor der Gewerbe gewaltig.

16) Ungleich zerstöhrender als beinahe alles bisher Gesagte wirkt zum Elend der Gewerbe Treibenden die äusserst ungleiche Vertheilung der Grundstücke auf dem Lande und ihre etwaige Zerstückelung, welche so manche Professionisten veranlaßt Halbbauern zu werden; so viele Landleute verleitet, sich in den Gewerbestand zu drängen. Und von diesem ist die unverhältnißmäßige Bürger-Annahme in Städten und Dörfern die unselige Haupt-Quelle.

I. Zu grosse *) und zu kleine Grundstücke, welche Einem Besitzer gehören, sind die beiden Extreme, die den Landmann im Ganzen arm,

---

*) Man sehe, was hierüber No. 9. von Wirzburg gesagt wurde. Auch bemerkt dieß sehr richtig der Verfasser der gekrönten statistischen Abhandlung über die Mängel der Regierungs-Verfassung in den geistlichen Wahlstaaten. Journal v. und f. Deutschland 1787. IIIes St. No. I. S. 142 — 144. wie auch VII. St. No. II.

mißmuthig, unvermögend machen, die Erde zum möglichst höchsten Ertrag zu benutzen und einen für Städte und Professionisten so heilsamen guten Mittelpreiß, nicht Unwerth der Lebens-Mittel, hervorzubringen. Denn man setze den in so manchen Orten existirenden Fall: *)

a. Daß in einem Dorfe einer oder einige **) beinahe allein die wirklichen Gutsbesitzer — All zu grosse Güter.

S. 44. Diese Fehler im Ackerbau sind wohl eine Hauptursache der häufigen Emigrationen in geistlichen Wahlstaaten, wovon in beiden angeführten Stücken §. 13. sehr gut gesprochen wird, und Mittel zu ihrer Verminderung angegeben werden.

*) Ich kenne in einer höchst fruchtbaren Gegend Deutschlands ein Dorf, in dem zwei Bauern, jeder mit einem Vermögen von 100000 fl. fast alle Aecker, Wiesen und Waldung besitzen, und die übrigen Einwohner größtentheils ihre Taglöhner sind. Noch unglücklicher sind diese armen Einwohner, wenn sich ein eben so reicher hoher Vorgesetzter des Orts in eigenen Ackerbau verliebt und die meisten Güterstücke nicht nur auf mancherlei Wegen an sich zu bringen trachtet, sondern auch dabei seinen Untergebenen manche Arbeit umsonst oder um sehr geringen Lohn zu thun, zumuthet.

**) Bauern oder Gutsherren ist hier einerlei; der eine wie der andere ist oft zu geitzig, bei vielen Gütern an Geld unvermögend oder voll Schulden, zu stolz, zu dumm Verbesserungen zu machen oder nachzuahmen. Und verleihen sie ihre

sind, die, bei ihrem grossen Vermögen, noch jedes im Ort feil werdende Ackerstück allein zu kaufen und zu bezahlen im Stande sind. Was bleibt den andern übrig? Pfuschende Handwerker, Taglöhner oder Bettler zu werden. Die leztern gehören gewiß nicht unter die abnehmende Klasse, werden auch nach Möglichkeit in wohlregierten Staaten vermindert. Der Taglöhner hat ungemein wenig Bedürfnisse, ist gezwungen sie immer mehr einzuschränken, trägt dem Handwerker fast eben so wenig ein, als der Bettler, würde ihm ungleich mehr Verdienst geben, wenn er ein Mann von mittlerm Vermögen, ein Besitzer einer gemäsigten Morgenzahl wäre. Vom Nachtheil der Handwerker auf den Dörfern habe ich schon (14. V.) gesprochen und werde ihn noch mehr auseinander setzen. Und der oder die wenigen sehr grossen Gutsbesitzer brauchen zuverlässig nicht so viele Kunst-Produkte, als 20, 30 oft 50 Haushaltungen brauchen würden, welche gerade so viel Land hätten, daß sie sich ernähren und etwas dabei ersparen könnten. Gemeiniglich werden sie wahre kleine Despoten ihrer Mitbürger, die ihnen desto blinder gehorchen müssen, weil sie leider, durch Mangel genöthigt, größtentheils

---

Güter zertheilt an Pächter, so stehen die kurzen Pacht-Termine fast jeder Verbesserung im Wege, selbst bei längern ists keinem Pächter recht Ernst damit, jeder sucht nur ohne vergrösserten Aufwand Nutzen zu ziehen.

an diese Dorffürsten verschuldet sind. Schon Grösse und Entfernung ihrer Güter machens ihnen unmöglich, sie, so gut zu bauen, so sorgfältig aller Orten selbst ein wachsames Aug auf die Arbeiter zu haben, als es vom Besitzer kleiner Güter, sehr oft mit ihrer eigenen Familie geschehen könnte und würde. Selbst das Gefühl der überwiegenden Güter-Menge macht manchen nachlässiger, und so werden in vielen Gegenden eine Menge Lebens-Mittel jährlich weniger erzeugt, als bei einer verhältnismäsigern Güter-Vertheilung das Land gewiß liefern würde.

b. Und nun das andere noch weit häufigere Extrem. — wenn jeder Bauer, der erträglich von seinen Gütern zu leben hat, jedem Sohn, und jeder Tochter ein Stück davon hinterläßt, die sich noch mit Mühe davon ernähren, aber auch wiederum ihren Kindern diese zerstückelt hinterlassen, und so das Zerstückeln (ins Unendliche möchte man sagen) fortgesetzt wird *). So sind die herrlichen Folgen, die ich oft genug mit angesehen habe: All zu kleine Güter.

1) Wenn die Güter durch Zerstückelung aus Mangel an Land oder durch einige sehr

*) Nach Leopold II. ältern und im Sept. 1790. für die vorder-österreichischen Lande wiederholten weisen Verordnung, sollen keine Bauergüter verstückelt werden, als in so weit eine Familie gut davon leben kann.

reiche Bauern in der Gegend in hohen Preisen stehen, und z. B. Ein Morgen Acker oder Wiesen mit 600 — 1000 und mehr Gulden bezahlt wird; daß der Besitzer von etlichen solchen Morgen (es seyen 6—8) sich einen gleich reichen Mann, wie Bauern anderer Oerter, die mit gleichem Gelde viermal so viel Land besitzen und erndten, dünkt, und in seinem Wahn darauf loszecht, ohne einmal zu untersuchen: Ob der durch ewiges Zerstückeln im Kaufpreiß so hoch gestiegene Morgen auch fünf, oder vielmehr 1½ p. Cent wirklich ertrage. Endlich öffnet freilich ein unvermeidlicher Concurs dem sich selbst Betrügenden die Augen, aber seine Mitbürger werden selten klüger, bleiben auf ihrer Windrechnung und leisten in wenigen Jahren dem Verarmten Gesellschaft im Darben.

2) Nun rechne man noch hiezu die in vielen Gegenden gemeiniglich schlecht oder ganz unbesoldeten Theilungs-Commissäre, welche bei jedem Todesfall und der dadurch entstehenden Theilung, es mag viel oder wenig vorhanden seyn, ihre übermäsigen Gebühren ziehen. Man vergesse nicht die mit jedem Verkauf unnachlässig verbundenen Abgaben an die Regierung, Gülten-Geld, Einschreibgebühr, Kaufbrief, Accise, oder wie die Rubriken immer heisen, die sich bei manchem, in nicht vollen 20 Jahren, 4—6mal verkauften Grundstücken und Wohnungen oft auf den halben Kaufschilling belaufen, und also im

Gründe gegen das sonst so beliebte Physiokratische System wahre indirekte Auflagen sind — wie ists möglich, daß unter diesen Umständen dem armseligen Bäuerlein, der kaum einige Morgen eigenthümliches Land besitzt, nur das mindeste übrig bleibe, wovon er dem städtischen oder ländlichen Handwerker einigen wahren Verdienst geben könnte? Denn die jämmerliche Ausflucht wird sich doch wohl kein Vernünftiger im Ernste erlauben: Je kleiner die Grundstücke sind, desto besser werden sie gebaut, desto mehr Produkte liefern sie, desto mehr Menschen können sie ernähren. Gerade das Gegentheil beweißt die Erfahrung, wenn die Rede von Ackerland (nicht von, in der Nähe einer volkreichen Stadt gelegenen, Gemüsse-, Obst- oder Wein-Gärten) ist. Manchmal wäre das Eigenthum einer Anzahl Landes, eine Familie zu nähren, noch zur Noth hinreichend, wenn die nämlichen Aecker nicht zu sehr zerstückelt, in zu kleine Theile zerlegt wären. Bekanntlich erfodert ein Morgen Landes im Ganzen ein Drittheil Saamen weniger, als wenn er in acht und oft noch in kleinern Theilen besäet wird. Je kleiner die Aecker, je stärker die Aussaat und dann desto geringer die Erndte. Die vielen Furchen und Mäler bei den kleinen Aeckern lassen nicht nur vielen leeren Raum; es wird darinn nicht nur vieles von Menschen und Vieh niedergetretten, vom Nachbar, wo keine Fluren-Eintheilung statt findet, weggeackert, und ohne Erndte wieder weggeackert und verschleift, sondern die Frucht stellt sich auch gewöhnlich neben den Furchen dünner, ist da vermischter mit Unkraut, wird kürzer, unvollkommner und vor der Erndte hart. Beim Düngen fürchtet der Bauer ein Theil desselben zu verlieren und streuet ihn daher nur sparsam neben den magern Endfurchen hin, oder kommt er in die Furchen, so nüzt er da wenig. Beim Ackern verliert er mit Umherziehen die Zeit und ermüdet sich und sein Vieh, statt daß er (in langen Tagen) in einem Angespänn oder von einer Absütterung zur andern einen Rheinländischen Morgen von 120 Quadrat-Ruthen an einem Stück mit zwei guten Pferden ackert, bringt ers bei von einander in Vierteln entlegenen kaum auf zwei Viertel. Der Bauer oder Knecht verliert die Zeit mit Aufsuchen der Aeckerchens, mit der Richtung des Pflugs, Ziehen der tiefern Endfurchen, der Anwender. Beim Fruchtschneiden, Binden, Einfahren hat es gleiche Bewandniß. Eine so wünschenswerthe Sache für die Landwirthschaft die Zusammenlegung der Ländereien, in wenigstens grössere Grundstücke, wäre, die so viele Zeit, Kosten, Vieh und Menschen-Arbeit ersparte, reichlichere Erndten brächte, so wirds im Allgemeinen doch immer noch lange beim Wünschen bleiben; allein man sollte aller Orten wenigstens doch so viel thun, daß nirgend ein Acker unter Einem Morgen verkleinert und vertheilt werden dürfte. Der Bauer bleibt sonst so gern beim Alten, wäre er doch auch bei der alten, lange sorgfältig erhaltenen Unvertheilbarkeit seiner

Hube geblieben, die gewöhnlich, nebst einer verhältnißmäsigen Anzahl Wiesen aus so viel Ackerland bestund, als der Bauer das Jahr hindurch mit ein paar Ochsen bestreiten konnte, wovon er denn mit seiner Familie genüglich zu leben im Stande war. Wie können aber jetzt so arme Landleute, die Alles selbst brauchen, was sie bauen, selbst nicht genug haben, die Städte reichlich mit Lebens-Mitteln versehen, und von was sollen sie den Professionisten ihre Waaren bezahlen? Sie müssen sich glücklich schätzen, wenn sie am Ende des Jahrs, alle herrschaftliche Abgaben, Frohnden, Jagddienste ꝛc. geleistet und noch das Leben übrig haben.

Tretten anhaltende Kriege ein, so ist ein solches Bäuerlein auf sein Leben hinaus zu Grunde gerichtet. Von der dabei eintrettenden Theurung der Früchte zieht er bei ihrem Selbstgenuß keinen Gewinn, muß dagegen alle andere, wenn gleich geringen Bedürfnisse, in höhern Preißen kaufen, nahe und ferne militärische Frohndefuhren mit unvermeidlichen Kosten leisten und oft den bei ihm kantonirenden Soldaten die halbe oder ganze Kost geben, wofür sie ihm mit der Verheerung seiner Felder lohnen. Mißwachs, Hagelschlag, Ueberschwemmungen und Viehseuchen sind nicht minder gefährliche Räuber seines kümmerlichen Brods, zu dem sich der Unglückliche oft die Saat nicht wieder erborgen kann.

Ueber die schädliche Grösse der Bauerngüter macht der Verfasser des reisenden

Franzosen im 12ten Brief eine Betrachtung, die, wie er mit Recht sagt, wohl verdiente, von einem grössern Politiker etwas genauer erwogen zu werden. — Ich theile die freien Bauern in drei Klassen:

1) In die, deren Güter zu klein sind, um davon leben zu können, und die noch andern dienen müssen, um ihren völligen Unterhalt zu gewinnen; 2) in solche, welche von ihrem Eigenthum hinlänglich bestehen können, und 3) in die, welche mehr besitzen, als zum gemächlichen Unterhalt einer Familie nöthig ist, und die man eigentlich mehr oder weniger reiche Bauern nennt. Beim ersten Anblick scheint das Steuern der Güter nach der Schatzung einzelner Grundstücke und gewissen Prozenten sehr billig angelegt zu seyn. Kauft der Bauer ein neues Grundstück, so steuert er nach der Schatzung desselben sein gewisses Prozent, und so steigen seine Abgaben verhältnismäsig mit der Zahl der Morgen Landes, die er besitzt. Bei genauerer Untersuchung finde ich aber, daß es ein grosser statistischer Rechnungs-Fehler ist, wenn der Bauer, der zu seinem Unterhalt nicht genug besitzt, verhältnißmäsig eben so viel von seinem Gut zahlen soll, als der, welcher von seinen Besitzungen sein gemächliches Auskommen hat, und wenn dieser jenem, der übermäsig reich ist, in den Prozenten von Grundstücken gleich gehalten wird. Es ist ein politisches Axiom, daß 3 oder 4 wohlhabende Bürger einem Staate viel schätzbarer seyn müssen, als Ein reicher,

wenn auch das Kapital des letztern das Vermögen der erstern weit überwiegen sollte. Eine ganz gleiche Vertheilung der Güter und des Geldes in einem Staate, wenn sie möglich wäre, würde Raserei seyn; aber in der Ueberzeugung, daß sie platterdings unmöglich ist, muß jeder kluge Regent doch immer so handeln, als wenn sie möglich wäre. Die unglücklichsten Staaten sind die, worinn zu grosser Reichthum mit zu tiefer Armuth der einzeln Glieder zusammen absticht. Es kann nicht lange dauern, so muß ein Theil der Einwohner derselben Despoten und der andere Sklaven seyn. Wahre freie Leute werden von einem solchen-Staat wie von einer tobenden Gährung ausgeworfen oder verzehrt. Ein übermäsig reicher Bauer verschlingt nach und nach alle armen in seinem Bezirke. Er leiht Gelder auf die Grundstücke der Aermern, benutzt die Mißjahre, um ein Gütchen vom Nachbar wohlfeil zu erschnappen, und wenn er kein ehrlicher Mann ist, so kann er sich noch durch unzählige Kniffe in Besitz eines für ihn wohlgelegenen Stück Landes setzen. In einigen republikanischen Staaten sah ich mit Entsetzen, wie einige reiche Bauern auf die Art eine ganze Gemeinde zu Grunde richten, und die Tyrannen ihrer Mitbürger werden können. In monarchischen Staaten ist das Uebel so groß nicht; aber doch immer beträchtlich genug, um mit allen Kräften dagegen zu arbeiten.

Man erwäge die Vortheile, die ein reicher Bauer von einem und dem nemlichen Grundstücke im Vergleich mit einem mittelmäßigen oder armen ziehen kann. Der Arme muß den Ertrag desselben sobald als möglich und gemeiniglich unter dem Preiß verkaufen, weil ihn seine Gläubiger drängen. Der Mittelmässige kann auch nicht lange aufspeichern, weil er Gefahr liefe, Geld leihen zu müssen, und durch die Interessen das wieder zu verlieren, was er durch das Aufspeichern vielleicht gewinnen könnte. Aber der Reiche macht seine Spekulationen, und selten schlägt er um den Preiß loß, worum die andern ihren Schweiß verkaufen müssen. Er kauft in der Gegend von den kleinern das Getraide auf, oder er hat ihnen vor der Erndte Geld vorgeschossen, und sie müssen es ihm um den Preiß lassen, den er selbst setzt, und so vertheuert er selbst zu seinem Vortheil das Getraide in seinem Bezirke. Bei einer Ueberschwemmung, bei einem Hagelwetter, bleibt dem geringern Bauern oft nicht die Saat auf das künftige Jahr übrig. Das Stück Landes liegt brach, und wenn es der Reiche besitzt, wird es nun mit dreifachem Gewinn gebaut, und so wird dieser auf Kosten des Staates, immer reicher, bis endlich, nachdem er zum grossen Nachtheil der Bevölkerung ein Dutzend kleine Bauern verschlungen, sein Herr Sohn, der unterdessen studieren mußte, kein Bauer seyn will, sich in die Stadt setzt, sein Gut verpachtet, und dem Staate einen Müssiggänger mehr liefert.

Sollte der Reiche nicht für alle diese Vortheile, die er von dem nemlichen Grundstücke zieht, das sein ärmerer Nachbar so gut als er besitzen kann, dem Staate etwas mehr entrichten? Kann der Staat gleichgültig dabei seyn, wenn die zahlreichste und nützlichste Klasse des Volks sich zum Theil unter sich selbst aufreibt, und ein reicher Bauer bei einer Vergrösserung seiner Ländereien einen Eigenthumsherrn zu einem Taglöhner macht?

Ich finde es höchst billig, daß in der Anlage der Steuer auf die Verschiedenheit der Bauern Rücksicht genommen werde. Der Arme soll nach dem Verhältniß von einem Grundstück nicht so viel zahlen als der Wohlhabende, und dieser nicht so viel als der Reiche. Der Staat muß es dem erstern zu erleichtern suchen, wohlhabend zu werden, und dem letztern wehren, sich zum Nachtheil der Bevölkerung und des allgemeinen Wohlstands noch mehr zu vergrössern. Ich würde also in meiner Republik, die noch ungebildet als Chaos im unendlichen leeren Raume schwimmt, ungefehr ein Mittel bestimmen, und in der Steueranlage die Prozente im Verhältnis so steigen lassen, je weiter das Vermögen an Grundstücken eines einzelnen Bauers über dieses Mittel hinauf geht, oder unter dasselbe fällt. Z. B. in meiner Republik wäre ein wohlhabender Bauer derjenige, welcher 30 bis 50 Morgen Landes, oder kürzer für vier bis sechs tausend Gulden Güter besitzt. Durch den Anschlag an Geld hebt sich zugleich der Unterschied zwischen guten und schlechten Aeckern. Nun sollte jeder, der unter 4000 Gulden Vermögen hat, ein Prozent, der, welcher zwischen vier und fünf bis sechs Tausenden schwebt, zwei, jener welcher mehr besitzt, drei, und wer doppelt so viel besitzt, vier Prozent von dem bezahlen, was über das Mittel hinauf steigt. Beim Ankauf eines Grundstückes hätte dann der Arme gegen den Wohlhabenden und dieser gegen den Reichen einen sehr billigen Vortheil. Für den Beamten gäbe es etwas mehr hiebei zu berechnen, und es müßte mit den Urbarien etwas seltsam umgesprungen werden.

Allein der Ackerbau beschäftigt deswegen

c. Fern seye von mir zu behaupten: Daß der Ackerbau, im Ganzen, zu viele Hände beschäftige. *) Roms weise Ackerge-

*) Mit Erstaunen fährt man in Baiern, in der Pfalz und selbst in Oesterreich, nahe bei den Hauptstädten, an Meilen langen, unbebauten, öden Strecken Feldes hin; und die verewigte Maria Theresia konnte durch die menschenfreundlichsten Anstalten — indem sie, auf ihre Kosten, ein ganzes herrliches Dorf, das von ihr den Namen hat, erbauen ließ; die Häuser und zu jedem ein Stück Landes den Kolonisten unentgeltlich hingab, und sie dabei noch zehn Jahre lang von aller Abgabe frei ließ — durch alle diese menschenfreundlichen Anstalten konnte sie gleichwohl den Ackerbau schlechterdings nicht in Flor bringen. Immer liegen ganze Strecken Landes in der Gegend öde, und das ganze Dorf ist todt. — Die sogenannte Verfeinerung unsers Jahrhunderts, die Mutter unzähliger Uebel, hat auch hieran ihren nicht geringen Antheil. Aus ihr entspringen Unzufriedenheit mit unserm Stande, Weich-

setze, die es mächtig, glücklich und groß machten, könnten in vielen Gegenden, nach der Volkszahl und dem Vorrath an Land modifizirt, Wunder thun. Wenn die Grundstücke weise vertheilt, durch passende, nicht unmittelbare Zwangs-Verordnungen, die Unterthanen allmählig genöthigt würden, eine bestimmte, nicht zu grosse Anzahl Morgen Landes an sich zu bringen; wenn man bessere Kultur und zum Theil Acker-Produkte, die mehr Beschäftigung erforderten, mehr Geld ins Land, vorzüglich aber in den Beutel des Bauern bringen und darinnen erhalten, einführte; wenn in vielen Gegenden Deutschlands grosse gemeine Allmenden und Weiden vertheilt, ja viele tausend Morgen urbar gemacht, so viele Sümpfe ausgetrocknet würden, so könnten gewiß noch Millionen Menschen beim Ackerbau Brod, Kleidung, Geld, alles was sie brauchen, finden. Dann würde die Wiederherstellung des natürlichen Verhältnisses zwischen dem Gewerbe- und Bauernstand nicht so schwierig seyn, und

noch nicht zu viele Hände. Nur bessere Vertheilung der Güter ist ihm nothwendig.

---

lichkeit und ein gewisser Dummstolz — und diesen Ursachen hat man es zuzuschreiben, daß jeder Stand in eine, nach seinen Begriffen anständigere und bequemere Lage vorzurücken sucht, wobei die untersten Stände nothwendig verlieren. Der Bauer, der zween Söhne hat, will meistens auch einen Gelehrten, oder doch wenigstens einen Künstler (oder Handwerker) aus einem ziehen. S. d. neuen deutschen Zuschauer, 2tes Heft.

sich die Uebersetzung des ersten leichter verhindern lassen.

Ohne diese werden viele Professionisten zu ihrem und des Landmanns Unglück Halbbauern.

d. So lange dieß nicht geschieht, wird eine Menge Professionisten Halbbauern werden müssen, und dann sind sie, für beide Fächer verdorbene Leute, die weder das eine, noch das andere, so besorgen, wie es besorgt seyn muß. Der gewanderte Handwerker hat gewöhnlich einen Theil seiner Wander-Jahre in grossen Städten zugebracht, hat mehrere Bedürfnisse, Wein oder Bier, Fleisch, Caffee, bessere Kleidung, gemächlichere Tage und längere Nächte (wenigstens ruhigere) kennen gelernt. Nun taugt er gewiß für nichts weniger, als die ungleich härtere Arbeit und rauhere Kost des Bauern. Seine ehemalige Lebensart wird ihn in allen seinen Handlungen, als ein elendes Mittelding, zwischen Professionisten und Landmann, auszeichnen. Selten wird er ein wohlhabender Mann werden, sein unvertilgbarer anmassender Stolz muß ihn bei andern Bauern verächtlich, beim Städte-Bewohner lächerlich machen. Möchte man doch auch hier die alte Wahrheit nie vergessen: Ne sutor ultra crepidam!

Und viele Bauern drängen sich zum Gewerbestand, dessen Uebersetzung sie vergrössern, um, ihrer Meinung

e. Aber auch umgekehrt drängen sich heut zu Tage eine Menge Bauern, eben deßwegen, weil sie der ewigen Taglöhner-Arbeit müde werden, zum Handwerksstand. Sie wähnen in diesem mehr Bequemlichkeit, mehr Achtung, als Gewerbe treibende Bürger zu erhalten; dieß reizt vermögliche Bauern nicht selten, wenigstens einen ihrer Söhne eine Profession erlernen zu lassen. In den Städten ist der Handwerker ohnehin gewohnt, seine Kinder, wo möglich, im Handwerksstande zu erhalten, wenn er schon keine bessere, vielmehr schlimmere Nahrungs-Aussichten für sich hat. Wären nun Lehrgeld und Aufnahms-Kosten in städtische Gilden für Fremde nicht noch für manchen Bauern etwas abschreckend, so würde dieß täuschend-glücklichere Stadtleben 1000 Väter auf dem Lande reitzen, die starken Hände ihrer Söhne dem wohlthätigen Pflug zu entziehen, sie der Anzahl gezwungener städtischer Müssiggänger einzuimpfen. Erfahrung sagts laut: Jede gemächlicher oder geehrter scheinende oder wirkliche Lebens-Art, ist zu unsern Zeiten übersetzt, und wird es, wo man nicht vorbeugt, immer mehr werden. Wie viele Gelehrte in jedem Fache müssen bei allen Kenntnissen und Einsichten eben so, wie mancher geschickte Professionist hungern, weil beide Stände überzählig sind, und sich beide durch den vorurtheilsvollen allgemeinen Hang, sich zu einem höhern empor zu schwingen, hinreissen lassen. Bei jenen nahm man das Mißverhältnis längst wahr, schrieb ihr Darben nicht dem Mangel an Wissen, sondern dem Mangel an zu besetzenden Stellen zu; beim Handwerker hingegen, der sich doch in einer vollähnlichen Lage befindet, wird der Verfall der Gewerbe blos ihrer Trägheit und Ungeschicklichkeit beigemessen.

noch bequemer zu leben.

Welches Drängen zu bequemer scheinenden Lebensarten vorzüglich der Krämerstand beweist.

f. Will man noch ein überzeugendes Beispiel vom unmässigen Hang unsers Zeit-Alters, zu jeder gemächlichen minder beschwerlich scheinenden Lebens-Art, der so viele verleitet ihre erste Bestimmung zu verlassen und eine andere zu wählen; so werfe man, ausser den Professionen, nur einen Blick auf den Krämerstand. Hier finden wir auf Jahrmärkten und Messen grosse Gruppen, von ehemaligen Bauern, Schneidern, Schustern, Metzgern, Drechslern, Schuheputzern ꝛc. die mit ihren meist geborgten Waaren umherschleudern, und dieß Gewerbe theils aus Trägheit, theils weil ihr eigentliches Metier übersezt ist, in der süssen Hoffnung ergriffen haben, bequemer dabei leben zu können; sich aber häßlich täuschen, und dann mit falschen Spielen, Seelen-Verkäufereien an Werber, Bankerutiren und noch schlechtern Dingen durch die Welt schleppen.

Da doch der weise u. gütig regierte Bauer ungleich glücklicher als der Handwerker lebt.

g. Und dieß grosse Glück, Wohlstand, Ehre und Gemächlichkeit des in der Stadt beschäftigt seyn sollenden Professionisten ist bei den meisten, gegen die Lage des Ackermanns (wenn sie, wie bemerkt wurde, vom Staat weise dirigirt wird) nur scheinbar. Der Bauer ist seiner härtern Arbeit gewohnt und verrichtet sie so leicht, als der Handwerker, hat ungemein viel Bedürfnisse weniger, kann sich täglich mit den Seinigen vollkommen sättigen, wenn viele Gewerbe Treibende, mit halb leerem Magen, von ihren kärglichen Schüsseln aufstehen müssen. Seine Produkte werden vom Käufer gesucht und der Professionist muß Käufer für seine Kunst-Produkte ängstlich suchen, sie einschwatzen, einschmeicheln; sich von jeder Magd, jedem Bedienten tausend demüthigende Vorwürfe gefallen lassen und schweigen, um den Kunden nicht zu verlieren, dem er, wie schon bemerkt wurde, oft ungeheuer lang borgen muß. Von der Saat bis zur Erndte beleben den Landmann frohe Hoffnungen und erquickende Aussichten, und den Handwerker ängstigt so oft Mangel an Abnahme, seiner unter den Händen habenden Fabrikate. Der fleissige Bauer kann sich, Jahr aus Jahr ein, nützlich beschäftigen, ja im tiefen Winter bei starker Viehzucht, sich wacker erholen und neue Kräfte zu neuen Arbeiten sammlen. Aber auch der fleissigst arbeitende Gewerber muß sich täglich unausgesetzt anstrengen, preißt sich glücklich, wenn es ihm nur nicht an Bestellungen mangelt und hat leider so oft das traurige Schicksal, daß er schmachtend auf diese müssig warten muß. Man besuche nur seine Wohnung, man koste seine sparsamen mageren Gerichte, und man wird vor seinem Elend, im Ganzen zurückschaudern, den ärmsten Taglöhner noch glücklicher finden, der doch täglich seine Kost und Arbeit findet, die jener nicht verrichten kann.

Unter dem Schuß einer sanften Regierung ist gewiß kein glücklicherer freudenvollerer Stand, als der Stand des nur vermöglichen, nicht reichen, harmlosen Landmanns. Frei wie ein Gott, hat er keine Demüthigungen von den Abnehmern seiner Produkte zu erwarten. Man muß diese haben; und geht ein Käufer fort, so kommen an dessen Stelle zween andere, die ihm noch gute Worte geben. Er gehört ganz sich zu. In seinem Hauswesen, beim Gang seiner Geschäfte gebietet er als ein uneingeschränkter Herr. Es ist wahr: Viehsterben, Mißwachs, Ueberschwemmungen, Hagel, ein durchziehendes Heer, können die Hoffnung des Landmanns auf Ein, vielleicht einige Jahre vernichten. Er kann krank werden. Allein ist wohl irgend ein Stand gegen dergleichen Zufälle völlig gesichert. Und wer leidet in der Folge empfindlicher davon? der Bauer oder der Professioniste? Ich denke, wie aus No. 14. XIV. erhellet, das letztere erwiesen zu haben, indem dem ersten immer Grund und Boden bleibt, wobei er sich in wenigen guten Jahren wieder reichlich erholen kann.

Man verzeihe mir, was ich hier von den Vortheilen des Landmanns etwas ausführlicher gesagt habe, als es die Absicht dieser Schrift zu fodern scheint. Die Gelegenheit, wo möglich den stolzen wohlhabenden Bauer von einem Vorurtheil zu befreien; seine Lüsternheit nach dem Gewerbe treibenden Stand für ihn und seine Söhne zu mindern; zu hindern, daß nicht so viele Hände dem, im Grunde alles nährenden Pflug unnütz entrissen werden; und zugleich die traurige aus Uebersetzung der Gewerbe entspringende Lage, für die Zukunft, in etwas erträglicher zu machen, hat mich unwillkürlich hingerissen.

II. Von sehr vielen dieser No. I. bemerkten Uebeln ist die unverhältnißmäsige Bürger-Annahme in Städten und Dörfern, die unselige Haupt-Quelle. Mangel an Einwohnern, vorzüglich an fleissigen Händen, welche die Erde nöthigen, uns ihre Reichthümer mitzutheilen, ist allerdings eines der größten Uebel, welches einen Staat treffen kann. Ein Magen, dem Verdauungs-Kräfte fehlen, zieht in kurzer Zeit dem ganzen Körper eine Dörrsucht zu. Wer wird aber je auf den drolligten Einfall kommen, wenns auch möglich wäre, den ganzen Körper in einen Magen zu verwandeln? Mangel an gesundem Blut und Säften wirkt das nemliche. Sind denn aber keine Beispiele vorhanden, daß ihr Ueberfluß Steckflüsse nach sich gezogen hat? Und doch schreien so viele ohne Maas: Bevölkerung, Bevölkerung allein beglückt die Staaten! Nein erst Nahrung und Brod für die Völker! Ohne deren Mangel wäre nicht ein Drittheil von Nordamerika mit ausgewanderten Deutschen bevölkert, nicht Kap, Batavia und Surinam über die Hälfte von Deutschen bewohnt, die nebst so vielen andern Landen immer noch Zufluß aus der unerschöpflichen Menschenquelle des Deutschen Reichs erhalten.

Die Hauptquelle dieser Uebel ist die unverhältnißmäsige Bürger-Annahme in Städten u. Dörfern.

Zunftverfassungen hatten, wie mehrere Artikel der meisten Zunft-Ordnungen deutlich be-

beweisen, einen gedoppelten, höchstvortheilhaften Zweck, den sie auch beinahe in allen Orten glücklich erreichen, so lange man die vorgeschlagenen Mittel redlich anwandte. Einmal: Alle nicht städtische und doch mit dieser concurrirende Waaren abzuhalten; dann: Jedem Gewerbe, durch Verfertigung der bestmöglichsten Waare und die billigsten Preise, beim Abnehmer Credit zu verschaffen, auch allem Betrug und Uebervortheilung einzelner Personen, sie möchten nun Abnehmer oder Gewerbe Treibende seyn, aufs beste vorzubeugen. Daher entsprangen die gemessensten Gesetze und die strengste Aufsicht, daher die eidlich verpflichteten Zeichen-, Schau-, Markt-Meister und Schätzer. Allein die Einfuhr, der Schleichhandel und Feilhalten schlechter Waaren auf öffentlichen Messen und den in jedem kleinen Flecken angelegten Jahrmärkten aus dem der Schau nicht unterworfenen Ausland, oder welche von unzünftigen ländlichen Handwerkern, wohlfeiler, aber gewöhnlich desto schlechter eingebracht, wurden, vernichtete diese strengen, dem Publikum so nützlichen Schau-Aemter; nöthigte den innländischen städtischen Professionisten zu Verfertigung gleich schlechter Arbeit, wodurch sich das vorherige schlechte Zutrauen und die vergewisserte Güte jedes Kunst-Produkts verlohr, die Käufer betrogen wurden, die Verkäufer aber betriegen mußten, wenn sie nicht zu Grunde gehen wollten. So entstunden Nahrungs-Mangel und schlechte Waare aus der nemlichen Quelle, aus der Zerstöhrung der Zünfte und mit diesen der Verfall so vieler Städte, welche doch in manchem Betracht die

Kraft eines Landes, wo nicht allein ausmachen, doch unendlich erhöhen. Kunst- und Gewerbe-Geschichte liefern unwidersprechliche Beweise, daß Deutschlands Handwerker im größten Flor stunden, so lang die Innungen fest und unabweichlich auf dem wesentlichen Huten, ihrer nach und nach verbesserten, zweckmäsigen Zunftordnuugen hielten. Da war dem Professionisten seine Nahrung, dem Käufer meisterhafte trefliche Arbeit und durch diese vorzüglich der ausländische Absatz gesichert. In diese Zeiten fällt die ruhmvolle Periode, wo Deutschland, selbst den Engländern durch seinen Spielmann die erste Papiermühle, durch seinen Box den ersten Drathzug, durch seinen Moriz die Wasserkunst an der Themse, ja sogar durch einen andern seiner geschickten Künstler die erste Pulvermühle gab. Und noch ist dieser Kunstfleiß bei uns nicht erloschen. Wien baut und lakirt Wägen, die keinen englischen oder französischen was nachgeben. Seine Stickerei übertrifft, nach dem eigenen Geständniß vieler Franzosen, die Lyoner. Eine ganze Gesellschaft von Kennern hielt in Deutschland verfertigte Stahlarbeiten für englische, und es fabricirt so vortrefliche Hüte, daß ihr wahrer Werth auf 2 Carolin geschätzt wird. Aber wer bezahlt diesen Preiß in Deutschland für einen Hut? So könnten wir sicher in allen Fächern, die treflichsten Kunst-Produkte haben, wenn deutsche Industrie von Deutschen aufgemuntert, nicht selbst von ihnen niedergeschlagen würde: Ausländer besolden Societäten und erfinden wenig, der Deutsche thut für sich mehr als jene. Der Engländer hat zehnmal mehr Unterstützung als der Deutsche. Hätte diese der Deutsche, er würde zehnmal mehr thun als der Engländer. Der Franzmann zum Erfinden zu flüchtig; der Engländer tiefsinnig, aber schwitzt nicht gerne; der Deutsche nicht eher von der Bank, bis er gefunden, was er gesucht hat. Die Industrie des Auslandes, sagte erst neulich Archenholz, wird meist durch Deutsche erweckt und unterhalten. Der Fleiß, Gehorsam und die Treue des untergeordneten Deutschen Werkmeisters sind, vornemlich in Frankreich und England, andere Länder nicht ausgeschlossen, bis zum Sprüchwort dermassen anerkannt, daß man in den grossen Städten dieser Länder selten eine Manufaktur von einiger Wichtigkeit sehen kann, wo nicht Deutsche in dieser oder jener Qualität angestellt sind. Mit gleichem Lob und Beweisen wird die Industrie der Deutschen im neuen Göttingischen historischen Magazin gewürdigt. Der Geist der Betriebsamkeit, und die Anlage zu nützlichen, oder feinen mechanischen Arbeiten, und Erfindungen regte sich in den Deutschen Nationen von Anbeginn an.

Feine Leinwand war eine der vornehmsten Arbeiten und Trachten von Frauen und Jungfrauen, und feine Leinwand war mit unter den kostbaren Geschenken, welche Heinrich der Löwe auf seiner Wallfahrt nach dem gelobten Lande für den griechischen Kaiser mitnahm. Deutsche Arbeiter — führten im zehnten Jahrhundert die Wollenmanufakturen in Flandern ein, und im zwölften Jahrhundert waren Deutsche Scharlachtücher ein Geschenk, welches werth war, von grossen Fürsten andern grossen Fürsten angeboten zu werden. Während der ersten Kreutzzüge waren es vorzüglich Friesen und andere Deutsche, welche die Maschinen zu Belagerungen erbauten, und wenn die gewöhnlichen nicht hinreichten, ganz neue erfanden. Zu Guicciardini's Zeiten brachten die Deutschen Kaufleute eine grosse Menge von schönen und bewunderungswürdig gearbeiteten Möbeln und von eben so vortreflichen Waffen, Rüstungen und andern Metallwaaren, deren Werth auf eine unschätzbare Summe stieg, nach Antwerppen zum Verkauf. Weil Deutschland und die Niederlande im vierzehnten, fünfzehnten und sechszehnten Jahrhundert der Hauptsitz des europäischen Kunstfleisses waren; so wurden auch fast alle grosse Erfindungen, die den Künsten, den Wissenschaften, der Schiffahrt, den Gewerben und Handel, den Verfassungen und selbst dem ganzen häuslichen Leben eine andere und bessere Gestalt gegeben haben, in Deutschland und den Niederlanden gemacht. Hieher gehören die Buchdruckerkunst, das Pulver, das grosse sowohl als kleine Feuer-Gewehr, die Taschen-Uhren, die Windmühlen und mehrere andere Arten von Mühlen, der Compaß, die Oelmalerei und Kupferstecherkunst, die Dratzieherei, und die beste Art den Scharlach zu färben, das Schleifen von Diamanten, die Orgeln, und die Walzen bei Münzen, die hölzernen Blasebälge, die künstlichen Gläser, und viele mathematische und mechanische Instrumente. Alle unterrichteten und unpartheiischen Ausländer erkannten die Deutsche Nation für die kunstreichste und erfinderischste unsers Erdtheils *) und eigneten ihren eigenen Landsleuten nur das Verdienst zu, die Erfindungen der Deutschen zu vervollkommnen.

Geist und Verhältnisse der Zeiten und Menschen gegen einander machen freilich oft Erneuerung und Abänderung gegebener Gesetze nothwendig. Aber keine ist auffallender, als daß man, bei der schon ungeheuren Uebersetzung der Handwerker, gerade durch das entgegengesetzte Mittel ihren Flor zu bewirken suchte. Durch Zünfte und sehr behutsame Bürger-Annahme erreichte man diesen Zweck vortreflich. Nun sollen jene aufgehoben, diese frei, beinahe willkührlich und regellos werden. Die herrlichen Folgen vom letzten zeigt sehr überzeugend Herr Hofkammerrath und Professor Semer in Heidelberg in seiner erst in dem Jahr 1791. in der Churpfälzisch Physikalisch-Oekonomischen Gesellschaft vorgelesenen Abhandlung: Ueber die Bürger Aufnahme in Städten und Flecken. Da diese einzelne, kleine nur 84 Octav-Seiten betragende Schrift sich vermuthlich noch nicht so weit verbreitet hat, so will ich seine Hauptgründe für diesen Satz herausheben, und hie und da die meinigen hinzuthun. Er sagt:

a. S. 18. Man übertreibt die Sache (nemlich die Bürger-Aufnahme) und nimmt auf.

---

*) Siehe Beckmanns Beiträge zur Geschichte der Erfindung, I. S. 326.

wer kommt. Der Herr Verfasser erlaube mir hier die Bemerkung zu machen. So ganz allgemein ists nicht richtig, so wenig ich auch seine Beobachtungen in Zweifel ziehen will; ungeachtet die Folgen für den Nahrungsstand, die nemlichen bleiben. Der obrigkeitliche Grundsatz in den meisten Städten, wo nicht blosse Willkühr, Despotismus und Eigennuz herrschen, ist bei der Bürger-Aufnahme:

„Wer Vermögen hat, wer eine „Burgerswittwe oder Tochter „heurathet, ist aufnahmsfähig.“

Aber an die Fragen: Wird der Aufzunehmende die schon nahrungslosen Mitglieder des nemlichen Gewerbes nicht noch ärmer und dürftiger machen? Ist seine Profession nicht schon übersezt? Hat er den völlig erforderlichen Verlag und Vorschuß? Hat er von seinen Gewerbs-Produkten Abgang und Verschleiß sowohl in als ausser Landes zu erwarten? Bearbeitet er in- oder ausländische rohe Materialien, durch die er das Geld im Lande vermehrt oder vermindert? Werden seine Gewerbs-Waaren andere ansässige Bürger zur Ueppigkeit, Schwelgerei, Sittenverderbniß und unnöthiger Verschwendung reitzen? Wird die Fabrikation seiner Luxuswaare nicht eine andere eingeführte verdrängen oder ein rohes Landes-Produkt dadurch unnüz und verachtet? Werden die Lebens-Mittel durch die Nothwendigkeit, fremde Arbeiter herbeizuziehen, nicht noch theurer, oder die stehenden Arbeiter den andern Gewerbe Treibenden nicht zu hoch hinauf getrieben oder entzogen? Ist er ein geschickter oder schlechter Arbeiter, ist er ein sparsamer oder schwelgerischer liederlicher Mensch? Dieser und anderer ähnlicher Fragen wird entweder gar nicht oder höchst selten gedacht, vielweniger wirksame Rücksicht darauf genommen. Eins zerstöhrt freilich so gut als das andere, den vernünftigen Innungs-Geist, dem doch nach seiner richtigen Behauptung S. 19, 20. die öffentliche Verwaltung aller Europäischen Reiche, in Ansehung der wechselseitigen Handelschaft so pünktlich anhängt, auch nicht übel dabei fährt. Und wie es mir scheint, so ist des Klagens über Nahrungslossigkeit, in gleichem Verhältnis mehr geworden, als grösser oder weniger merkliche Schritte, zu Verbannung dieses Zunft-Geistes hie und da gemacht worden sind.

Steigt aber die Regellosigkeit in einem Orte gar so weit, wie er sich S. 18. ausdrückt, so ist sie wahrscheinlich unter andern, eine traurige Folge der Wahl zu Magistrats-Personen. Ich spreche nicht von Fremdlingen, die sich meist durch Bestechungen die Stimmen verschaffen, ohne Kenntniß vom Locale, den Bürgern und den Handwerks-Verhältnissen zu haben. Es finden sich noch weit niedrigere Schleichwege. In einer von den Hauptstädten des Landes, hat ein von der Landes-Regierung abgesondertes reiches Verwaltungs-Corps seinen Sitz, an dessen Spitze immer Adeliche stehen. Wenn nun ein solcher Herr Präsident einen alten unbrauchbaren Bedienten, z. B. Koch oder Jäger, nicht mehr füttern mag, so empfiehlt er ihn, durch sein allgewaltig hohes Vorwort zum Mitglied des Stadtraths, oder läßt ihn, zur Sicherheit, einstweilen adjungiren. So wurden daselbst, in den achtziger Jahren zween seiner rüden Jägervursche adjungirt und von der Hasen- und Hundezucht, zur Menschen-Regierung berufen. Ich führe dieß Beispiel deßwegen an, weil es eine andere Behauptung des Verfassers sehr stark beweisen wird. Dieser fährt

Seite 24, 25, 26, fort: Durch diese regellose Bürger-Annahme wird auch der Endzweck aller Wanderschaft der Gesellen und der Meisterstücke gänzlich verfehlt, und die Emsigkeit der Bürger geht verlohren. Sie zerstöhrt die Arbeitsamkeit, ermunternde Leichtigkeit, Gewinn zu erwerben; dann nimmt der Bürger aus Verzweiflung Theil am Raub seines Gewerbes und läßt, weil er doch nichts für sich bringen kann, es darauf gehen, so lange etwas da ist. Nun eilt der gänzliche Verfall dieser ehemals Fleissigen herbei. Man legt Hospitäler und Armen-Häuser an, und die Zahl der Nothleidenden wird dadurch nicht geringer, da diese als Palliative, das Uebel nicht aus dem Grunde heben.

Vorzüglich gut aber beweißt er, nach meinem Urtheil:

Seite 30 — 36. — daß die durch solche Bürger-Annahmen muthwillig veranlaßte Uebersetzung der Gewerbe für den Städter die nemlichen kläglichen Folgen haben muß, wie die unnatürliche Güter-Zerstückelung für den Bauern auf dem Lande. Wer gerade so viel Feld hat, als nöthig ist, sich und seiner Familie Brod zu verschaffen und nicht mehr, ist blos für sich nützlich. Hat er noch weniger (Seite 22 und 23.), so kann er kaum die herrschaftlichen Abgaben entrichten, vielweniger selbst mit den Seinigen davon leben, wie dieß Herr Celle in seiner Abhandlung von Zerschlagung der Bauern Güter, durch ein wirkliches Beispiel im Sayn-Altkirchischen zeigt. Eben so verhält sichs beim Stadtgewerbe. Uebertreibung und Vertheilung desselben in viele Hände, da wo wenige hinreichend sind, heißt nichts anders, als die Verfassung, welche man auf dem Lande der Vernunft widersprechend und zu Grunde richtend fand, auf die Städte übertragen.

Seite 33. Sind aber diese sich selbst schon zur Last, von welch geringem oder gar keinem Werth werden sie seyn, als Ein grosses Ganzes vom Lande betrachtet. Städte müssen dem Landmann seine Bedürfnisse, die er nur durch

Seite 34. Formengebung der innländischen und Zufuhr entfernter Waaren befriedigen kann, verschaffen, da er selbst weder Zeit noch Kraft dazu hat; so wie die Städte-Bewohner Lebensmittel und das rohe Materiale zu Fortsetzung ihrer Arbeiten unter dem Ackersmann suchen sollen. So wirds beiden nicht an Absatz mangeln, beide werden blühen, und wenn das Gegentheil geschieht, beide zu Grunde gehen.

Nicht minder richtig zeigt Herr Semer, daß Verlust vaterländischer Denkungsart und Sinnes eine höchst traurige Folge der regellosen willkührlichen Bürger-Annahme seye.

Seite 36. Denn sie begünstigt eine Klasse und ihre Glieder auf Unkosten der andern, die sie in ihren Umständen (Seite 37.) zurück setzt. Haß gegen die unrechtmäsigen Begünstiger sowohl, als die Begünstigten ist die Folge, wodurch alle Verbindung mit dem National-Körper schlaff, wo nicht gar zerrissen wird.

Seite 38. Und so wird diese Bedrückung die schädliche Quelle von Verbrechen, Laster und später Unruhen. Der Arbeiter verlangt die ungestöhrte Freiheit, seinen Schweiß einträglich zu machen und zu geniessen. Raubt man ihm diese, so fällt sein Fleiß und verliert sich in Trägheit. Seine in ihm liegenden Kräfte werden gegen andere Selten wirksam. Denn die mehrsten Verbrechen entstehen dadurch, wenn man darum dürftig und elend ist, weil man das, was man erwerben könnte, zu erwerben gehindert, oder weil einem das, was man hat, entzogen wird.

Auch Herr Hofrath Döhler äussert in seiner vorher angeführten Abhandlung in No. 3. von Vermehrung der Einwohner eines Landes, Seite 57 und 58. gleiche Gedanken; indem er in Ergreifung der Maasregeln zu Bevölkerung eines Landes also urtheilet:

„Ein Land, welches keine Städte und kein auswärtiges Kommercium hat, sondern sich lediglich vom Feldbau und der Viehzucht ernähren muß, kann durch Einnehmung zu vieler Bauern und Vertheilung ihrer Güter übersetzt werden, daß der Feldbau zu ihrer Nahrung nicht hinlanget. Auch in Städten können die Handwerker in ihrer Art leicht übersetzt werden: und wo will man mit dergleichen müssigen Leuten hin? Keine Manufakturen, Zucht-, Arbeits- und Waisenhäuser werden hinreichend seyn, dergleichen Auswurf einzunehmen, weniger zu versorgen; und was will man machen, wenn Mißwachs entstehet, oder andere auswärtige Staaten, die sonsten ihren Ueberfluß an Lebensmitteln ausgeschickt haben, Getraide- und Holzsperren vornehmen?

Ich glaube dahero, ein Landesherr müsse bei Bevölkerung seines Staats hauptsächlich die Proportion oder Verhältniß seiner Landes-Nahrung, und zwar zuvörderst den Feldbau und Viehzucht, und demnächst das Kommercium zum Augenmerk nehmen *), unter welches letztere hernach die Professionen, Künste und Handwerker nach dem Verschleiß sowohl in- als auswärts nach Verhältniß mit zu begreifen sind. Von China aber (das man sich hie und da in Absicht auf Bevölkerung zum Muster denkt), welches ohnstreitig das beste Land in der ganzen Welt ist, jährlich zweimal daselbst geerndtet wird, und alle Früchte, die nur zu erdenken sind, nebst Gold, Silber, Perlen, Edelgesteinen, Seiden, Wolle, Gewürze, Bisam und Specereien im Ueberfluß angetroffen werden, lässet sich wegen der Bevölkerung auf unsere magere Gegenden unmöglich schliessen."

Die gleiche Bemerkung beeder Herrn Verfasser: unverschuldet darben zu müssen, aus Uebersetzung zum Müs-

*) Leider wurde bisher, zum grossen allgemeinen Nachtheil, die Verhältnisse des Ackerbaus und der Handwerker im Gleichgewicht zu erhalten, in Deutschland gänzlich vernachlässigt, nirgend an seine Nothwendigkeit gedacht.

siggänger, zum Bettler herabgesetzt und endlich zum Verbrecher zu werden, verdient in unsern ohnehin allgemein unruhigen, empörungsvollen Zeiten gewiß alle mögliche Aufmerksamkeit in jedem Staate. Laut ruft uns Frankreichs Geschichte der 3 letzten Jahre zu: Drückende Armuth verleitet ein Volk zu allem möglichen, denn der Bürger bleibt gewiß ruhig, so lange ihn nicht im größten Theile unausstehlicher Nahrungs-Mangel drückt: wenns aber einmal so weit kommt, so sind auch keine Fesseln stark genug, sein Gefühl der Selbstherstellung in Schranken zu halten.

Folglich ist die Gewerbsamkeit in Deutschland nicht gesunken, sondern vielmehr gestiegen.

17) Alle bisherige Untersuchungen, vorzüglich (No. 16. II.) beweisen, wie mich dünkt, augenscheinlich:

I. Daß in Deutschland, als ein grosses Ganze betrachtet, die Gewerbsamkeit (man erlaube mir diesen Ausdruck) gewiß nicht gesunken, sondern vielmehr gestiegen ist. Es hat eine Menge Personen, die diese Lebensart treiben und noch wählen, ja mehr als nöthig, gewiß mehr, als vortheilhaft sind. Alles raffinirt Tag und Nacht, jeder bemüht sich, theils durch eigene neue Erfindungen, theils durch geschickte Nachahmung fremder, durch gute, schöne und dabei wohlfeile Kunst-Produkte sich Nahrung zu verschaffen *). Man kann, fast

*) Daß die schwäbischen Tabakspfeifen-Köpfe und Röhre ein durch alle Welttheile gehender

aller Orten, sobald der Beutel des Käufers ja dazu sagt, schöne Möbeln, Kleidungen, Equipagen, alle Bedürfnisse, sogar des Luxus, wo er in hohem Grade herrschend geworden ist, ohne zu lange darauf warten zu müssen, haben; man findet das Bequeme mit dem Nützlichen, das Schöne mit dem Wohlfeilen verbunden; freilich nicht alles in jedem Dorfe, in jeder kleinen Landstadt, wo Gott für seye! Allein dieß findet man auch nicht in jedem englischen oder französischen Dorfe, vielleicht oft noch minder. Leidet hie und da die innere Güte, so ist dieß, wie im Vorhergehenden überflüssig gezeigt wurde, ein sprechender Beweis von der übermässigen Concurrenz der Gewerbe Treibenden sowohl, als von dem, so oft erbärmlichen Geschmack und falschen Oekonomie-Geist der Abnehmer, von denen Tausende zufrieden sind, wenn sie nur auch ungeheure grosse Hüte, neumodische Westen und Hufeisen zu Schuhe-Schnallen erhalten, aber doch nicht mehr, wenigstens nicht verhältnißmäsig mehr, dafür bezahlen wollen, als die nemlichen Waaren sonst in

---

Handlungs-Artikel seyen, kann man sich denken. Aber die Erzählung eines glaubwürdigen Reisenden, im Handlungs-Buch eines Kaufmanns zu Geißlingen gesehen zu haben, daß es über 1200, mit verschiedenen Namen bezeichnete Sorten dieser Waare gebe, ist noch merkwürdiger und ein unläugbarer Beweis Deutscher Industrie. Siehe Journal v. und f. Deutschland, 1791. VIIItes Stück, No. III. Seite 499.

wohlfeilen Zeiten, bei geringerm Aufwand des Arbeiters in Rücksicht aufs rohe Materiale und Zeit kosteten. Befriedigte der Handwerker ihren Geschmack nicht, so würde er bald alle Kunden verlieren. Befriedigt er ihn nicht so wohlfeil als sie's wünschen, so erfolgt bei den meisten das nemliche. Er wird also gezwungen leichtere Waare zu liefern, wenn er sie tausendmal solider liefern könnte und möchte.

Hingegen desto tiefer der Wohlstand.

II. Aber der Wohlstand der Gewerbe treibenden Personen ist tief, sehr tief, bei ungemein vielen, bis zur drückendsten Armuth herab gesunken. Wie viele Meister befinden sich in Deutschland, die gar keinen, kaum einen, wie wenige, die mehr Gesellen halten können? Die Folgen davon haben wir schon gesehen. Und wenn denn nun auch unter diesen Umständen, an manchen Orten die Arbeit langsamer gefördert wird, folglich das Gewerb in dieser Rücksicht minder blühet, — so liegt die so oft genannte Ursache deutlich vor Augen. Armuth des Professionisten, die ihn so oft hindert, sich den nöthigen Vorrath von rohen Materialien zu rechter Zeit anzuschaffen, nebst der zwecklosen Behandlung der Lehrjungen veranlassen diese Klage am häufigsten. Aber eben darum auch nur vorzüglich in mittelmäsigen und kleinen Städten.

Alle Zünfte befördern augenscheinliche

18) Allein die Zünfte, Gilden und Innungen drohen gleichwohl dem Publikum mit drückenden, entweder augenscheinlichen oder versteckten Mono-

polien, — die wahrlich in unsern Zeiten mehr Geschöpfe der Einbildungskraft, als wirklich existirende Schreckbilder sind. Nicht einmal Städte, vielweniger einzelne Zünfte, haben dermalen wie ehedessen, das Monopol verschiedener Gewerbe. Alle, diejenigen etwa ausgenommen, welche sich, wie z. B. das eigentliche Härten der englischen Stahl-Arbeiten, leicht im Aeusserlichen nachahmen lassen, haben sich aller Orten verbreitet. Nürnbergs Handel wurde, vorzüglich im Salzburg- und Berchtolsgadischen, im Grossen nachgeahmt und der erstere nicht wenig dadurch erschüttert. Solideres Spielzeug für kleine und grosse Kinder, trat vorzüglich durch Birminghams schönere Arbeiten, an dessen Stelle. Man beginnt selbst Kinder mit solchen Belustigungen zu beschäftigen, die ihnen Belehrung, und ihren Jahren angemessene Kenntnisse neben dem Vergnügen verschaffen. Und kaum ist etwas Neues erfunden, so bemüht sich, oft genug mit dem glücklichsten Erfolge, die deutsche Industrie es auch zu liefern." oder doch versteckte Monopole.

Sollte sich aber auch, gegen alle Wahrscheinlichkeit, hie oder da, ein mehrere Jahre daurender Alleinhandel einschleichen, dem Publikum durch Zwang lästig werden wollen (denn daß Privilegien für eigentliche Erfinder sehr nützlicher Vortheile, auf wenige Jahre, keinen Nachtheil bringen, wenn sie alsdann bekannt gemacht werden, ist Nro. 3. d. gezeigt worden): so würde doch auch diesem auf einmal vorgebogen, wenn nur fürs erste die verhältnißmäßige Zahl der Gewerbe Treibenden so eingeleitet würde, daß jeder Meister, Jahr aus Jahr ein, zween Gesellen und einen Jungen voll beschäftigen könnte.

Ob absolute Gewerbe-Freiheit dieser Uebeln abhelfen würde?

19) Vielleicht könnte aber durch Ertheilung absoluter Gewerbe-Freyheit diesen und allen vorher bemerkten Uebeln am wirksamsten abgeholfen werden? So scheints beym ersten Anblick. Je grösser die Concurrenz, desto mehr muß sich jeder bemühen, höchstvortreffliche, wohlfeile Waaren in möglichster Geschwindigkeit zu liefern, wenn er nicht Hungers sterben will. Ich werde diesen Gedanken bey Untersuchung der Vortheile und Nachtheile der Zünfte genauer prüfen; hier aber nur einige allgemeine Bemerkungen machen, die seinen allzugrossen blendenden Glanz fürs phisiokratisch und nicht physiokratische Aug wenigstens in etwas mildern werden.

Wenn diese geträumte, noch nirgends ganz existirende absolute Freyheit, selbst in den Fächern, wo sie ihrem Ideal am nächsten kommt, dieß Wunder nicht bewirkt; wenn Frankreichs wirkliche, so sehr im Posaunen-Ton angekündigte glückliche freye Lage dermalen noch nichts beweißt; wenn hingegen das freye Brittanien durch weise Gesetze da Einschränkungen macht, wo zügellose Uneingeschränktheit nur durch Nebeneinschleichen schon so viel geschadet hat, und doch sich bey diesen Gesetzen wohl befindet: so scheints doch wirklich, daß das im Anfang dieses Absatzes geäusserte Vielleicht, nicht Alles für sich habe.

Ein wackerer Mann wirft im Journal v. und f. Deutschland 1791. Ites Stück Nro. III. die Frage auf: Kann man jezt in Deutschland sagen: die bildenden Künste blühen? Die Antwort fällt aus richtigen Gründen geradezu verneinend aus. Sie findet aber auch den Mangel nicht sowohl in den Künstlern als ausser denselbigen — in der Geschmacklosigkeit der sogenannten Kenner, im Mangel des ächten Kunstgefühls, in der auch hier fehlenden Abnahme und der Arbeit angemessenen Bezahlung der Kunstwerke. „Deßwegen (sagt er Seite 32.) finden sich in deinem (Deutschlands) Schooße, Bilder und Puppenmacher die Menge, von denen ein Theil, um Brod zu verdienen und des Hungers sich zu erwehren, dem herrschenden Geschmack folgen, Kalender ꝛc. verzieren muß, wenn er gleich zum Theil zu vernünftigern Arbeiten fähig wäre. Und S. 33. Gegenwärtig behandelt man die Kunst nach ihrem Hunger; also muß natürlich der Geist verschwinden, der die Kunstwerke der Alten auszeichnet, die dergleichen widrige Erfahrungen nicht hatten, nicht machten. S. 35. Unsere Kunst, wie sie jezt ist, bedeutet nichts und beweißt ihren Verfall — Fast das nemliche bestättigt Riesbecks reisender Franzos im 6ten Brief über Augspurg. „Nach den Krämern und Mäklern sind die Kupferstecher, Bildschnitzer und Maler der ansehnlichste Theil der daselbst beschäftigten Einwohner. Ihre Produkte aber sind ein Pendant zur Nürnberger Quinquaillerie. Es gab immer einige Leute von Talent unter ihnen; da sie aber bey den kleinen Versuchen für die Kunst nie ihre Nahrung fanden, so mußten sie bey den Kapuziner-Arbeiten bleiben, um nicht zu verhungern. Sie versehen fast das ganze katholische Deutschland mit Bilderchen für die Gebetbücher, und zur Auszierung der Bürger-Häuser. Für die Kunst ist der hiesige Himmel sehr ungünstig. Der Baron füttert lieber Pferde und Hunde und einen Schwarm Bedienten, deren Narr er gemeiniglich ist, als Künstler, und wenn er auf Geheiß der Mode der Kunst ein Opfer bringen muß, so hat er keinen Glauben an das Talent seiner Landsleute. Da er selten selbst Geschmack und Einsichten hat, so folgt er gewöhnlich in seiner Wahl dem blinden Ruf der fremden Künstler, und läßt das Verdienst in seinem Vaterlande darben. Es scheint in andern Gegenden Deutschlands nicht viel besser zu seyn; denn Mangs, Winkelmann, Glück, Hasse, Händel, und viele andere mußten erst von Ausländern in Ruf gebracht werden, ehe man in Deutschland ihre Verdienste anerkannte."

Nun waren doch die bildenden Künste von jeher frey und doch blühen sie nicht. Ein augenscheinlicher Beweis, daß, weder Freyheit noch vernünftige Einschränkung allein, den Flor der Künste und Gewerbe bewirke: denn brächte ihn Freyheit hervor, so müßten die eben genannten Künste längst in der größten Blüthe sich befinden. Und doch stehen sie seit Raphaels, Rubens, Dürrers, Michel Angelos und Vignolas Zeiten, höchstens noch auf der nemlichen Stuffe, und ausgezeichnete Meister sind noch immer eine Seltenheit. Allein der deutsche Künstler und der deutsche Professionist befinden sich leider! in Deutschland, in einer gleichmißlichen Lage. Es fehlt ihm bey allen Kunst-Produkten alter und neuer Zeiten an Bestellungen und Abnahme, ja selbst dem ächten Liebhaber und Kenner an Geld, den Meister seines Werks würdig zu belohnen. Deutschland kann überhaupt nur einige hundert Künstler ernähren; von diesen werden noch drey Viertheile von ihren Fürsten besoldet, und Künstler, die ums Brod arbeiten müssen, liefern sehr selten vorzügliche Produkte. Mühe, Fleiß, Studium,

Originalität, werden zu selten bezahlt, so wie der geschickteste Professionist, der unglaublich viele Zeit und Fleiß auf die Vervollkommnung seiner Waaren verwendet, doch nur eine Bezahlung nach den eingeführten gewöhnlichen Preisen zu erwarten hat. Daher wandern so viele Künstler und geschickte Handwerker, gezwungen ins Ausland, wo sie noch geschätzt und belohnt werden. „Zählen nicht England, Frankreich, Rußland (selbst Italien in der Malerey) unter seinen geschicktesten Handwerkern meistens Deutsche, und waren sie es nicht schon, ehe sie auswanderten? (Nro. 16. II.) Nicht der Zunftgeist hinderte sie in ihrem Vaterlande an der Ausübung und Verbreitung ihrer Geschicklichkeit. Blos der Mangel an Abnehmern, die sie anderswo häufig fanden, trieb sie aus, und oben drein das unsere Nation herabwürdigende Vorurtheil: Es ist nur deutsche Arbeit! dessen sich selbst der Ausländer anfängt zu schämen.

Die französische Konstitution hat nun alle Meisterschaften, Korporationen von Professionen, Künstlern und Handwerkern aufgehoben, fand sie so überflüssig, als Gelübde und Verbindungen, die den natürlichen Rechten entgegen sind, und hofft diese Aufhebung bald in den Gesetzbüchern aller Nationen nachgeahmt zu sehen. Noch entscheidet dieß nichts, am wenigsten für einen Staat, der blos durch Zwischenhandel besteht, da bekanntlich Frankreich keine geringe Ausfuhr seiner Waaren in alle Welttheile hat. Man beobachte nur 20, höchstens 30 Jahre, und dann wird der Erfolg zeigen: Ob eine weise Einschränkung und verhältnißmäßige Vertheilung der Nahrung nach den Zunft-Systemen, oder volle Freyheit der Gewerbe, den Bürger glücklicher, die Gewerbe blühender mache und dem Publikum vortheilhafter seye? *) Erfahrung muß erst bestättigen, ob alle diese philosophischen Systeme, ausser den Studierstuben, auch in der wirklichen Welt Probe halten. Und gesetzt, daß diese alles mögliche, in Frankreich,

---

*) Schon den 19ten Nov. 1792 begehrte eine Deputation der Wahlmänner von Seine und Oise bey dem National-Convent: daß das Getraide in ganz Frankreich taxirt werde, daß Niemand als Becker und Müller den Getraide-Handel treiben dürfen ꝛc. eine Petition, die in Deutschland beym strengsten Zunftzwang nicht existirt und mit Recht durch Murren, als ein dem Geiste der französischen Freyheit widersprechendes Begehren unterbrochen ward. Allein es scheint doch allerdings, daß die ganz uneingeschränkte französische Gewerbs-Freyheit von keiner gar langen Dauer seyn dürfte, um so mehr, da sie dem Gemächlichkeit liebenden Franzosen weit weniger als dem arbeitsamern Deutschen angemessen ist. In der vorzüglichen Cultur und Aufklärung der Franzosen liegt schon der Grund seines Strebens zum städtischen, gemächlichern, ihm geehrter scheinenden Bürger- und Handwerker-Leben, welches sie, bey aller ihrer ausposaunten Gleichheit der Menschen, dann doch immer der härtern Arbeit des Land- und Ackerbaues vorziehen werden. Denn wenn auch Frankreich mit Fabrikanten und Handwerkern jezt nicht übersetzt ist, und es wirklich darum nicht ist, weil vorher die Incorporations- und Zunft-Aufnahmen daselbst noch weit schwüriger, weit kostspieliger als in Deutschland waren, weil der bis zur tiefsten Armuth herabgesunkene Landmann weder das Lehrgeld, noch weniger die Aufnahmskosten in Zünfte für Einen

diesem geschlossenen, ganz von sich abhängenden Lande, bestättigte — würde sich wohl hieraus schliessen lassen: Also muß das nemliche auch in einem andern Lande, wo ganz andere Verfassungen sind, anwendbar seyn? Ich hasse gewiß jeden unnöthigen Zwang, jede willkührliche Einschränkung

---

seiner Söhne auftreiben konnte; so ist bey dem bekannten Hang eines jeden Franzosen zur leichten bequemern Lebensart, die er theils als garnisonirender Soldat, theils als Nachbar naher Städte kennen lernt, nichts gewisser, als daß er, oder seine Kinder den schweren Pflug mit den leichtern Handwerkers-Instrumenten bald vertauschen, die Anhäufung und Uebersetzung der Handwerker in wenigen Decennien bewirken, und dem bisher ohnehin vernachlässigten Feldbau aufs neue Tausende so äusserst nöthiger Hände rauben, den schauerlichen Zustand, welchen Lyons überhäufte Manufakturisten und Fabrikanten, bey jeder Theurung und Mißwachs, bey Krieg und unterbrochenem Handel, schon so oft und auch jezt wieder empfinden, in Frankreich allgemein machen wird. Der süsse Genuß fetter, Präbenden, die zahllosen Zufluchtsörter der Trägheit und des Müßiggangs, die Klöster, in denen sich Hunderttausende Arbeitsscheue von dem Schweiß der Fleissigen fütterten, und die Millionen vorher verkäufliche, ererbte, erschlichene, erhurte Civil- und Militair-Stellen fallen jezt ganz weg, und lassen den armen adelichen und nicht adelichen Zärtlingen, die nie aussterben werden, fast keine andere Wahl übrig, als die, sich mit den leichtern Gewerben und Handwerkern redlich zu nähren. Ungeheuer groß muß daher in der Folge die Uebersetzung derselben, aber auch nicht minder groß das Elend aus

menschlicher Freyheit und Fähigkeiten. Allein oft ist diese Beschränkung nur scheinbar, oft eben so wohlthätig fürs gemeine Beste, als weise Gesetze, für das dauerhafte Glück freyer civilisirter Nationen nothwendig sind. Der Gedanke: Allgemeine Gewerbs-Freyheit wird uns bessere, geschicktere, wohlfeilere Professionisten liefern, ist noch nie solid theoretisch, geschweige durch Erfahrung bewiesen worden. Jeder brave Mann wird und muß, wenn er bestehen will, so gut, so wohlfeil arbeiten, als er kann, es mögen Zünfte bestehen oder nicht; denn er braucht in jedem Falle Brod und Abnehmer. Und wie wenig die Handwerker im Ganzen ihre Waaren und Arbeiten übersetzen, wie billig sie ihre Preise einrichten müssen, zeigt nichts überzeugender, als das geringe Vermögen und die Seltenheit des Reichthums selbst bey den geschicktesten und fleissigsten unter ihnen.

Und wie beträgt sich denn England in diesem Punkt, welches doch sonst so häufig als Muster angeführt wird, so häufig Nachahmung findet?

---

dem daraus entspringenden gewissen Nahrungs-Mangel, besonders bey der im Ausland täglich zu hoffenden Entsagung französischer Modewaaren, werden. Nur ein zuvorkommendes Gesetz, welches die unverhältnißmässige Bürger- und Handwerker-Annahme in den Städten behindert und die nicht auf dem Lande höchst nöthigen Gewerbe verbietet, kann Frankreich von diesem ihm zueilenden Uebel retten; ein Gesetz, das freylich auf eine zunftähnliche Beschränkung hinaus läuft, ein grosses Uebel verhindert, aber den Nutzen der deutschen Zunfteinrichtungen für das abnehmende Publikum nicht gewährt.

a) Es hat sehr scharfe Gesetze gegen das Auswandern seiner mechanischen Künstler. Wenn einer überwiesen wird, daß er versprochen hat, in ein fremdes, der Krone nicht unterworfenes Land zu ziehen, dort sein Handwerk zu treiben, oder es andere zu lehren; so muß er Bürgen stellen, daß er Großbrittanien und Irrland nicht verlassen wolle, und wird gefänglich eingesetzt, bis er diese Bürgschaft geleistet hat. *)

b) Wer einen dergleichen Arbeiter hiezu zu verleiten sucht, wird um 500 Pfund Sterling gestraft und 12 Monate eingesetzt. Sündigt er zum zweytenmal gegen dieß Gesetz, so muß er für jeden, den er weglocken will oder schon weggelockt hat, 1000 Pfund bezahlen und 2 Jahre gefangen sitzen. **)

c) Wenn sich demungeachtet einer ausser Landes gemacht hat, von einem englischen Minister oder Consul ermahnt wird, in sein Vaterland zurück zu kehren und binnen 6 Monaten nicht gehorcht ***); so wird er in England für vogelfrey erklärt, verliert all das Seinige, ja sogar alle Erbschaften und Vermächtnisse, die ihm etwa zufallen könnten.

d) Alle die in der Altstadt London einiges Gewerbe treiben, sind in 89 privilegirte Zünf-

*) Siehe die im fünften Jahr Georgs I. gemachte Parlaments-Akte, Hauptst. 27.

**) S. d. im 23ten Jahre Georgs II. gemachte Parlaments-Akte 13tes Hauptstück.

***) S. die No. 24. angeführte Akte 27.

te oder Gilden (free companies) eingetheilt, diese ziehen bey öffentlichen Feyerlichkeiten mit besondern Fahnen auf, und die meisten besitzen eine öffentliche Halle, worinnen sie ihre Versammlungen halten. Viele gehören zu diesen, welche in andern Ländern zu keiner Zunft gerechnet werden, z. B. Wundärzte, Tonkünstler, Gastwirthe. Jede von diesen Zünften hat durch eine Parlaments-Akte, die Befugniß erhalten, nützliche Einrichtungen und Statuten, zum Besten der Professionen zu machen, welche unter der Gilde stehen.

e) Englands Hauptvortheile in den mechanischen Künsten bestehen darinnen: daß ein Fabrikant nicht vielerley Arbeit, sondern immer einerley verfertigt und dabey bleibt. „Ein Hauptumstand, der zur Vollkommenheit der englischen Waaren sehr viel beytragen muß, sagt der Herausgeber der Beyträge zur Kenntniß vorzüglich des Innern von England, ist dieser: In allen Manufakturen treibt ein Arbeiter selten mehr als einerley Art von Geschäfte, und einer arbeitet dem andern in die Hand. Ich will hievon ein Beyspiel geben, das mir sonderbar auffiel. Was ist z. B. einfacher als ein Bleystift? Zu Worlsley sah ich letzthin eine Fabrike, und fand die Arbeiter auf folgende Art vertheilt. Der erste hatte einen Haufen kleiner, schon glatt gehobelter Breter vor sich liegen, die er so in Stäbe spaltete, daß sie vier scharfe Seiten hatten. Ein Zweyter that nichts, als daß er in diese vierseitigen Stäbe eine Rinne spaltete; ein Dritter, daß er Bley in die Rinne legte, welches ein Vierter neben ihm schnitt. Ein Fünfter leimte die zwey Stäbe, nemlich den mit der Rinne und dem Bley und den andern ohne Rinne und Bley zusammen; ein Sechster hobelte den Stab rund, und so war der Bleystift fertig." Um eine Scheere zu machen, wird ein Schmidt, Schleifer und Polirer erfordert. Der eine versteht von des andern Kunst wenig oder nichts. Dadurch lernt aber auch jeder die kürzesten, vortheilhaftesten Handgriffe, und bringts weit darinnen. Auf gleiche Art gehts mit allen Manufakturen, und da ist kein Arbeiter, welcher sagen kann: Ich kann die oder jene Waare machen, denn er macht oft kaum den zwanzigsten Theil daran.

k) Fast jeder Fabrikant steht in Verbindung mit einem Kaufmann, der ihm die rohen Materialien liefert, oft Geld vorstreckt, und gegen baare Bezahlung, seine Waare, sobald sie fertig ist, abnimmt. Ja es hat sich sogar eine Gesellschaft patriotischer Kaufleute vereinigt, und ein Wollen-Magazin aufgerichtet, um bey der Schaafschur eine grosse Menge Wolle jährlich aufzukaufen und den Manufakturisten ohne Gewinn wieder zu verkaufen. Solche Vortheile haben in andern Ländern die wenigsten. Sie arbeiten gewöhnlich ohne Bestellung, blos auf Spekulation. Die schlimmen Folgen davon sind bekannt. In England weiß jeder Professionist, wo er seine rohen Waaren und was er selbst braucht, am besten und wohlfeilsten aus der ersten Hand erhalten kann. In Deutschland muß er oft lange nachfragen, und geht doch wohl irre.

g) Fabriken, die Wolle, Seide, Flachs, Kamelhaar, Baumwolle 2c. verarbeiten, finden in England wenig Beyfall. Es ist überzeugt: daß sich Fabriken nur für diejenigen Waaren schicken, die, bey ihrer Verfertigung, in einer Stunde durch zehnerley Hände gehen müssen — daß sie alle Waaren wegen der grossen Gebäude, vieler Aufseher und anderer unvermeidlichen Kosten theuer (oder wie oft geschicht,) schlecht liefern, ohne der fast unvermeidlichen Betrügereyen und Unterschleife zu gedenken — daß einzelne Fabrikanten und Manufakturisten gemeiniglich besser und wohlfeiler arbeiten — daß diese keine Zeit verlieren, wenn sie nicht nöthig haben, täglich viermal in die oft entfernten Fabriken hin und herzulaufen — daß der Fabrikant, bey Hause, von seinem Weib und Kindern unterstützt, mit mehr Lust und Bequemlichkeit arbeitet — daß er endlich, wenn er Unpäßlichkeit halber nicht ausgehen kann, doch zu Hause Hand anlegt. *) Es ist wahr, der Engländer schränkt die Zahl der Meister bey keiner Zunft durch ein direktes Gesetz ein. Aber jeder, der ein Handwerk treiben will, muß dasselbe, nach einer schon 1563 gemach-

*) So schildert ein Mann Englands hieher gehörige Verfassung, der lange genug selbst in diesem Lande war. Taube im angeführten Werk Seite 196 — 200.

ten Verordnung Sieben Jahre ordentlich lernen, wodurch indirekte der übermäßigen Meisterzahl gewiß Schranken gesetzt sind, welche nicht unbedachtsam überschritten werden können. *)

So war Englands Zunft- und Gewerbe-Verfassung noch im Jahr 1774., die sich, so viel nur bekannt ist, seit dem nicht merklich verändert hat, die wahrlich keine uneingeschränkte Gewerbe-Freyheit ist, und bey der doch bekanntlich Künste und Gewerbe vorzüglich blühen.

20) Nach allen diesen bisher angestellten Untersuchungen und auseinander gesetzten Wahrheiten wirds nun möglich seyn, die Vortheile sowohl als Nachtheile der Zünfte, ingleichem die Schwierigkeiten, welche sich ihrer gänzlichen Aufhebung entgegen thürmen würden, pünktlich zu prüfen. Für sie sprechen: Vortheile, Nachtheile der Zünfte, Schwierigkeiten bey ihrer gänzlichen Aufhebung.

I. Die ungleich grössere Sicherheit der Nahrung aller Gewerbe Treibenden, so lange sie bestehen. Schon vor mehrern Hundert Jahren wird dieser Zweck ihnen mit bestimmten Worten beygelegt. So finde ich in Lehmanns speyerischer Chronik Libr. IV. C. XIV. p. m. 323. folgende merkwürdige Stelle. Vortheile der Zünfte. Ungleich grössere Sicherheit der Nahrung der Gewerbe Treibenden.

„In Kaiser Sigismundi Reformation Lib. II. C. 5. wird angedeutet: „zu was End, von

*) Taube Seite 193.

Anfang die Obrigkeiten ihre Bürgerschaft und Handwerker in Zünfte abgetheilt. Nemlich, daß keiner mehr Gewerb und Handwerk treiben soll, als ihm gebühret, auch keiner dem andern in seiner Handthierung Eingriff thun soll, damit jedermann für sich und die Seinen, die Nothdurft erwerben, und sich ehrlich ernähren möge."

Hieraus ergiebt sich offenbar: daß man in diesen Zeiten, durch die erneuerten und genaueren Bestimmungen der Zunft-Rechte und Ordnungen, gerade den Zweck erreichen wollte, den viele jetzt durch ihre gänzliche Aufhebung erreichen zu können, vermeynen. Ein wahrscheinlich zu gefährlicher Sprung, der, bey der seit dem nach und nach angewachsenen übertriebenen Menge von Gewerbe Treibenden gerade um so weniger die verhoffte Wirkung thun möchte. Schon aus der Natur der Sache folgt: So lange Zünfte bestehen, ist dem von ihnen angenommenen Professionisten sein Stückchen Brod, auf den kommenden Tag, wenigstens ungleich mehr gesichert, als ohne dieselbige. Kein fremder oder innländischer sogenannter Pfuscher kann ihn, bey seinen ausschließlichen Rechten und Freyheiten, die jedem Gewerbe nach seiner Art eigen sind, beunruhigen. Sein Geist behält mehr Elastizität, mehr Freyheit, mehr Zutrauen auf sich und seine Lage, in der Er kaum daran denkt, daß er selbst, in Rücksicht auf andere Gewerbe, durch dieß System eingeschränkt ist. Und das letztere um so weniger, da er sie nie erlernt hat, zu sehr an das Herkommen gewöhnt ist und sich nur mit dem, was ihn angeht, beschäftigt. So werden sie ein wohlthätiger Riegel gegen die verderbliche Polypragmosyne, die dem Gewerbestand eben so schädlich, als die Polyhistorie dem Gelehrten ist. So wenig eine Vermischung aller Getraide-Arten auf einem Acker ersprießlich ist, eine Gattung der andern im Wachsen, Reifen und Vollkommenwerden hinderlich seyn muß, so wenig werden untereinander gemischte von Einem betriebene Gewerbe zur Vollkommenheit gebracht und dabey das Fortkommen und die Nahrung anderer geschmälert werden.

Sollte je, eine wie die andere, in ganz besondern höchst seltenen Fällen, möglich und nützlich seyn, so sind sie's sicher nur bey ganz ausserordentlichen Menschen (sonst, ehe das Wort durch das letzte Viertel unsers Jahrhunderts gebrandmarkt wurde, Genies genannt) und für alle übrigen, wie die Erfahrung beweißt, nachtheilig. Wer wird aber bey Einrichtungen für ganze Staaten, die ins Allgemeine, ins Grosse gehen, seine Regeln nach seltenen Ausnahmen bilden? Die erstern werden sich, troß aller Hindernisse, nur desto mehr dadurch verstärkt, dennoch ihren Weg durch Dornen, Felsen und Klippen bahnen, und eben darinnen besteht vielleicht ihr von der Natur erhaltenes Creditiv, welches sie, als glückliche Ausnahme, von den gewöhnlichen Erdensöhnen auszeichnet. Und der Rest wäre gewiß sehr unglücklich, wenn ihn eine zu weit ausgedehnte Freyheit verleitete, so genannte Genie-Sprünge mitzumachen, da die wenigsten die dazu erforderlichen Kräfte haben, und Tausende Arme und

Beine brechen, ehe einer von ihnen über alle, durch die Natur der Sache, ohne Zwang von von aussen, ihm in Weg kommende Hindernisse, glücklich wegsetzt. Gesetzt also, daß auch einer von den zünftigen Professionisten etwa den Zwang des Zunft-Systems fühlte, so ists zuverlässig ein sehr thätiger Mann, der sich auf seinem eigenen Gewerbe reichlich nährt, aber damit nicht zufrieden ist, und von Auri sacra fames getrieben, auch die Nahrung anderer an sich zu reissen wünscht. Ob es aber ein Glück für den Staat, selbst die Unzünftigen wäre, wenn diesen wenigen Thür und Thore offen stünden, ihre habsüchtigen Absichten ungehindert durchzusetzen, läßt sich theils schon aus No. 15. I. analogisch beurtheilen, und erhellt noch deutlicher daraus:

Gleichförmigere Vertheilung der Nahrung unter die Bürger, wodurch der Armuth gesteuert und mehr mittlerer Wohlstand für viele, als grosser Reichthum für wenige erhalten wird.

II. Da durch die Zünfte die Nahrung gewiß verhältnißmäsiger unter die Bürger des Staats vertheilt, der Armuth gesteuert und für sie gesorgt wird, die Ehen befördert und mehr Wohlhabende, als einzelne übermäsig Reiche entstehen. Keiner kann, wo sie vernünftig bestehen, allen Gewinn allein an sich ziehen. Jedem wird sein Verhältniß zu seinem Gewerbe zugesichert, das er sich nach seiner natürlichen Freyheit wählen konnte, und bey dem der Arme nicht der Sklave des Reichen-seyn muß. So entstehen keine kleine, eben deßwegen desto mehr drückende Geld-Despoten, von welchen, wie in dem oben angeführten Dorfe beynahe alle andere abhangen. Niemand wird an der durch Erfahrung so sehr bestättigten

Wahrheit zweifeln: daß sich die Armen, in dem Maas wie die sehr Reichen zunehmen, zehnfach vermehren. In den größten und reichsten Städten finden sich verhältnißmäsig ungleich mehr wirklich Nothleidende als in kleinen weit nahrungslosern Orten, worinnen man das drückende Elend der erstern kaum dem Namen nach kennt. Selbstmord ist auf dem Lande, wenige Gemüths- und körperliche Kranke, gewöhnlich Wahnwitzige, ausgenommen, eine wahre Seltenheit, fast beyspiellos. In Städten hingegen sind Armuth und Elend nur gar zu oft die traurige Folge des Nahrungs-Mangels, meistens die Ursache desselbigen. In mehrern Zeituugs-Blättern dieses Jahrs von London ließt man die jedem wirklichen theilnehmenden Menschen traurige Nachricht: „Seit acht Tagen haben sich fünf Personen, theils junge, theils alte erhängt, erschossen, oder den Hals abgeschnitten. Bey genauer Untersuchung fand sich: daß Armuth und Elend die Veranlassung dazu gewesen sind.“ Folgen dieser Art hat Uebersetzung und Zudringlichkeit, sich auf eine leichte bequeme Art zu nähren. Dieß Faktum beweißt aber dennoch gegen meine obige von England geäusserte Behauptung. Sie haben den Zunftgeist, aber nicht in seiner ganzen wohlthätigen Verfassung, wie ich schon dorten selbst angemerkt habe.

Wo dieser nach gesunden, nicht überspannten Grundsätzen herrscht, weiß jeder Bürger, ehe er sich häuslich an einem Ort niederläßt, wie viele Professionisten seines Gewerbes da sind; wie viele sich dort mit Anstrengung aller ihrer Kräfte nähren können; er kann voraus genau erfahren und berechnen, wie eines jeden Nahrung steht, ob er auch sein Brod daselbst finden werde. Fällt diese Untersuchung für ihn verneinend aus, so wird er sich, als vernünftiger Mensch selbst hüten, sich an einem Ort niederzulassen, wo ihn in wenigen Jahren Armuth und Hunger erwarten; er wird sein Glück anderswo suchen. Oder wenn er auch blind in sein Verderben rennen wollte, so schiebt ihm die Zunft, wenn Obrigkeiten derselben den so oft gegründeten Annahms-Weigerungen einmal Gehör geben wollten, einen Riegel vor, der ihn zu seinem und des Staats Glück hindert, die Zahl der Bettler zu vermehren.

Sagt ihm hingegen eine genaue hier so leichte Prüfung seiner künftigen Lage, daß er sein ehrliches Auskommen finden werde; dann fallen tausend Bedenklichkeiten, die andere sonst vom Ehestande abhalten, weg. Er wird zünftig, nimmt Theil an allen Rechten seiner Innung, mit der frohen Aussicht, daß ihm Fremde und Pfuscher sein Brod nicht rauben oder doch schmälern können. Sein Auskommen ist ihm, menschlicher Weise, gesichert, und er sieht sich in den guten Stand versetzt, daß er seine bürgerlichen Abgaben richtig bezahlen kann. So muß die glückliche Mittelklasse vermöglicher Bürger, zum wahren Vortheil des Staats, immer mehr zunehmen, und der etwa darunter befindliche, sehr Reiche, wird gehindert, sich durch Uebergewicht seines Geldes, in mehrere Gewerbe zu mischen, alle Nahrung allein an sich zu reissen, und den Rest der Einwohner zu Sklaven zu machen. Der ärmste Zünftige genießt mit dem Reichsten gleiche Rechte, die in ihm immer die so wichtige Selbstachtung erhalten, daß er sich nicht als Miethling wegwirft, und lieber alle Kräfte aufbietet, als um geringen Gesellen-Lohn arbeitet, von dem er die Seinigen unmöglich ernähren könnte. Allein man setze auch den schlimmsten Fall, weil er noch immer eintreten kann, oft wirklich eintritt. Der Zunftgenosse soll durch unvermeidliche Unglücksfälle tief, sehr tief herabsinken, ganz verarmen. Wer wird ihn in diesem Fall mehr unterstützen? Die so prächtig schimmernde allgemeine Gewerbe-Freyheit, bey der sich keiner um den andern bekümmert, oder die durch mehrere Bande schon so lange mit ihm vereinigte Zunftgenossen? vermuthlich die letztern. Durch die Zunft-Verbindungen und das wechselseitige Interesse, welches sie jedem für das Ganze der Innung nach und nach einflößen, werden viele Mitglieder derselben die innigste Freunde untereinander. Sie erhalten dadurch Gelegenheit öfter zusammen zu kommen, sich vertraulich, ohne von Fremden gestöhrt zu werden, mit einander zu unterreden, und mannigfaltig ist gewiß der Nutzen, welcher davon entspringt. Einer theilt dem andern seine Kenntnisse, seine Erfahrungen, seine

Erfindungen freundschaftlich mit, sie untersuchen den Gegenstand gemeinschaftlich, und vervollkommnen auf diese Art ihre Gewerbs-Artikel, **sobald keine Uebersetzung** den Nahrungs-Neid rege macht. *) Kann dieß von einzelnen, isolirten, von aller nähern Verbindung abgeschnittenen, eben so leicht geschehen? — Stirbt einer aus ihrem Zirkel, so finden nicht nur die Hinterbliebenen schon beym Leichenbegängniß eine merkliche Unterstützung von der ganzen Zunft. Ein oder der andere vertraute Handwerks-Genosse wird meistens die Stütze der hinterlassenen Wittwe **), geht ihr mit Rath und That, bey Fortsetzung ihres Gewerbs an die Hand, oder er wird der aus Neigung, aus Freundschaft, nicht nur aus erzwun-

---

*) Die Erfahrung hat es längst bestätigt, daß durch verbundene Gesellschaften und ihre mehrfachen Einsichten jeder Zweck eher erreicht werde, wenn sich ihre Mitglieder ihre Versuche, Erfindungen und Anstalten wechselseitig mittheilen. Gelehrte und nützliche Societäten und Kollegien, die Innungen in ihrer Art sind, werden täglich noch zu gleichen Absichten errichtet und gestiftet. Warum sollten denn gleiche Mittel beym Handwerker nicht zum gleichen Zwecke führen?

) In vielen Städten hat bey mehrern Zünften die Wittwe das Recht und die Wahl: aus allen Meisterwerkstätten den besten Gesellen in die ihrige auszuheben, der ihrem Ruf sogleich folgen, oder die Stadt verlassen muß. Und diese Auswahl darf sie während ihres Wittwenstandes **dreymal wiederholen.

gener Pflicht, sorgende Pflegevater der Waisen seines Freundes und erleichtert auch hiedurch dem Staate die schuldige Sorge für die Unerzogenen. Es ist daher auch an mehrern Orten wirklich Herkommens, daß man gewöhnlich nur Genossen des nemlichen Handwerks zu beeidigten Vormündern solcher Waisen bestellt, weil man durch Erfahrung überzeugt ist: daß diese aus Liebe zu ihrem verstorbenen Freunde, das Interesse seiner hinterlassenen Kinder mit doppeltem Eifer besorgen.

III. Wir haben bereits (No. 19. e.) gesehen, daß Englands treffliche Handarbeiten ihre grosse Vollkommenheit und sich auszeichnende Güte, vorzüglich der Einrichtung zu danken haben, die jeden Fabrikanten nur mit einer Profession beschäftigt, da sie sogar aus mancher, die in Deutschland von Einem getrieben wird, 2, 3, und noch mehrere machen. Sogar bey ihren Gelehrten herrscht, zum nicht geringen Vortheil der Wissenschaften, der nemliche Grundsatz, und sie fliehen die Polyhistorie. Muß man also nicht eingestehen, was so natürlich daraus folgt: die Zünfte hindern den Handwerker, sich auf mehrere Gewerbe zugleich zu legen, nöthigen ihn bey Einem zu bleiben? Sie verschaffen uns also auch den grossen Vortheil: daß keiner seine geistigen und körperlichen Kräfte und Fertigkeiten vertheilt, sondern seine ganze Fähigkeit auf einen Gegenstand verwendet, folglich ungleich vollkommener darinnen, ungleich bekannter und

Der zünftige Arbeiter wird in seinem Handwerk ungleich vollkommner, da er sich nicht in mehrere vertheilt, und seine Kräfte auf einen Gegenstand verwendet, und kann folglich auch um wohlfeilern Preiß arbeiten.

geübter mit und in allen kleinen Vortheilen und Handgriffen, die zu seinem Metier gehören, werden muß, als wenn ihn uneingeschränkte Freyheit reitzte, in pluribus aliquid, in toto nihil zu werden. Ein solcher mit den geringsten Umständen seines Gewerbs innigst vertrauter Arbeiter liefert in der nemlichen Zeit sechsmal so viel und doch ungleich bessere Arbeit, als der, welcher das nemliche Gewerbe, seys auch nach allen Theilen, historisch kennt, aber bey weitem nicht die allein durch unendliche Uebung mögliche Fertigkeit sich zu eigen gemacht hat. Das Publikum und der Zünfter gewinnt also bey der Zunft-Einrichtung, nicht nur an der Menge und Güte der Arbeiten, sondern es wird auch den Professionisten möglich, alles in wohlfeilern Preisen zu liefern, ohne sich durch Verlust, oder den Käufer durch elende Waare Schaden zu thun.

Vortheil fürs kaufende Publikum.

IV. Hieraus fließt unmittelbar: Wenn Zünfte vorzüglich gute und im Verhältniß ihrer Güte wohlfeile Arbeit befördern, so werden ihre Preise freylich etwas höher als die Preise der Unzünftigen seyn, die, um andern ihre Abnehmer zu rauben, immer damit sinken werden, aber auch unmöglich die nemliche gute Waare in die Länge liefern können. Trifft nun dieß an sich entbehrliche, blos durch Gewohnheit zum leidigen Bedürfniß gewordene Artikel, so wird bey der Zunft-Einrichtung noch mancher ganz gemeine Mann abgehalten, alle Thorheiten des Luxus mitzumachen, der, bey uneingeschränkter Gewerbe-Freyheit, durch noch wohlfeilere Preise verleitet, sein weniges Geld verschleudert, und noch überdieß elende Waare dafür bekommt, sich an das überflüssige Bedürfniß gewöhnt, es, wenns wie natürlich, bald zu Grund gegangen ist, wieder eben so schlecht gearbeitet, anschafft, sich zu Grunde richtet, den Unzünftigen halb nährt, und den fleissigen, geschickten zünftigen Arbeiter ins Verderben stürzt.

Allein sie schränken die natürliche Freyheit der Staatsbürger ein. Wird geprüft.

V. Allein es raubt doch die Zunft-Einrichtung vielen Einwohnern eines Staats einen Theil ihrer natürlichen Rechte und Freyheiten, die einem so gut als dem andern zukommen. O ja! gerade so wie ein vernünftiger Vater, dessen 6 Kinder am Tische sitzen, sich alle satt essen können, wenn jedes, so viel es zu seiner Nahrung bedarf, aus der Schüssel nimmt, wenn Speisen, welche für die jüngeren nicht taugen, blos von den älteren genossen werden, und die älteren sichs nicht dörfen einfallen lassen, das für die jüngeren bestimmte Gericht mit ihnen zu theilen, es wäre denn, daß von beyden ein ausserordentlicher Ueberfluß vorhanden wäre. Welcher Vernünftige wird behaupten, daß dieser gute sorgfältige Vater die natürliche Freyheit seiner Kinder zu ihrem Nachtheil einschränke, wenn er nicht zugiebt, daß sie wie Wölfe über die Speisen herfallen, nicht zugiebt, daß eins alles verschlinge, und die übrigen darüber hungern müssen; wenn er verlangt, daß sich nicht jedes an der nemlichen Schüssel satt esse die gerade nicht am stärksten gefüllt ist, sondern an einer andern? Dann könnten seine Kinder über Grausamkeit klagen, wenn er einige von ihnen ganz vom Tische wegjagte, und noch mehr hätten sie Recht zu Beschwerden, wenn er fremde Kinder, die gar nichts zur Erwerbung dieser Speisen beygetragen hätten, einlüde, voraus sähe, daß die Schüsseln kaum für die Seinigen hinreichten, und sie doch einlüde. Und wie kann man sich, daß ich geradezu ohne Bild spreche, über Kränkung der Freyheit durch Zünfte beschweren, so lange jedem Vater die freye Wahl offen steht, seinen Sohn dasjenige Handwerk erlernen zu lassen, bey welchem er seines Kindes Glück am sichersten zu gründen glaubt — so lange jeder junge Mensch, mit Einwilligung seiner Eltern, selbst die künftige Bestimmung wählen kann, die ihm am meisten behagt? Leitet nicht in diesem Falle, gerade die Einrichtung der Innungen, die Wahl der Väter und der Söhne, die bey ihr ohne grosse Mühe voraus berechnen können: Welches Gewerbe ihnen die glücklichsten Aussichten verspreche, welches am schwächsten, mittelmäßig und am stärksten besetzt seye? Und Menschen-Freyheit setzt doch wohl vernünftige Gründe bey dem Wählen voraus, sonst würde nirgends absolutere Freyheit als bey den Bären in Nova Zembla oder den Löwen und Tiegern im innern Afrika, und wenns denn doch noch Menschen seyn sollen, dort unter den Hottentotten angetroffen werden, deren Verfassung aber gleichwohl keiner, selbst der vom größten Enthusiasmus berauschte Physiokrat vorziehen dörfte, so sehr auch Vaillant der Lobredner dieses Volks geworden ist. Wem jedes Gesetz, jede, Wohlstand, Ruhe und Eigenthum guter

Menschen sichernde Anordnung, lästiger Zwang sind, der verdiente, zu seiner eigenen Besserung, einige Jahre im größten Zuchthaus Anarchie zu fühlen: Welche fürchterliche Folgen bewaffneter und unbewaffneter Freyheits-Taumel nach sich zieht, der keine Eigenthums-Rechte ehrt, ein Ideal von Gerechtigkeit, vielleicht in andern Welten ausführbar, vergöttert, und bey dieser Abgötterey das Natur-Gesetz: Beleidige Niemand! mit Füßen tritt. Ein Gesetz, für welches der grosse König freyer Britten, Georg I. so thätige Hochachtung bezeugte, daß er in seinem den Streit zwischen den Schustern und Lohgerbern betreffenden Rescript vom $\frac{17}{18}$ Jenner 1716. ausdrücklich erklärte:

„Es werde sich mit Beyfall der Rechte nicht thun lassen, jemanden unter dem Vorwande einer utilitatis publicae, vom Besitz seiner Rechte zu verdrängen." *)

21) Ich habe die Vortheile der Innungen auseinander gesetzt. Pflicht ist's, nun eben so unpartheyisch auch von ihren, sowohl wirklichen als eingebildeten Nachtheilen zu sprechen. Wirkliche und eingebildete Nachtheile der Zünfte.

I. Sie haben manche alberne, zum Theil Ihnen selbst und dem Publikum nach- Alberne, zum Theil schädliche Statuten.

*) S. Dr. Schreibers Dissert. de causarum politicae et earum &c. Sect. §. 4. not. 8. Wo dieß Rescript ganz abgedruckt ist.

theilige Statuten. Wer wird in Abrede seyn, daß nicht mehrere steife Formalitäten, die dem Geiste der Zeiten, in welchen sie entstunden, so ganz ähnlich sind, eine strenge Revision bedörfen? *) Man beseitige alle Subtilitäten, alle schädliche Observanzen und lächerliche Gebräuche, dergleichen im Reichs-Gesetz vom 16. August 1731. §. XIII. mehrere angeführt sind, und setze schickliche, der Vernunft, Erfahrung und unserm Zeit-Alter angemessene Verordnungen an ihre Stelle. Hielt man sie doch schon bey ihrer Einrichtung nicht für unfehlbar. Schon damals sahen weise Obrigkeiten die Nothwendigkeit, von dergleichen künftigen periodischen Abänderungen vortreflich ein; und, welches menschliche Machwerk wird keiner Verbesserung nöthig haben, solange Fortschritte in Kenntnissen und Vollkommenheit auf unsrer Erde Statt finden? Darum ließt man auch selten eine solche Zunft-Ordnung, in deren

---

*) Die schrecklichen Folgen von überspannten Zunft-Gesetzen für die Handwerker, ingleichem von hohen obrigkeitlichen Abgaben und theuren Lebensmitteln, erfuhren Nürnbergs Goldschlager, Drechsler und andere Arbeiter im Anfang dieses Jahrhunderts. J. v. und f. Deutschland 1785. III. St. No I. S. 202. ingleichem der Münzverbotte und des unpolitischen Religions-Hasses S. 203. Wer übrigens eine Menge Mißbräuche bey einem Handwerk beysammen sehen will, lese die mehreren, im J. v. und f. Deutschland hierüber eingerückten Aufsätze, unter der Rubrik: Gebräuche und Mißbräuche der Papiermacher.

Schluß sich die Obrigkeiten nicht mit dürren Worten vorbehalten hätten: Nach Nothdurft zu mindern und zu mehren — und wenige werden sich finden, wo dieß nicht wirklich durch mancherley Zusätze, Bestimmungen und zum Theil Aufheben einzelner Statuten geschehen wäre. Eine Sache kann im Ganzen sehr gut seyn, und einzelne Mängel haben: wer wird aber wegen der letztern das Ganze zerstöhren? Ist nicht alles, was existirt, den Mißbräuchen ausgesetzt, und ist Mißbrauch der Dinge in der Ordnung der Natur nicht eben dasselbe, was Unvollkommenheit der menschlichen Einsicht in der moralischen Welt ist? Nihil ab omni parte beatum.

Eine grosse Menge geschriebener, oft erneuerter und verbesserter Innungs-Ordnungen aus dem 15. 16. und 17ten Jahrhundert, die ich genau durchlas, zeigt die Nothwendigkeit, sie öfters zu verbessern und zu erneuern. Abgeänderte Verhältnisse, thätiger gewordene Nachbarn, neu errichtete Fabriken und Manufakturen, veränderter Anbau der Landes-Produkte und ihre Consumtion, abnehmender Absatz, herrschender Geist des Zeitalters, Mode und Geschmacks-Laune, steigende Aufklärung und hundert andere Umstände, machten in vielen (bey manchem Handwerk fand ich 5, 6, auch mehrere in Verlauf von wenigen Jahren) Zusätze und Abänderungen unvermeidlich. Inzwischen hat jede derselbigen nicht nur für den Professionisten, sondern auch hauptsächlich fürs Publikum ungemein viel Nützliches, wovon ich schon No. 15. II. sprechende Beyspiele angeführt habe.

Es ist wahr, dergleichen Verbesserungen und Modifikationen sind heut zu Tage ungleich seltener. Allein man hat auch alle Zunftgenossen äusserst scheu und mißtrauisch gemacht, da man aller Orten mehr darauf denkt, diese Ordnungen gänzlich zu vernichten, als denselben eine unsern Zeiten angemessene verbesserte Einrichtung zu geben. Vor ihrer Errichtung giengen Unordnungen aller Art fast überall im Schwange. Diese findet man daher gewöhnlich im Eingang dieser Zunft-Gesetze, als wichtige Beweggründe zu ihrer Errichtung, um jenen Uebeln vorzubeugen, angeführt. Herstellung der Sittlichkeit, Verhütung des Betrugs, Erhaltung des Credits und Debits, Zerstöhrung stümperhafter Arbeit und fremder Eingriffe, Beförderung guter meisterhafter Arbeit, war ihr Hauptzweck. Diesen legten die Handwerker ihren Obrigkeiten vor, dadurch erhielten sie die gesetzliche Bestätigung, bey welcher sich nachher jeder brave Arbeiter glücklicher als vorhin fand, und dieß mühsam errungene Gute werden die wenigsten, wegen denen ihm hie und da anklebenden Mängeln, ganz vernichtet wünschen. Wer mit unbefangenem Blick in den Geist der alten Zunftordnungen eindringt, wird gewiß in jeder, neben vielen, dem Zeitalter eigenen Albernheiten, Mißbräuchen, jetzo theils sehr schädlichen, theils lächerlichen Artikeln, noch immer viel Nützliches, viel Brauchbares entdecken, welches, bey einer auf Erfahrung und wahre Einsicht ins Zunftwesen gegründeten, wohl durchdachten Revision aller Zunft-Ordnungen, in die neu zu errichtenden aufgenommen zu werden verdiente, und sowohl dem Publikum als den Gewerbe Treibenden zum wahren Vortheil gereichen dörfte.

Mit reifer Erwegung und reeller Kenntniß des Nutzens der Zünfte trug man daher im Projekt des Reichsstädtischen Conclusi vom 16. April 1731. wegen dem am Reichstag in Berathschlagung genommenen und am 16. Aug. des nemlichen Jahrs gegebenen Reichs-Gesetzes gegen die Mißbräuche der Zünfte darauf an: „Wie dann derer Städte Meynung allezeit dabey gewesen und annoch ist, die Mißbräuche derer Handwerke abzustellen, die alte rechtmäßige Zünfte aber, und was davon dependirt, zu Vermeidung noch grösserer Inconvenienzien allerdings beyzubehalten, und nicht zu gestatten, daß einer, der das Meister-Recht nicht gehörig erlangt, und in einer Zunft angenommen worden, solches an dem Ort treiben, vielweniger dabey geschützt werden möge; rc.“

Sie veranlassen vielen Zeitverlust für die Meister.

II. a) Ich gebe es zu, daß viele Zünfte, so wie sie wirklich sind, unnütze Zeit-Versäumniß der Meister veranlassen. Wozu sollen die öfteren Zusammenberufungen auf die Zünfte, um Kleinigkeiten zu entscheiden, die keine Minute Zeit-Verlust, vielweniger einen halben Tag, der 30 und mehr Meistern dadurch geraubt wird, werth sind? Ein Theil des Nachmittags ist verlohren; nun wandern viele, theils gerne, theils überredet, von der Zunftstube ins Wirthshaus, wo der Rest der Stunden doppelt kostspielig getödtet wird.

Man lasse, diesem vorzubeugen, alle nöthigen Zunftgebote nur Vormittags ansagen.

Viele unnütze Eß- und Trinkgelage und Unkosten.

b) Ich rechne hieher alle unnütze Eß- und Trinkgelage, oder die sogenannten schuldigen Rekreationen, welche der Junge beym Aufdingen und Loßsprechen, der Meister bey seiner Annahme geben muß, wie auch andere, welche auf Kosten der Zunft-Kassen gehalten werden.

Wie gut wäre es, wenn jede Obrigkeit alle diese Schmausereyen ernstlich untersagte, und jährlich höchstens nur Eine frugale Collation, bey Abhör der Zunft-Rechnung gestattete!

Unnütze Ceremonien bey Leichen-Begängnissen.

c) Was nützen die überflüssigen Ceremonien bey Leichenbegängnissen, welchen jeder Meister beywohnen muß, wenn er nicht in eine festgesetzte Strafe verfallen will? Gewöhnlich begiebt sich ein nicht kleiner Theil der Leichenbegleiter, durch Gesellschaft verführt, vom Begräbniß-Ort ins Wirthshaus, und schmaußt bis in die späte Nacht.

Unnütze Geldpressereyen bey

d) Und warum hält man ansäßige Bürgers-Söhne einer andern Zunft, bey der Aufnahme in eine, wohin er oder sein Vater nicht gehört, im Geld-Ansatz und Einkauf, wie einen Fremden? Zünfte und Bürger sind sich hier das Reciprocum schuldig. Keine Obrigkeit sollte dergleichen Geldprellereyen dulten.

den Aufnahmen, selbst der Bürgersöhne aus andern Zünften.

e) Mißbrauch ist's, daß der Meister genöthigt ist, dem trägen Gesellen, den nemlichen Lohn zu geben, den er dem fleißigen reicht. Wie niederschlagend für jeden, dessen Fleiß ihm sagt: Warum werde ich mit dieser unnützen Erden-Last in Eine Klasse gesetzt?

Unbilligkeit des Gesellen-Lohns.

III. Wahr ists, daß an manchen Orten, der Geist der Chikane sich mit den Zunft-Ordnungen waffnet, und hie und da, weil er sie mißbraucht, einem geschickten fleissigen Arbeiter, durch Erschwerung des Meister-Rechts, es unmöglich macht, sich und dem Publikum den Nutzen zu schaffen, den er beyden sonst schaffen könnte.

Chikanen bey Erlangung des Meister-Rechts.

IV. Wahr ist's, daß der ausgeartete Zunft-Geist schon mehrmalen Gelegenheit zu, wo nicht immer gefährlichen, doch allezeit dem Publikum, wenigstens vielen wackern Meistern sehr nachtheiligen Aufständen unter den Gesellen Anlaß gegeben hat. Die Schreiner machten sich vor etwa 20 — 30 Jahren in Stuttgard und Frankfurt am Mayn, so wie im verflossenen Jahr die Schlosser in Hamburg, auf eine heillose Art dadurch berühmt. Doch von diesen beyden häßlichen Mißbräuchen und den Mitteln, sie zu heben,

Veranlassen oft gefährliche, wenigstens nachtheilige Empörungen, besonders der Gesellen.

will ich unten sprechen, wenn ich überhaupt von den Modifikationen der Zünfte zum Flor der Gewerbe reden werde.

Eingebildete Nachtheile der Zünfte.

22) Es giebt aber auch, und zwar eine Menge eingebildeter Nachtheile beym Zunftwesen. Ueber diese schreyen die anmaßlichen Freyheits-Herolde gewaltig; und sie müssen ihnen wirklich als gräßliche Fehler in die Augen fallen, da diese Herren so oft, ohne alle Erfahrung, ohne tief genug in den Geist des Zunftwesens einzudringen, nur oberflächlich nach dem äussern Schein darüber urtheilen, viele gute, weise Einrichtungen rasch unter die Liste der Mißbräuche setzen, sie mit dem scheinbar gothischen Gebäude der Innungen, (dessen innere Anlage und zweckmäßige Einrichtung, der Forscher noch heut zu Tage bewundert, und als ein wohlthätiges Heiligthum ehrt) zerstöhrt wünschen, und eben so kaltblütig als unüberlegt, gar zu gerne das Kind samt dem Bade ausschütten möchten.

Sie vertheuern ohne Ausnahme die Kunst-Produkte.

I. Alle Zunft-Systeme vertheuern die Kunst-Produkte zum grossen Schaden der Abnehmer. Wer dieß im Ernste behauptet, schließt entweder von einzelnen Fällen, die selten sind, aufs Ganze, oder kennt die Furie nicht, welche freylich manche brave Familie oft unaussprechlich martert, aber doch für's Publikum gegen ihre Absicht, die wohlthätigsten Folgen hat, alle gemeinschaftliche Verabredung, die Abnahme zu höhern Preisen zu zwingen, unmöglich macht. Er kennt den Handwerks-Neid nicht. In jeder Stadt finden sich mehrere Handwerker jeder Art, oft nur zu viele. Sollte aber auch manches Fach der kleinen Abnahme wegen, nur mit zween von der nemlichen Profession besetzt seyn, so ist unter diesen gemeiniglich Neid und Eifersucht nur desto heftiger und der Vorwurf der Vereinbarung des Arbeits-Preises zum Nachtheil des Publikums schwerlich passend. Unwahrscheinlich mag vielen diese Disharmonie scheinen, die nie selbst ein Gewerbe getrieben haben. Aber alte und neue Erfahrung bestätigt sie, die uns das Figulus figulum odit, in allen Ständen antreffen läßt. Gesetzt aber auch, daß einige sich auf diese Art höhere Preise erzwingen wollten; wie geschwinde ist nicht Obrigkeit und Polizey da, die diesem Unfug ein Ende machen, ohne welche ja ohnehin keine neue gültige Ordnungen von Zünften gemacht werden können, die dieß wochentlich bey den Metzgern durch Festsetzung der Fleisch-Taxen, und oft nur zu sehr zum Vortheil des Publikums thut. Wenn auch keine Zünfte existirten, so wären an sich dergleichen Verabredungen unter denen, die das nemliche Gewerbe trieben, immer möglich, und würden auf diese Art schnell gehindert werden. Man denke sich nur in die wirkliche, größtentheils übersetzte Lage der Handwerker. Sie haben, ihr erlerntes Metier ausgenommen, keine Aussicht, kein Mittel sich zu nähren. Müssen sie nicht in diesen Umständen alle ihre Kräfte aufbieten, ihre Waaren durch vorzügliche Güte oder niedrige Preise zu empfehlen? der junge Zünftige, um sich Kunden zu verschaffen; der alte, sie beyzubehalten. Eine Collision, die beyden, wie ich schon oben angezeigt habe, oft mehr Schaden als Vortheil bringt.

Concurrenz wird die Arbeiten der Professionisten wohlfeiler, vollkommner, die Arbeiter erfinderischer machen.

II. Es ist aber doch nicht zu läugnen: daß bey voller Gewerbe-Freyheit bey erleichterter Erlangung des Bürger-Rechts, eine Menge fremder Künstler und Handwerker sich herbey ziehen wird. Diese Concurrenz muß die schon Ansässigen, zur höchsten Vervollkommnung ihrer Gewerbe, zu den wohlfeilsten Preisen nöthigen — ja diese Noth wird sie zwingen, eine neue Erfindung nach der andern zu machen.

Daß ich das letzte zuerst beantworte: Nur die wichtigste Erfindung wird dadurch noch unmöglicher gemacht: die Vermehrung der Abnehmer. An diesen mangelts den schon vorhandenen meist übersetzten Handwerkern. Wie hoch wird ihr Mangel bey einer augenscheinlich noch grössern Uebersetzung steigen? Die berühmte Concurrenz wird die vorhandenen wenigen Fleißigen, aus halben zu ganzen Bettlern umschaffen. Kein Professionist, der einen starken Verlag nöthig hat, wirds wagen, sich in dieser gefährlichen Lage, wo ihm alle Stund ein anderer sein ohnehin kärgliches Brod schmälern kann, gute dauerhafte Materialien, mit vielen Auslagen, aufs ungewisse anzuschaffen; und wer leidet dann dabey mit ihm? Gewiß das Publikum.

Oder hofft man vielleicht, daß Aufhebung der Zünfte dem jungen, ins Ausland wandernden, Handwerks-Purschen ein desto stärkerer Reitz seyn werde, seine Wanderjahre nützlicher, fleisſiger, zweckmäßiger zuzubringen, weil er nun bey ſeiner Zurückkunft zwar ungebundene Freyheit, aber auch zwey- und dreyfach verminderte Gewißheit, ſich zu nähren vor Augen ſieht?

Allein es kann doch, nach Aufhebung der Zünfte, einer von einem Handwerk aufs andere überſpringen, und daſſelbige vielleicht als ein Genie trefflich verbeſſern. Schon das alte, durch Erfahrung entſtandene Sprichwort antwortet hierauf: Vierzehn Handwerker fünfzehn Unglück. Eigentliche Genies ſind eine groſſe Seltenheit, und einzelne Ausnahmen beweiſen hier nichts, berechtigen uns am wenigſten, nach ihnen eine Regel zu bilden. In meiner Vaterſtadt ſtehen einige Gewerbe jedem Bürger nach erfolgter Niederlegung ſeines gelernten (da keiner zwey zugleich treiben darf) offen; ſind für ihn eine Zuflucht, wenn er auf dem ſeinigen verdorben iſt, oder nicht davon leben kann. Dieſe ſind das Seifenſieden und Lichterziehen in Verbindung mit einander. Einige Gelernte und mehrere Ungelernte arbeiten auf dieſem Gewerbe. Sie liefern zwar eine brauchbare, eben ſo gute Waare als das Ausland, und doch werden aus dieſem die meiſte Seife und Lichter bezogen, weil einmal das Vorurtheil die fremde Waare für beſſer hält.

Zunftfreyheit machts doch das Ueberſpringen von einem Metier aufs andere das Betreiben mehrerer auf einmal möglich.

III. Iſts nicht hart, daß in vielen Zünften ein junger Meiſter keinen Jungen in die Lehre nehmen darf?

Es iſt hart, daß bey einigen Zünften ein junger Meiſter

Keinen Jungen in die Lehre nehmen darf. Hart, wenn Meister überhaupt nicht mehr als Einen annehmen dürfen.

Und ist die Absicht dieses Gesetzes nicht wohlthätig, verhinderts nicht augenscheinlich, daß der Sohn armer Eltern, nicht als Lehrjunge, drey oder mehr Jahre umsonst, ohne erprobte Geschicklichkeit des jungen anfänglich gewohnlich noch kundschaftlosen Meisters herum geschleppt, und endlich als ein unwissender Gesell losgesprochen wird? Ists für arme Eltern nicht noch härter, wenn sie ihre Kinder so lange in Kleidung, ohne Verdienst unterhalten, oft noch Geld dazu bezahlen müssen, und sie endlich aus der Lehre zurück erhalten, worinnen sie nichts lernen konnten?

Eine ähnliche Beschaffenheit hats mit dem Zunft-Gesetze, welches in manchen Gegenden Einem Meister nicht mehr als Einen Jungen auf einmal in die Lehre zu nehmen gestattet. Der Geist davon war: Der Meister soll desto mehr Mühe und sorgfältige Aufsicht auf diesen Einigen verwenden; man suchte der so gewöhnlichen Schäkerey unter mehrern Jungens vorzubeugen, man suchte dadurch jedem Meister desto leichter einen Jungen zu verschaffen.

Es ist hart, wenn fremde Gesellen eine bestimmte Anzahl Jahre in einer Stadt mußten arbeiten, wenn sie sich darinnen zunftfähig machen wollen.

IV. Und warum mußte ein fremder Geselle eine bestimmte Anzahl Jahre in der nemlichen Stadt gearbeitet haben, wenn er sich darinnen zünftig machen wollte?

Um brave geschickte Gesellen durch die Hoffnung des Zunft-Rechts desto länger zu behalten — um den sittlichen Charakter und Geschicklichkeit eines künftigen Bürgers desto genauer zu prüfen — um wirklich treffliche Meister aus ihnen zu ziehen. Wer ist in kurzer Zeit fähig einen Menschen richtig kennen zu lernen, der sich, seine Absichten zu erreichen, gewiß verstellt, wenns ihm auch sauer geschieht, in die Länge hingegen doch einmal die Maske abnimmt oder vorzulegen vergißt.

V. Ueberhaupt ist die Erschwerung des Fremden zu ertheilenden Zunft-Rechts unbillig und dem Publikum nachtheilig.

Es ist unbillig, und dem Publikum nachtheilig, wenn Fremden das Zunftrecht erschwert wird.

Wäre dieß eine ausgemachte Wahrheit, so müßte es auch unbillig seyn, wenn ich keinem Fremden den Genuß eines Theils meines Eigenthums gestattete, ohne wenigstens einige Entschädigung dafür zu verlangen — wenn ich ihm nicht erlaubte, unentgeldlich täglich mit mir aus Einer Schüssel zu essen, ungeachtet ich voraus wüßte, daß der Vorrath nur, vielleicht nicht einmal völlig hinreichte, mich zu sättigen. Der neu aufzunehmende fremde Meister muß ein Gewisses für die Erhaltung des Zunft-Rechts bezahlen — weil er durch diese Aufnahme Theil an Vortheilen nimmt, die er ohne jene nicht genösse. Die Zünfte haben meistens liegendes oder Mobiliär-Eigenthum, Häuser, Möbel, Güter. So lange sie existiren, müssen sie einen eigenen oder gemietheten Ort zu ihren Zusammenkünften unterhalten. Der aufzunehmende fremde Meister tritt in den Genuß desselbigen ein, bezahlt dafür etwas, selten pro rata, und übt dann so zu sagen, umsonst seine Meister-Rechte aus. Ist er bemittelt, so fühlt er diese

Kosten kaum, da sich mit Wahrheit behaupten läßt: daß sie, wenige Orte ausgenommen, im Allgemeinen, um die Hälfte vermindert worden sind. Für den minder Bemittelten sind sie ein Sporn, brav, thätig und sparsam zu leben, damit er einst ein sich und dem Staat nützlicher Meister werden kann. Thut er dieß, so wirds ihm schwerlich fehlen, diese mäßige Summe bis in seine männlichen Jahre zurücke zu legen. Unterdessen kann er sich auf der Wanderschaft ausbilden, sich vielleicht auch durch seine Geschicklichkeit in seinem Gewerbe eine gute Heyrath verschaffen. Dem armen, aber zugleich trägen, liederlichen, verdorbenen Purschen hingegen, schiebt diese Einrichtung einen Riegel vor, der ihn abhält, dem Staate in der Folge mit Weib und Kindern beschwerlich zu fallen, und die Zahl der Bettler zu vermehren. Ohne dieselbige würde, wenn vollends, wie fast überall, das Gewerbe schon übersetzt ist, den Einheimischen ihr bereits sparsam zugeschnittenes Brod noch mehr geschmälert werden, welches sie ihren Kindern zugedacht haben, die Gewerbe Treibende immer in tiefern Verfall gerathen, und das Publikum müßte die unbedachtsam ertheilte Freyheit büssen. Kann man nun noch Väter, Vaterlands = Liebe und Selbsterhaltung tadeln, wenn sie in dieser Lage der Zerstöhrung ihres Wohls und des Wohls ihrer Mitbürger Schranken setzen, wenn sie sich den Mitgenuß an ihrem Eigenthum in etwas vergüten lassen?

Auch die eingeführte Meisterstücke sind schädlich.

VI. Auch die eingeführten Meisterstücke sind schädlich.

In diesem Einwurf gegen die Zünfte ist Wahrheit und Irrthum enge mit einander verbunden. Sie sind schädlich, so wie sie an manchen Orten geliefert werden. Von ihrer verbesserten Einrichtung unten. Aber deßwegen sind sie nicht überhaupt nachtheilig oder abschaffungswürdig. Der Staat würde gewiß dabey verlieren. Wenn ein junger Schneider-Meister eine Kleidung, die 50, 60, 100 fl. kostet, verpfuscht und arm ist; woran soll sich der Eigenthümer erholen? Wer wird dem jungen Meister, der noch keinen vollen Beweis seiner Geschicklichkeit gegeben hat, ein solches Stück Arbeit anvertrauen? Aber auch das gelieferte Meisterstück ist kein hinreichender Beweis seiner Fähigkeit. Wie viele lassen sich helfen? — und ist's in der That nicht, wenn dieser Umstand nicht verbessert wird. Wird aber der Unzünftige eine sichere Probe seiner Geschicklichkeit geben? Er bekommt keine Arbeit, bis er irgend einem Kunden, den man kennt, tadelfreye Waare geliefert hat. Da muß also doch Einer auf gerade wohl anfangen, und wer bürgt diesem dafür, daß ein unzünftiger Arbeiter die Waare selbst gefertigt habe? Kann er nicht noch weit leichter, als der Zünftige für Geld und gute Worte Helfers-Helfer erhalten, um sich in Credit zu setzen? Und was nützen dem Staate Stümper und Pfuscher, die sich ihm, ohne abgelegte Probe, zu Bürgern aufdrängen?

VII. Auch das so wohlthätige gegen die Zunft-Mißbräuche gegebene Reichsgesetz vom 16. Au- Ein schändlicher Mißbrauch wer die Handwerks Unfähigkeit der Kinder von Stadtknechten Bettelvögten, Schäfern ꝛc den das Reichsgesetz von 1731. aufhob.

gust 1731. sahe verschiedene nützliche Gewohnheiten und Einrichtungen, nicht aus dem eigentlichen Gesichtspunkt, hielt sie für wirkliche Mißbräuche, und erklärte sie für abgeschafft. So erklärt (um nur einige zum Beyspiele anzuführen) Art. IV. die vorhin für Handwerks unfähig gehaltene Kinder der Stadtknechte, Bettelvögte, Gassenkehrer, Bachstecher, Schäfer ꝛc. für zunft- und handwerksfähig — und dieß muß beynahe, wenns genauer geprüft wird, nachtheilig werden. Man denke gar nicht an die auch hiedurch vermehrte Uebersetzung der Handwerker, nicht daran, daß diese dem Ackerbau nöthigeren Hände dadurch demselben entzogen werden — und es wird die hieraus folgende tiefe Herabsetzung des so vielfältig nützlichen Ehrgefühls des Professionisten noch immer ein wichtiger Nachtheil bleiben. Ich gebe es willig zu, daß es unbillig, daß es für einzelne hart ist, wenn das gemeine Vorurtheil dergleichen Leute von Erlernung der Handwerker ausschließt. Allein der Vortheil, den der ganze Staat davon zieht, wenn Handwerker in einer gewissen Achtung stehen, ist ungleich größer, und es scheint in der That der Politik angemessener zu seyn, wenn man dieß Vorurtheil nicht so gewaltsam zerstöhrt, nicht ganz aufgehoben, sondern das Gesetz nur auf gewisse Personen eingeschränkt hätte. Giebts doch mehrere anerkannte ähnliche Vorurtheile, bey welchen sich fast alle Staaten im Ganzen gut befinden und sich sorgfältig hüten, sie unvorsichtig zu vernichten, weil sie die schlimmen Folgen einer übertriebenen sogenannten Aufklärung, zu gut einsehen.

VIII. Der XIIIte Art. des nemlichen Reichsgesezzes zählt ferner unter die Handwerks-Mißbräuche und schafft ab:

Deßgleichen die Verfolgung der Raufwolle-Verarbeiter von ihren Zunftgenossen.

„Daß Tuchmachern, so Raufwolle verarbeiten, ja öfters noch gar dieser Leute Kinder von den Handwerkern der größte Streit und Verdruß erreget worden."

Dieser Punkt hätte in der That verdient, genauer auseinander gesetzt zu werden. Ungleich besser wärs gewesen, wenn man die Raufwolle-Verarbeiter, entweder ganz von denen der Schurwolle getrennt, oder doch die Verfügung getroffen hätte, daß beyder Waaren, jede mit einem besondern Stempel gezeichnet, und dadurch die Käufer, auf die Verschiedenheit ihrer innern Güte aufmerksam gemacht worden wären. Niemand wird in Abrede seyn: daß Verarbeitung der Raufwolle gewiß ein eben so ehrliches Geschäfte, als die Verarbeitung der Schurwolle sey. Allein die Verfolgung der erstern entsprang gewiß auch nur aus dem so natürlichen Grund: Die zunftgerechten Tuchmacher einer Stadt oder Landes suchten sich durch Verarbeitung reiner unverfälschter Schurwolle ihren inn- und ausländischen Credit zu sichern und zu erhalten. Denn sie wußten als Sachverständige zu gut: daß Raufwolle von krankem, oder wohl gar gefallenem Vieh, nie das nemliche gute, feine, dauerhafte Tuch liefert, daß sie nicht elastisch ist; daß diese noch heut zu Tage von den englischen Wollklaubern schon im Angriff unterschieden, und als untauglich weggeworfen wird; ja daß der englische Wollhändler eben deßwegen, um allem Betrug vorzubeugen, gemeiniglich bey der Schaafschur gegenwärtig ist und bleibt.

Das Verbott, Häute von gefallenem Vieh zu kaufen für Sattler, ist eine Tochter des albernen Vorurtheils.

IX. In der Stadt Speyerischen Sattler-Ordnung vom Jahre 1577. lautet der 3. Artikel.

„Zum dritten soll auch, wie vor Alters, also auch hinfürter, kein Meister Sattler-Handwerks, einige kottschlechtige Haut einkaufen oder zu Leder bereiten, sondern diejenige Haut, so von Metzlern abgezogen und Kaufmanns-Gut seye, kaufen und verarbeiten ꝛc.“

Hier sagt gewiß mancher Zunft-Kritiker. Warum soll dann die vom Abdecker abgezogene Haut nicht so ehrlich seyn, als die vom Metzger? Wie weit doch die verachtete Unehrlichkeit des Abdeckers ehemals getrieben wurde! Und gleichwohl hat diese vernünftige Ordnung keinen geringern Zweck, als diesen: daß kein Käufer mit dergleichen Leder von krankem und gefallenem Vieh oder Thieren betrogen werde, welches vorzüglich zur Sattler-Arbeit gar nichts taugt, indem sich ein beträchtlicher Unterschied zwischen der Güte des Leders von fettem geschlachteten und von gefallenem Vieh findet. Da dieses nicht nur spröde ist, sondern auch, weil der Sattler seine Häute nur äschert, sich leicht eine Seuche bey dem in der Arbeit schwitzenden gesunden Vieh fortpflanzen kann.

X. Nach eben dieser Ordnung durfte kein Geselle in der nemlichen Stadt, aus einer Werkstatt in die andere aus- und einstehen, er seye dann wieder einen Monat ausser der Stadt gewesen. Welcher drückende Handwerks-Zwang!

Es ist drückender Handwerks Zwang, daß kein Geselle in der nemlichen Stadt sich zu einem andern Meister vermiethen darf, ohne 4 Wochen ausser dem Ort gewesen zu seyn.

Von dem der nemliche Artikel die vernünftige Ursache angiebt. „Damit kein Meister dem andern sein Gesind mit Worten, Werken, und welcherley Weise das beschehen könnte oder möchte, abspannen, verführen, einziehen oder abwendig machen rc.“ und ich setze hinzu: damit der Geselle, die ihm bekannte Kunden seines ersten Meisters nicht verführen und andere zuziehen könnte.

XI. Nicht minder ists drückend für das gemeine Beßte und manchen Handwerksmann, daß die Gesellen- und Jungen-Zahl durch Zunft-Ordnungen eingeschränkt wird.

Einschränkung der Gesellen- und Jungen-Zahl ist fürs Publikum und die Gewerbe drückend.

Ich gebe es willig zu, daß ein Professionist, je mehr er Gesellen und Lohnarbeiter bey seinem Gewerbe halten kann, desto wohlfeiler zu arbeiten er im Stande ist. Viele Arbeiter für eine einzige Familie sind zum Theil eine Mitursache der Wohlfeile mancher Fabrikate. Würde es aber nicht grausam seyn, an einem Orte, wo viele Meister den nemlichen Artikel bearbeiten und einige blos davon leben, die Errichtung einer Fabrike zu erlauben, die alle jene zu Grunde richten müßte? Die Dürftigkeit, wenigstens der Mangel an baarem Gelde des deutschen Handwerkers im Allgemeinen ist jedermann bekannt; selten kann sich unter zwanzigen Einer seine Materialien anders als im Kleinen ankaufen, viele müssen sie sogar vom harten Wucherer borgen: wie sollten nun diese mit dem zwanzigsten reichen Handwerker, der seine rohen Produkte im Grossen gegen baares Geld, oft um ein Sechstheil wohlfeiler einkauft, und seine fertigen Waaren wieder auf Credit in grosser Menge verkauft, concurriren können? Dieser würde bey gleichen Preisen tausende gewinnen, bey denen der arme Handwerker kaum das trockene Brod verdient. So schädlich demnach in einzelnen Fällen diese Beschränkung mancher Handwerks-Ordnungen seyn mag; so wohlthätige Folgen hat sie auf der andern Seite für den Wohlstand vieler Meister, die sie erhält, es glücklich verhindert, daß sie nicht unverschuldet Bettler, und dadurch eine Last der übrigen Einwohner werden, die sie alsdann ernähren müssen. Jede Obrigkeit ist ohnehin schuldig, ihren Unterthanen Nahrung zu verschaffen, den Müßiggang zu verhindern, und durch Mangel an Arbeit der unausbleiblich erfolgenden Armuth zu steuern. Ists nun nicht besser, wenn ja das Publikum etwas zur Erhaltung einiger Mitglieder beytragen muß, daß es dieß thut, ehe sie Bettler werden, daß es ihr gänzliches Verarmen verhindert, gesetzt, daß es auch einige Artikel um ein kleines theurer bezahlen müßte. Denn nicht Geschicklichkeit, Kunst, eigene Erfindungen sind immer die wahren Ursachen einer grössern Menge von Kunden. Empfehlung, Verwandtschaft, Beredtsamkeit des Professionisten, Lage seiner Wohnung, eine schöne junge Frau oder Tochter, Heurath mit einer verabschiedeten Maitresse rc. schaffen dem Handwerker oft mehr Abnahme als alles andere. Ueberdieß verliert das Publikum nichts bey dieser Einschränkung. So viele Arbeit ist wohl selten vorhanden, daß jeder Meister die bestimmte Anzahl Gesellen halten könnte. Zudem lassen sich gerade die Meister, welche viele Gesellen halten können, stolz durch ihren Ruf und Zugang, die Arbeiten gewöhnlich theurer bezahlen, ohne daß diese vor andern einen wesentlichen Vorzug hätten; weil die Arbeit sie, und sie nicht die Arbeit suchen. Daher setzt auch das den 15ten Juny 1771. übergebene Reichs-Gutachten, die Abstellung einiger Handwerks-Mißbräuche betreffend, im dritten Absatz bey diesem Punkt weise hinzu: „Diese Bestimmung aber, (wegen der Gesellen Zahl) doch nach Bewandniß der besondern, nicht an allen Orten gleich gearteten, und bey verschiedenen Handwerks-Innungen sich ungleich zeigenden Umständen, jeder Landes- und Orts-Obrigkeit zu überlassen."

So handelte schon vor mehr als 2 Jahrhunderten Speyer im Bezug auf die Schneider, Schuster, Seckler-Profession. Nach der erneuerten Schneider-Ordnung von 1527. mußte jeder Meister, der mehr als 2 Gesellen und 1 Lehrjungen hielt, der Zunft täglich einen Schilling in die Armen-Büchse geben. Hiedurch wurde freylich das Gewerbe einzelner gehemmt, und da genoß auch der Träge den Schweiß des Emsigen. Allein es konnte dieser und jener leben, und auch der unschuldig leidende, der kranke Meister, den, wie ich zeigte, oft 4 — 6 Wochen um alle mühsam erworbene Kundschaft bringen, hatte wenigstens noch einige, ob schon langsam tröpfelnde Nahrungs-Quelle. Ihm war bey dieser Einrichtung wenigstens nicht die Hoffnung abgeschnitten, sich wieder eine neue Kundschaft zu erwerben, und so fiel weder der träge, noch der unglückliche, kranke Meister dem Staate ganz zur Last.

Eben so mußte nach einer dasigen Seckler-Ordnung vom Jahre 1532, auch von dieser Zunft das nemliche Gesetz beobachtet werden, nur mit dem Unterschied: Wenn ein fremder Geselle in die Stadt kam, so wurde bey den nicht voll besetzten Werkstätten angefragt: Ob ihn der Meister dingen wolle? Verlangte er ihn nicht, so stund es den Meistern der ordnungsmäßig besetzten Werkstätten frey, diesen und in ähnlichen Fällen, so viele Gesellen anzustellen, als sie haben und brauchen konnten.

Leicht könnte ich aus jeder Zunft-Ordnung, wenns der Raum gestattete, mehrere Artikel von diesem Schlage anführen, die man als sklavisch, der menschlichen Freyheit widrig, und den Gewerben nachtheilig verschreyt; und die doch im Grunde nützlicher und wohlthätiger für sie wären, als es eine allgemeine zügellose Freyheit seyn würde. Das unverkennbare Gute derselbigen wurde, bey dem in unsern Tagen erfolgten Freyheits-Schwindel, theils aus Unkenntniß der Sache übersehen, theils nicht strenge genug auf Beobachtung dergleichen heilsamen Ordnungen gewacht, um Alles ohne Unterschied als schädlichen Mißbrauch verschreyen zu können.

Selbst England fühlt, daß eine übertriebene Jungen- und Gesellen-Zahl seinen Gewerben schädlich ist. Der Geld-Geiz macht, daß dort die Meister gar zu viele Jungen in die Lehre nehmen, weil für jeden beym Ausdingen 40 Pfund Sterling bezahlt werden müssen. Nach sieben Jahren werden diese Lehrjungen Gesellen, deren Zahl dadurch so stark vermehrt wurde, daß sie nicht alle unterkommen können, und ihr Brod in fremden Ländern suchen müssen. In Birmingham haben die Fabriken durch die überhäufte Gesellen-Menge schon 1774. Schaden gelitten. England verlohr hiedurch nicht nur Unterthanen und gute Fabrikanten, sondern auch seine Manufakturen selbst, welche durch jene in fremden Ländern eingeführt wurden. Ganze Colonien englischer Künstler und Manufakturisten wurden in Frankreich mit offenen Armen empfangen. Tausende zogen nach Amerika, und wie viele haben sich nicht nach Genf, Livorno, Hamburg und Wien gewandt? Dadurch werden fremde Völker in den Stand gesetzt, England allmählig einen Handelszweig nach dem andern zu entreissen: die Einfuhr englischer Waaren mit hohen Zöllen zu belegen, und endlich gar zu verbieten. Ja es werden unterschiedliche Waaren in England nicht mehr so gut als in den 1740ger Jahren verfertigt, z. B. Tücher und Uhren. *) Wen so auffallen-

*) Man sehe Taube in der angeführten Schrift, Seite 165. und 166.

de Beyspiele nicht überzeugen: daß auch bey der Gesellen-Zahl ein Maximum so wie ein Minimum Statt finde, der müßte in einer ganz physiokratischen Verfassung, oder nach der wirklichen Lage unserer jetzigen Welt im Monde erzeugt, gebohren und erzogen seyn.

Schwierigkeiten bey Aufhebung der Zünfte.

23) Da nun die No. 20. entwickelten Vortheile der Zünfte beträchtlich; ihre (No. 21. I. rc.) geschilderten wirklichen Nachtheile alle hebbar sind, wie noch deutlicher bewiesen werden wird; der eingebildeten Nachtheile die größte Zahl ist (No. 22.): so verdiente es allerdings eine genaue unpartheyische Untersuchung: Ob in Städten und Ländern, worinnen seit vielen Jahren gar keine Zünfte und Gilden sind, oder nie waren, wo Handel und alle Gewerbe stets absolute Freyheit genossen haben, Künste, Gewerbe und Handel mehr blühen, als in denen, wo das Zunftwesen schon mehrere Jahrhunderte besteht? Nur müßten bey derselben mancherley wichtige Umstände, z. B. Volks-Menge und Verhältniß ihrer Beschäftigungen gegen einander, Charakter der Einwohner, ihre wirkliche und eingebildete, vorzüglich Lieblings-Bedürfnisse, Hang zum Luxus oder Sparsamkeit, wohlfeile oder theure Lebens-Mittel, Lage und Gelegenheiten zum innern oder äussern Absatz, eigene rohe Landes-Produkte, deren Verarbeitung im Land, oder rohe Ausfuhr, guter oder schlechter Grund und Boden, Schätzung und Neigung, oder Geringschätzung und Abneigung vor dem Ackerbau, ein-

fache oder modisch verfeinerte Sitten des Bauern ꝛc. mit der größten Sorgfalt abgewogen werden. Daß bey dieser Untersuchung kein London, Paris, Wien, Berlin und andere grosse Städte, worinnen sich immer ein zahlreicher Adel, viele reiche Privat-Personen und eine Menge Fremde aufhalten, folglich mit und ohne Zünfte der Abnehmer eine Menge ist, gegen das Zunftwesen in Anschlag kommen dürfen, sagt jedem die Natur der Sache. Historische, aber vollkommen sichere Belege von der Art, würden meine bisherige Behauptungen durch eine vollständige Induktion, entweder (wie ich doch kaum glaube) widerlegen, oder unumstößlich bestätigen. Es möchte aber das Resultat auch ausfallen, wie es will, so wäre doch wieder zu erwägen: Ob bey dem nun einmal fast aller Orten eingeführten Zunftsysteme, bey unserer wirklichen Verfassung und Einrichtung des bürgerlichen Lebens, Gilden und Innungen ohne den größten Nachtheil und tausendfachen Schaden des Gewerbe-Standes, so geradezu aufgehoben werden können. — Ob nicht ein hiedurch vergrösserter Nahrungs-Mangel unzählige Professionisten, mit den Ihrigen ins tiefste Elend stürzen, und ein ganzes Menschen-Leben fortdauren müßte, bis die freye Einrichtung das versprochene goldene Zeit-Alter wirklich realisirte? — So viel aber ist der ältern Geschichte und neuern Erfahrung gemäß: Zunft-Einrichtungen halfen, so wie sie entstunden, den Gewerben mächtig auf; dieß war ihr Zweck, den sie auch glücklich erreichten, so lange man ihren Vorschriften getreu blieb. In der Folge wurden besonders unter Kaiser Sigismund die

Zünfte in den Reichsstädten bald eingeführt, bald wieder abgeschafft, und die Probe von ihrem Nutzen oder Schaden so oft gemacht, bis man endlich den Vortheil bestätigt fand. Ulm, Nürnberg, Augsburg, Frankfurt am Mayn rc. sind noch auf den heutigen Tag stehende Beweise, nicht blos ihrer Unschädlichkeit — ihres Nutzens.

Vorzüglich in unsern wirklichen Zeitläuften.

24) Alle dieses zusammen genommen, sagt schon jedem Denker voraus: Wenn man auch die Zünfte samt und sonders, ohne weiteres aufheben wollte; so werden sich beträchtliche Nachtheile und ausserordentliche Schwierigkeiten, die seit mehrern Jahrhunderten so viele Kaiser, das ganze deutsche Reich nicht beseitigen konnten, in solchen Zeiten nicht heben konnten, wo der allgemeine Nahrungs-Mangel noch nicht so hoch gestiegen war, wo der wilde Empörungs-Geist noch nicht von Ländern zu Ländern flog und Alles mit seiner verderblichen Fackel theils wirklich in Flammen setzte, theils die furchtbaren Minen gräbt und ladet, welche eine allgemeine Anarchie bewirken müssen; wenn nicht menschenfreundliche weise Beherrscher den glimmenden Zunder ersticken, statt ihn unvorsichtig anzufachen. Es wäre unweise, und gegenwärtig die unschicklichste Zeit, sich bey dem so zahlreichen Handwerksstand an grosse und gewaltsame Reformen und Neuerungen, die so leicht zu Revolutionen leiten, zu wagen, ihn in seinen theils eingebildeten, theils urgroßväterlichen Rechten und Heiligthümern anzutasten, ihm seine Schutzwehre der Nahrung wegzunehmen. Die Sache ist wichtig genug, und ich trage kein Be-

denken, eben diesen Schwierigkeiten noch einige Abschnitte zu widmen.

25) Sie sind von gedoppelter Art. Viele entstehen aus den häufigen von Kaisern, Reich und Obrigkeiten der Gewerbe treibenden Klasse bewilligten, förmlich bestättigten Freyheiten, ja einer gewissen Art von Verträgen, welche die Handwerker mit nicht geringem Aufwand und erstaunlicher Bemühung sich erworben haben. So wichtig diese sind, so möchte doch die zweyte Klasse, die aus der Natur der Gewerbe, ihres Wohlstands und dem damit so enge verbundenen Wohl des Staats entspringen, vielleicht noch unhebbarer seyn. Ihre Verschiedenheit

I. Wer nicht geradezu den fürchterlichen asiatischen Despotismus vertheidigen will, kann unmöglich läugnen: daß auch Gesetzgeber verbunden sind, ihr feyerlich gegebenes Wort zu halten, daß mit gewissermasen freyen Leuten geschlossene Verträge heilig seyn müssen, selbst in dem Fall, wann der Mächtigere, der Befehlende, aus bewegenden Ursachen etwas bewilligt hat, das er freylich für sich anderst wünschte; aber doch der vorliegenden Umstände wegen lieber zugiebt, als verneint, solange sich diese Umstände nicht so glücklich abändern, daß der andere, der Niedere, der gehorchende Theil aus eigener Ueberzeugung seine mühsam errungenen Rechte fahren läßt, und in eine neue Verfassung willigte. Man nehme das Gegentheil an, so wird Treue und Glauben von der Erde verbannt, eine förmliche Jesuiter-Moral zu einem allgemeinen Kriege, Aller gegen Alle, gegeben werden. Ohne mich hier in Wegen vorhandenen Verträgen zwischen den Gewerben und den höhern und niedern Obrigkeiten.

eine weitläufige spitzfündige Untersuchung über das genaue bestimmte Alter der Zunft-Verfassungen und das Jahr ihrer Entstehung einzulassen, bemerke ich nur so viel als hieher gehört:

a) Sie existirten wohl schwerlich schon im Jahr Christi 925.

b) Sie nehmen ihren Ursprung vorzüglich in und mit den Reichsstädten.

c) Aber eben so wenig auf einmal, sondern Städte und Gewerbe folgten hierinnen einander nach.

d) Ihre erste Entstehung ist höchst wahrscheinlich ins Jahr 1153., oder in die Mitte des zwölften Jahrhunderts zu setzen.

e) Macht und Ansehen der Künstler und Handwerker nahm dadurch ausnehmend zu. Sie versuchten Alles, um Antheil an den obrigkeitlichen Rechten zu erhalten. Dieß brachte die Ingenuos, nachher Patricios gewaltig gegen sie auf, welche es auch mehrmalen so weit brachten, daß Kaiser die ihnen ehemals bewilligte Innungen und Gilden wieder aufhoben; nicht, weil sie den Gewerben schädlich waren, sondern weil sie den Vornehmern und Mächtigern der Städte nicht anstunden, die sie keinen Theil an ihren sich allein zugeeigneten Rechten wollten nehmen lassen.

f) Doch wurden sie von ihren Nachfolgern, z. B. Heinrich VII. im Jahre 1223. namentlich in Goßlar, wieder hergestellt; i. J. 1231. 1232. wieder vernichtet, 1252. abermal bestättigt, 1275. aufs neue untersagt, bald darauf wieder errichtet, endlich 1290. von Kaiser Rudolph zu Wiederherstellung der Ruhe in Goßlar (und ohne Zweifel auch in andern Städten) ohne Ausnahme bestättigt, und dieß aus dem merkwürdigen Grund: Quod dictae fraternitates (die kurz vorhin Innige vel Gelden genannt werden) oppido nostro Goslariensi nec non civibus ejusdem et eorum usibus, proficiunt, fructificant, et earum destructio in dicti nostri oppidi vergit non modicum praejudicium et gravamen et volentes paucorum commodis utilitatem publicam anteferre, dictas fraternitates et earum usus ad statum pristinum resuscitamus, ac ad firmitatem rei perpetuae restauramus, contra hanc nostram restaurationem, dictarum fraternitatum nulla indulgentia seu privilegiis quibuscunque concessis, ullatenus valituris &c.

g) Nun werden sie freylich hie und da in den Jahren 1306, 1376, theils eingeschränkt, theils (aber nie im Ganzen) aufgehoben, hingegen auch im Jahr 1335 und 1345. mit neuen Freyheiten begnadigt, ja ihnen an mehrern Orten, z. B. Goßlar 1682. und 1691. vom Magistrat in feyerlichen Verträgen versprochen: Sie bey ihren Artikeln und Willkühren nicht zu beeinträchtigen, sondern zu schützen.

h) Allerdings kam das Reichsgesetz vom 16ten Aug. 1731., aber gewiß nicht zum Nachtheil der Zünfte, hinzu. Denn dieses hebt sie nicht auf, verbessert sie nur, und droht gegen das Ende, nur dann sie gänzlich aufzuheben, wenn sie diesem Gesetz nicht gehorchen würden. *)

Es hat also keine Obrigkeit, die mittel- oder unmittelbar unter dem höchsten Reichs-Oberhaupt steht, das Recht, das Wesen der Zünfte aufzuheben und sie zu vernichten, so lange der Kaiser und gesammte Reichsstände sie als erlaubte und rechtsbeständige Kollegia billigen; wohl aber, nach dem oft angeführten Reichsgesetz, mit weisem Ernst auf Abstellung aller der darinnen bemerkten Mißbräuche zu dringen.

Wie leicht möchten sonst Untergebene, denen ihre Vorgesetzte nicht Wort halten, durchs gegebene schlimme Beyspiel verführt, auf den fürchterlichen Gedanken gerathen: Wer den heilig gemachten Vertrag gegen Uns bricht, der kanns auch

*) Diese und noch mehrere andere interessante Nachrichten von Entstehung der Zünfte führt weitläuftiger mit historischen Belegen an: Jac. Gottl. Sieber in seiner Abhandlung von den Schwierigkeiten in den Reichsstädten das Reichsgesetz vom 16. Aug. 1731. wegen der Mißbräuche bey den Zünften zu vollziehen.

uns nicht verargen, wenn wir unsere Pflichten gegen ihn nicht mehr erfüllen.

II. Die zweyte Art von Schwierigkeiten die Zünfte ganz aufzuheben, ja sogar nur zu modificiren, liegt:

a) Im Geiste der Professionisten und aller Innungs-Genossen, der mit einer gar nicht denkbaren, beynahe abgöttischen Verehrung an allen seinen Zunft-Rechten, Gesetzen und Freyheiten hängt. Es ist immer schwer, in der innern, seit vielen Jahrhunderten bestehenden Einrichtung eines Staats Veränderungen vorzunehmen. Doppelt schwer, wenn alte Rechte, in die Verfassung desselben verwobene, hergebrachte Freyheiten an der Wurzel angegriffen und vernichtet werden sollen — Rechte und Freyheiten, auf deren Schutz und Erhaltung der Bürger (richtig oder unrichtig, ist gleichviel) sein ganzes Glück, seine ganze zeitliche Wohlfahrt, Ansehen und Ehre nach seiner Vorstellungs-Art gründet. Am schwersten, wenn diese Vorstellung, wie hier, sobald von gänzlicher Zernichtung der Zünfte die Rede ist, wirklich die Wahrheit auf ihrer Seite hat; denn daß ihre Vortheile im Ganzen die Nachtheile überwiegen, glaube ich bisher gezeigt zu haben.

Wegen der unglaublichen Anhänglichkeit der Professionisten an ihre Zunft-Systeme.

Selbst die nothwendige Verbesserung setzt eine eigene lange Erfahrung und innige Bekanntschaft mit dem Geiste dieser

Systeme und derer, die so vest an ihnen hangen, voraus; wenn nicht an die Stelle manches unnützen alten manche überspannte neue Gesetze und Entwürfe kommen, wenn nicht selbst die weisesten Verbesserungen früchtlos bleiben sollen. Unglaublich ist der Argwohn, den jeder Handwerker im Innersten seiner Seele hegt: Wenn einer unserer Zunft-Artikel aufgehoben oder verändert wird, so ists um alle geschehen. Dieser läßt sich nur nach und nach bekämpfen, bey den Alten gar nicht besiegen. "Erziehung der künftigen Generation der Gewerbe-Treibenden ist das einzige, langsam, aber doch ohne Unruhe, ohne Nachtheil, eben so sicher als dauerhaft wirkende Mittel; von dem ich hauptsächlich bey den Mitteln, die Gewerbe rc. in Flor zu bringen," sprechen werde. Der alte Handwerker (unter die ich jeden zähle, der schon Geselle, geschweige dann Meister ist) verehrt in seinen Jahrhunderte alten Gebräuchen, seiner Meynung nach, ein wahres Palladium, das ihn bey aller eigenen bessern Ueberzeugung dennoch gegen Dürftigkeit und Nahrungs-Mangel schützt. Der Freund des Essens und Trinkens auf anderer Kosten findet in ihnen das ganze Jahr hindurch manche sichere Gelegenheit, sich einen guten Tag zu machen. Ob der neuangehende Zünftige, der den Schmauß bezahlen muß, dieß ohne, oder mit der äussersten Beschwerlichkeit thun kann — dieß bekümmert ihn nicht. Bleiben bisweilen dergleichen Erquickungs-Anlässe zu lange aus, so wird wohl gar auf die leere Kasse der Innung geborgt, und die Nachkommen mögen die Schulden bezahlen. Gegen diesen thierischen Hang zum Schwelgen hilft keine vernünftige Vorstellung, kein obrigkeitliches Verbott. Denn dieß wird im Stillen übertretten. Es ist dem Handwerker ein theures, vom Vater auf den Sohn, seit undenklichen Zeiten fortgeerbtes Familien-Recht, welches sich bey fortdaurendem Mangel an Aufklärung, vorzüglich in kleinen und mittelmäsigen Reichsstädten, wo der Bürger so viel Theil an der Regierung nimmt, noch lange erhalten dürfte. Und dieß um so mehr, da viele Väter ihre Kinder, um sie zum reizenden Genuß dieser Schwelgereyen gleichsam einzuweyhen, zu sich auf die Zunft-Stube kommen, und da oft mit den Weibern Theil daran nehmen lassen. Freylich siehts jeder voraus: daß seine Söhne und Töchter einst die nemlichen Ausgaben drücken werden. Allein seine übergrosse Sinnlichkeit denkt vorläufig nur auf den gegenwärtigen Genuß, ißt und trinkt sich bey jeder Gelegenheit von dieser Art satt; hofft für seine Kinder auf reiche Heyrathen, oder tröstet sich wohl gar mit der feinen Erinnerung: Hats doch mein Vater auch für mich bezahlen müssen! wenn er tausendmal weiß, daß ihm dieser nichts als die Schulden davon zum Erbtheil hinterlassen hat.

Man muß in der That selbst Vorsteher einer oder mehrerer Zünfte gewesen seyn, wenn man sich einen vollständigen Begriff von der hartnäckigen Stupidität und der unbiegsamen Anhänglichkeit mancher Professionisten an ihre Handwerks-Mißbräuche machen will, welche bey vielen weder die Beredtsamkeit eines Demosthenes, noch die strengsten Gesetze eines Lykurgs ausrotten können. Ganz alte Meister gehen hierinnen oft so weit, daß sie gar ihre alte hergebrachte unbeholfene Werkzeuge, die sich verbessern ließen, aus Vorliebe zum Alten, und Haß gegen alles Neue, beybehalten; daß sie neu erfundene Maschinen *), mit denen sie täglich dreymal so viel als wirklich, arbeiten könnten, verwerfen.

Die Einführung einer neuen Lese-Fibel erweckte in Nassau-Weilburg A. B. C. Rebellen; die Blitz-Ableiter in Bayern stürmische Herrgotts-Rechte-Vertheidiger, die Verbesserung des Gesangbuchs in Berlin wappnete einen Appitsch und Consorten. Und doch wurden in mehrern Gegenden die nemlichen Veränderungen glücklich und ruhig durchgesetzt, weil man sachte verfuhr, und nicht alles auf einmal erzwingen wollte. Nun entstunden die Gesangbuchs-Gefechte wegen einer Seelenspeise und Vortheilen jenes Lebens. Man denke sich die allgemeine Gährung und die wirklich fanatische Wuth, mit welcher ein sehr grosser Theil der deutschen observanzmäs-

---

*) Nicht von der Art wie diejenigen, wider welche No. 15. XX. gesprochen wurde.

sigen Handwerker, um die gegenwärtigen Vortheile ihres Körpers, ihrer stündlich bellenden Magen, und mit unter auch trockenen Kehlen fechten würden, wenn sie durch Entreissung, vielleicht nur Erschütterung ihrer Zunft-Rechte sich und den Ihrigen ihr tägliches Brod entzogen, wenigstens ihre Schmauß-Gelegenheiten abgeschnitten, vermutheten.

b). Wollte man also ja mit Aufhebung der Zünfte irgendwo einen Versuch machen, so müßte es nothwendig nicht nur aus denen in A) angeführten Gründen, sondern auch vorzüglich deßwegen mit der weisesten einschränkenden Behutsamkeit geschehen: Weil ihre Aufhebung einige sehr reich, tausende zu Bettlern machen würde.

Weil das Gegentheil sehr leicht den Mittelstand ganz vernichten, einige Reiche schaffen, und hingegen Tausende zu ihren Sklaven und Bettlern machen würde.

Der Einwurf: Aber es existiren doch Staaten, wo keine Zünfte eingeführt sind, und dieß ist dort noch nicht geschehen, — beweißt nur: daß es noch nicht geschehen ist. Allein es dürfte heut zu Tage schwerlich aussen bleiben, wo, wie natürlich, der Menschen, welche leben wollen, immer mehr, und der Abnehmer weniger werden. Ein einiger reicher, thätiger Mann, der ganz von Eigennutz belebt wird, (und deren giebts leider immer mehr als der edlen, welche ächten Gemein-Geist (public spirit) haben), ist im Stande, zehen und mehr Familien, welche sich vorhin mäßig, doch redlich nährten, an den Bettelstab zu bringen. Ich setze den Fall: Ein reicher Metzger legt zugleich eine Gerberey an, und läßt sein Leder durch eine Menge Schuhknechte verarbeiten. Dieser kann vier und noch mehr Familien stürzen. Denn er hat dreyfachen Gewinn, hat als Metzger bey den mancherley Abfällen am Schlachtvieh, deren Ueberfluß er selten, wenigstens nicht immer so vortheilhaft verkaufen kann, ungleich geringere Auslage für die Kost seiner Handwerks-Gesellen. Er kann also jeden Verlags-Artikel bey seinem öfter multiplizirten Gewinn in ungleich niedrigern Preisen, als der durch geringes Vermögen nur zu einem Gewerbe genöthigte Gerber und Schuster erlassen.

Ein gesprächiger, kluger, sich einschmeichelnder Professionist, der schon eine zahlreiche Kundschaft hat, bekommt hundert Gelegenheiten, den stillen biedern Arbeiter eines andern Gewerbes, das zum Theil in das seinige einschlägt, zu verdrängen. Es seye z. B. der Erstere ein Schreiner. Dieser kann sich zugleich als Glaser und Drechsler empfehlen, und dieß um so mehr, da er, die Drehbank ausgenommen, fast alles zu Betreibung der letztern nöthige Werkzeug in seiner Schreiner-Werkstatt bereits besitzt; Glaser und

Drechsler hingegen, wenn sie auf den Gedanken verfielen, zugleich den Schreiner zu machen, sich dessen Instrumente erst anschaffen müßten; und überdieß selten die geräumige, zum Schreiner-Handwerk unumgänglich nöthige, Wohnung haben, indem sie sich für ihr Gewerbe mit einem engern und weniger Miethe kostenden Haus behelfen können. Und wie schwer fällt es nicht manchem wackern Arbeiter, das Werkzeug und die rohen Materialien, nur für sein einziges Gewerbe anzuschaffen, oder auf Credit zu erhalten!

c) Schoepf erzählt in seiner Reise durch das nördliche Amerika, wo bekanntlich in den 13 vereinigten Provinzen volle Handlungs- und Gewerbe-Freyheit herrscht, und doch nicht Künste und Handwerker blühen, sondern vielmehr die Kunst-Produkte erstaunlich theuer sind, daß er zu einem Manne gekommen seye, der den Schneider, Schuster, Schmidt, Schlosser, Wagner, Schreiner rc. für sich und die Seinigen vorstellte, aber auch alle diese Arbeiten sehr schlecht und mit schweren Kosten verfertigte. Das beweißt als Erfahrung, was schon die Natur der Sache jedem voraus sagte: Weil eine Menge Stümper nothwendig dadurch entstehen müssen.

Daß Vielwisser- und Vielthuerey gewöhnlich erbärmliche Stümper in allem liefere. *)

*) Ueberhaupt aber ist es noch zu frühe, die amerikanischen Freystaaten als glückliche Beyspiele

Wer mehrere, insonderheit sich der Kunst nähernde Gewerbe auf einmal treibt, bey dem werden gewiß immer einige nur das Nebengeschäft bey seiner eigentlich erlernten Haupt-Profession werden. Ich gebe es zu, viele einfache Gewerbe liessen sich zwar in Absicht aufs Begreifen, binnen 4 oder 6 Monaten erlernen, bey welchen der Lehrling dermalen eben so viele Jahre Junge seyn muß. Wie stehts nun

---

der Handlungs- und Gewerbe-Freyheit zum Muster aufzustellen, da weder diese noch der Ackerbau genugsam Hände zur Beschäftigung hat, und eben darum jeder sein reichliches Auskommen findet. Hr. v. Archenholz erzählt in seinen Annalen der Brittischen Geschichte des Jahrs 1791. S. 258. „In den amerikanischen Freystaaten kann ein fleißiger Handwerksmann in zwey Jahren leicht hundert Pfund Sterling zurücklegen; und er braucht nur zwanzig Pfund Sterling, um fünfhundert Acker gutes Land zu kaufen. Dieß geschicht auch gewöhnlich, daher hier die Manufakturen immer noch in ihrer Kindheit bleiben. Gegen Einen Kaufmann oder einen Handwerksmann zählt man zweyhundert Landleute, welches nach dem System grosser deutscher Staats-Oekonomen eben nicht desto schlechter ist. Die beständig ankommenden Emigranten ändern nicht diese Ordnung der Dinge; denn man kann annehmen, daß von hundert aus Europa angekommenen Arbeitern in drey Jahren 99 ihre Profession verlassen und Ackersleute werden. An vacanten Ländereyen ist der Ueberfluß so groß, daß noch einige Millionen Aecker in den Händen des Congresses sind.“

aber um die Fertigkeit, um alle die kleinen, im einzeln so unbedeutend scheinenden, im Grossen so äusserst wichtigen Handgriffe, um die Zeit und Kosten so ausnehmend vermindernden Vortheile, die, wie alle Vortheile, nur dann wahren Gewinn bringen, wenn man sie zur äussersten Fertigkeit durch lange Uebung vollkommen in seine Gewalt gebracht hat? — Zudem ist die festgesetzte längere Lehrzeit noch aus einem andern Grunde gewiß zu vertheidigen. Ein 15 bis 16 jähriger Pursche ist zu unerfahren, viel zu leichtsinnig, als daß man ihn mit gutem Gewissen freysprechen, und sich selbst überlassen könnte. Fühlens doch selbst in Wissenschaften viele Eltern sehr schmerzlich in ihrem Beutel, wenn sie den Wunderknaben als Buben auf hohe Schulen schicken, und gemeiniglich nach einigen Jahren einen an Körper, Geist und Vermögen verdorbenen Jüngling zurück erhalten. Oder soll vielleicht der Pursche in einer Profession zum Gesellen gemacht werden, und in der andern Junge seyn? Dieß ist aus vielen andern Gründen unthunlich, aber auch zuverlässig für die meisten Eltern zu kostspielig, die oft kaum im Stande sind, das Lehrgeld für eine Profession, geschweige dann für zwey und noch mehrere aufzubringen; und statt dessen dem Meister lieber die Lehrzeit um ein oder einige Jahre willig verlängern. Ueberdieß zeigt die tägliche Erfahrung, daß Pursche, welche während der Lehrzeit von einem Gewerbe zu einem andern übergehen; selten etwas taugen, gemeiniglich Stümper bleiben. Will man hier den Künstler mit dem Handwerker in eine Parallele setzen, so ists ja eine bekannte Sache: daß z. B. berühmte Maler für ihren Pinsel gemeiniglich nur einen Gegenstand wählen, daß sich der eine in Obst-, Blumen-, Thier-Stücken, der andere in der Portrait-, Historie- oder Landschafts-Malerey auszeichnet. Selbst in Fabriken hat der geschickte Arbeiter immer nur einen und eben denselben Theil des Fabrikats zu bearbeiten, erhält aber auch gerade dadurch die ausserordentliche Fertigkeit, welche soviel, ja das meiste zur vorzüglichen Güte und guten Preisen beyträgt. Tausendkünstler, die sich zu allem geschickt wähnen, liefern höchst selten eine Sache so, wie sie wirklich vollkommen seyn soll (No. 19. e.). Und was sollte endlich die Erlernung zweyer oder dreyer Handwerker einem Meister nutzen, wenn jetzo schon beynahe jeder nicht für eins hinlängliche Arbeit und Beschäftigung hat?

Also nothwendig das Publikum mit schlechten Fabrikaten überhäuft würde.

d) Daß gänzliche Aufhebung der Zünfte die schon ohnehin erwiesene Uebersetzung aller Gewerbs-Nahrungs-Zweige ins Unendliche vermehren müßte, folglich auch alles bereits aus derselben entspringende Elend verdoppelt, ja unbestimmbar vervielfältigt werden würde, liegt ganz in der Natur der

Sache. Aber auch dieß: daß der größte Theil des, der Waaren- und Handwerks-Produkte oft sehr unkundigen Publikums, nothwendig den empfindlichsten Schaden dabey fühlen, und die Freyheit verwünschen, die es übernatürlich theuer bezahlen, die Schein-Wohlfeile endlich verabscheuen würde, die es nöthigte, eine sonst jährlich bey guter Arbeit ein- oder zweymal vorkommende Ausgabe, drey- auch viermal zu wiederholen. Der Gürtler würde in die feinere Goldschmidts-Arbeit, der Schmidt in die des Schlossers, der Zimmermann in die des Schreiners pfuschen, und jeder Stümper wäre berechtigt, sein elendes Machwerk andern anzuschwätzen.

Wenn jeder Käufer Güte und innern Werth der Fabrikate wirklich verstünde, dann wäre dieß freylich unmöglich; dann würde gewiß jeder nach diesen bezahlen, und sich nie durch eine äusserliche, nicht wirkliche Wohlfeile täuschen lassen. Daß aber seit einem halben Jahrtausend dieser Fall in Deutschland eben nicht der gewöhnlichste ist, bezeugen, ausser der so laut sprechenden, jedem bekannten Erfahrung, die so vielen Handwerkern von Zunft wegen gegebene, gemessene treffliche Vorschriften, welche den Gehalt und Beschaffenheit ihrer Waaren pünktlich bestimmen, nach denen sie dieselbigen bey gesetzter Strafe fertigen, und vor dem Verkauf einer geschwornen Schau unterwerfen mußten, damit kein unkluger, unerfahrner Käufer hintergangen, und der Credit im Ausland erhalten wurde.

Wird eine so heilsame Ordnung bey voller Unzünftigkeit nur denkbar, vielweniger ausführbar seyn? Und ists von jedem Staat nicht väterlicher, Verbrechen, die man so wahrscheinlich voraussieht, zu verhindern, als sie zuzulassen, Gelegenheit dazu zu geben, und alsdann scharf zu bestrafen. *)

Weil die Kette der bürgerlichen und Nahrungsverbindung dadurch zerrissen wird.

e) Es werden aber auch die eben geschilderte Folgen der gänzlichen Aufhebung der Zünfte, den Flor der Gewerbe nicht nur unmittelbar zerstöhren. Denn wer traut sich wohl zu behaupten: daß eine Verfassung, bey der die Professionisten verarmen müssen, und das Publikum mit schlechter Waare so leicht betrogen wird, ein blühender Zustand der Künste und Handwerker genennt werden könne? Auch mittelbar leiden Staat und Professionisten dabey. Wenn jeder treiben kann und darf was er will, so wird die Kette der wechselseitigen bürgerlichen Nahrung gewaltsam zerrissen, die heilsame Verbindung der Zunft-Glieder, bey der immer eines des andern bedurfte, ihre Abhänglichkeit von einander, hört auf. Jeder wird anfänglich sich selbst genug scheinen, einer den andern in seinem Erwerb hindern, sich zehen Feinde gegen einen machen, vielleicht in kur-

*) Einen Beweis vom Nachtheil schlechter Arbeit, welche durch uneingeschränkte Gewerbe-Freyheit gezogen wird, s. Journal v. und f. Deutschland 1785. IIIten St. No. I. S. 202. und 203. in der Anmerkung.

zem ihre Hülfe nöthig haben, und dann die Beleidigten umsonst darum ansprechen, oder sie doch mit doppeltem Aufwand erkaufen müssen. Dahingegen bey der gewöhnlichen Zunftverfassung, selbst wenn sie von allen Mißbräuchen möglichst gereinigt wird, ein Handwerker den andern nöthig hat, einer dem andern wechselseitige Dienste leistet, und sich also Alle den Genuß ihres Lebens süsser machen.

Ordnung, Fleiß und Sittlichkeit bestehen und wachsen bey den Zunfteinrichtungen und Handwerks-Artikeln. Der Meister, Geselle und Lehrling sind jeder an die seinige gebunden, der Meister kann den Gesellen weniger chikaniren, der Geselle weniger den Meister, der Lehrling wird durch dieselben zum Gehorsam und zur Thätigkeit gewöhnt, der mindere Verbrecher wird nach den Artikeln bestraft, der gröbere aus ihrer Mitte ausgestoßen, der strafwürdige Geselle ohne Kundschaft verjagt und gebrandmarkt.

f) Allein das Publikum wird schon klug werden. Wenns einmal von unzünftigen schlechten Arbeitern betrogen ist, so wird es diese sitzen lassen, ihnen nichts mehr abkaufen, und sich an bessere Arbeiter wenden. Dann vergeht gewiß manchem die Lust aufs Gerathewohl ein Gewerbe zu treiben.

Weil auf diese Art eine Menge verdorbener Handwerker, Bettler und noch schlimmere Menschen gepflanzt werden.

Dieß wäre sehr schön, wenn nur der größte Theil des Publikums wirklich so handelte. Man sieht aber das Gegentheil in einem der wichtigsten Fälle, wo selbst nach des Erzlügners dießmal wahrem Ausspruch, sonst der Mensch Alles für sein Leben läßt. Wie viele tausend Beyspiele von Menschen sind notorisch, die durch medicinische Quacksalber getödtet wurden? Und haben nicht dem ungeachtet dergleichen offen herumziehende Pestbediente ungleich mehrern Zulauf, als die geschicktesten Aerzte? weil sie dem Schein nach wohlfeiler sind. — Allein das Publikum soll endlich durch Schaden klüger werden! Kann es, wie ich schon im Eingang dieser Abhandlung sagte, der Staat verantworten, wenn er seine Bürger in die unangenehme Lage versetzt, diese traurige Erfahrung zu machen, sobald ers verhindern kann? Und was wird nun aus diesen neugebackenen Professionisten (denen es gewöhnlich an Kopf, Kenntniß und Geld fehlt), wenn die von ihnen betrogene Kunden wegbleiben? Bestellungen, Versendungen, Messen, Jahrmärkte sind nicht für sie. Nur Kenner bestellen, aber gewiß nicht bey den ungeprüften, unbekannten Leuten, für deren Geschicklichkeit und Rechtschaffenheit Niemand bürgt, und zu Beziehung der Messen rc. wird Vorrath und Credit erfordert. Ihr Glück endigt sich auf den Landstrassen, in Lazarethen, in Gerichts-Akten und öfters in Zuchthäusern. *)

*) Siehe: Worinnen besteht der wesentliche Begriff einer Fabrike und Manufaktur. S. 8. Eine kleine Brochüre, die ungemein viel Merkwürdiges, vorzüglich für Obersachsen enthält.

Welcher väterliche Staat wird sich wohl den gerechten Vorwurf zuziehen wollen, daß er durch eine glänzend scheinbare Freyheit, den Grund zum Jammer so Vieler gelegt, dadurch seine Armen-Häuser, statt sie zu entvölkern, bevölkert habe?

Auflösung einiger Zweifel gegen verschiedene bisher behauptete Wahrheiten.

26) Vielleicht war ich so glücklich, wenigstens hoff' ichs, meine Leser durch das bisher Vorgetragene zu überzeugen: daß die Gewerbe treibende Klasse im Ganzen übersetzt, daß die meisten derselbigen arm sind, und es aus Mangel der Abnahme seyn müssen, daß Deutschlands Gewerbe, aber nicht die sie Treibende blühen, daß der Monopolism der Handwerker Einbildung ist, daß absolute Gewerbe-Freyheit ihren Flor nicht bewirkt, daß Zünfte und Innungen mehr und wichtigere Vor- als Nachtheile haben, daß ihre wirklichen Nachtheile verbessert werden können und müssen, die eingebildeten aber ja nicht mit den erstern verwechselt werden dörfen; daß ungeheure Schwierigkeiten der gänzlichen Aufhebung der Zünfte im Wege stehen und selbst bey Verbesserung ihrer Verfassungen ungemein viele Vorsicht nöthig ist.

Ich könnte also geradezu an die folgende Frage: Lassen sich alle Gewerbe allgemein beurtheilen? gehen. Allein der in unsern Tagen so ausserordentlich verbreitete, sehr oft übel angewandte Freyheits-Hang läßt mich nicht ohne Grund vermuthen: daß vielleicht manche noch manche Zweifel haben, und wenn diese nicht gehoben werden, meine Vorschläge, den Flor der Gewerbe zu befördern, mit minderer

Theilnahme lesen dörften. Ich will mich also nach Möglichkeit bemühen, diese Steine des Anstosses, die ich bisher, um den Zusammenhang nicht zu unterbrechen, nicht anfassen konnte, hier aus dem Wege zu räumen.

Die Schweitz hat keine Zünfte, und doch blühen die Gewerbe darinnen

a) Die Schweitz hat doch Gewerbe-Freyheit, ohne von Zünften eingeschränkt zu werden, und in ihr blühen viele Gewerbe ganz ausnehmend. Diese können also ohne Zünfte bestehen, blühender als in andern Ländern werden, wo jener lästige Zwang herrscht.

Ich antworte hierauf: diese Behauptung ist nicht allgemein richtig. Sie trift nur die zugetheilten Städte Genf, Lausanne, Neuschatel ꝛc., dagegen die Cantons zum Theil sehr strenge auf ihre Zunfteinrichtungen halten. Basel z. B. begünstigt seine Gastwirthe so ausnehmend, daß kein Fremder, wenn er nicht mit einem von diesem Gesetz ausgenommenen Korps, z. B. der Universität, verbunden ist, sobald er sich nicht des bloßen Besuchs halben in der Stadt aufhält, bey einem Privat-Manne wohnen darf.

Ueberdieß ist auch in der Stadt, so wie in der ganzen Schweitz, die Bürger-Annahme so ausserordentlich schwierig, daß, selbst mit höchst beträchtlichen Summen, das Bürger-Recht nicht immer erkauft werden kann, wenn nicht besondere Umstände, wie vor etwa 30 Jahren sich der Fall in Basel ereignete, eine Ausnahme machen. Und selbst da war die Annahme mit schweren Kosten verbunden.

Ich will dadurch nicht behaupten, daß vorzüglich Basel es in diesem Punkt nicht zu weit treibe, da ich dessen Entvölkerung, aber auch ihre Ursachen, zu gut kenne. Aber dieß folgt doch ganz natürlich zu Beantwortung des Einwurfs daraus: Wo Schwierigkeit der Bürger-Annahme der Uebersetzung der Gewerbe enge Schranken setzt, da kann man freylich in dieser Rücksicht strenge eingerichtete Zünfte eher entbehren, und man kann das Blühen der Gewerbe unmöglich von der Abwesenheit der Innungen und Gilden herleiten, wenn auch gar keine vorhanden wären.

Man denke sich ferner den Wohlstand der schweitzerischen Landleute, ihre höchst einfache Lebensart, die verhältnißmäsig geringe Zahl der Gewerbe Treibenden gegen die erstern, die Schwierigkeit ein bürgerliches Gewerb (oben benahmte zugetheilte Städte ausgenommen) in diesem Lande zu treiben, die wenigen Städte, den schweitzerischen Soldatendienst im Ausland, bey welchem die städtischen Bürgerssöhne als Officiere, die überflüssigen Bauerjungen als gemeine Soldaten angestellt werden, so daß sie immer einen Theil ihres Solds, und wenn dieß nicht ist, doch durch ihren Dienst in ihre Cantons schwere traktatenmäsige Gelder jährlich einbringen, und man wird sichs kaum mehr einfallen lassen, den Flor der Gewerbe in der Schweitz als eine glückliche Folge der Abwesenheit strenger Zünfte allein anzusehen.

– Diesem scheint zwar das zu widersprechen, was Herr Professor Meiners in seinen

Briefen über die Schweitz IIter Theil 3ter Brief, Seite 220. und ferner sagt: „Nachdem durch das Edikt von 1738. die geschlossenen Zünfte aufgehoben, und allen Einwohnern von Genf, ohne Unterschied der Zutritt zu allen Handwerkern und Gewerben geöffnet wurde; erwachte und verbreitete sich in dieser Stadt, in wenigen Jahren ein solcher Geist von Betriebsamkeit, wovon man in der alten und neuern Geschichte gewiß nur wenige Beyspiele hat. — Die Früchte des Fleisses und der Thätigkeit machten die Genfer zum Gegenstand des Neides und Bewunderung von ganz Europa ꝛc." Allein es liegen auch im nemlichen Brief die Gründe, diesen scheinbaren Widerspruch zu heben. In jedem Orte Europens, er liege wo er wolle, wird Industrie das nemliche Wunder, einen gleichen Wohlstand der Gewerbe bewirken, wenn er wie Genf (Seite 226.) jährlich 20 oder auch nur 14 Millionen Renten aus fremden Landen zieht, und dabey nicht mehr als 25000 Einwohner hat; die Zünfte mögen nun daselbst geschlossen oder aufgehoben seyn. Eine so ungeheure Summe jährlich auf einen so kleinen Fleck der Erde hingeschüttet, muß jeden, vorzüglich den sparsamen Handwerker schnell bereichern. Denn was sollen die vielen Millionairs mit all ihrem Gelde anders anfangen, als die Gewerbe um sich her mit tausenderley Waaren des Aufwands und des Luxus zu beschäftigen; ihnen Leben und Thätigkeit zu geben? Zu dieser grossen, jährlich gewissen Einnahme, kommen noch überdieß andere Zweige des Gewinns; vorzüglich die Menge reicher, sich in Genf aufhaltender, Engländer und anderer Fremden. Eine Hauptfrage wäre: Wie kamen die Genfer zu diesem ausserordentlichen Reichthum? Wenn man nicht wüßte (S. 226.) daß sie denselben durch ausserordentlich gewagte, zur Zeit noch glückende Spekulation, auf Unkosten der Noth des französischen Hofs erworben haben. Es hat also die Industrie das wenigste dazu beygetragen. Der gebohrne Genfer ist noch bis auf den heutigen Tag für Industrie verdorben. Nur der sich dort ansetzende Ausländer, vorzüglich Deutsche, geben ihr, gereizt von der häufigen Gelegenheit, Geld und Gewinn zu erndten, Kraft und Schwung. So herrlich es übrigens ist, jährlich so gewaltige Summen ohne Anstrengung baar zu erhalten, so ists doch gewiß kein wahres Glück, sondern vielmehr eine fürchterliche Lage für ein Land, dessen Wohl von der Gnade oder Schicksal eines mächtigen Schuldners abhängt, den keiner zur Bezahlung zwingen kann, der schon in diesem Jahrhundert einigemal zu bezahlen aufhörte (S. 227.) und wo der übermäßige ohne Mühe sich findende Zufluß, den verderblichsten Luxus mit allen seinen schrecklichen Folgen für Leib und Geist schon gewirkt hat und noch wirken muß.

b) Aber England, dieß Land der Freyheit, wo jeder treiben kann, was er will, wo alle Künste und Gewerbe im höchsten Flor sind, England ist zunftfrey und seine Professionen blühen

den andere Länder vielleicht in Jahrhunderten nicht erreichen — diese glückliche Insel wird doch durch ihr wirkliches Beyspiel beweisen: daß Zunft-Freyheit die wahre Mutter der blühenden Handwerker und Professionen seye.

Hierauf erwiedere ich: Daß es nicht so ganz à la Mirabeau uneingeschränkte Einrichtungen seiner Gewerbe habe, ist (No. 19. a bis g.) gezeigt worden, so wie der Nachtheil, den es bereits durch die wirkliche gar zu grosse Freyheit im Gesellenhalten erlitten hat (No. 22. IX. gegen das Ende) Wenn wir aber auch, gegen alle Wirklichkeit annehmen wollten: In England seyen alle Gewerbe so absolut frey, wie es Tubalkain in seiner Schmiede war, so möchte ich dennoch behaupten: daß der Flor seiner Künste und Handwerker unzählige andere, weit beträchtlichere Quellen als diese Freyheit habe, ohne welche er, so gut als in Deutschland bey den eingeführten Zunft-Systemen schwinden würde.

Wo kann Deutschland einen gleich vortrefflichen Ackerbau, die Mutter aller Künste und Gewerbe, ja ihre eigentliche Ernährerin, ihm entgegen stellen? Hat es denn, wie der Britte, eine gleiche Menge roher Materialien aus der ersten Hand? Hat es auch eine Schiffahrt und Handlung, die hundert tausend Matrosen, im Verhältniß der Landes-Fläche und Grösse unterhält, die Alle blos abnehmen und größten Theils ausführen? Bezahlt es auch so höchst beträchtliche Prämien zu Aufmunterung der

Industrie, wie die Societät der Künste, die nach Archenholzens Nachrichten aus 6700 Mitgliedern besteht, deren jedes jährlich zwey Guineen zu nützlichen Erfindungen und Vervollkommnung der alten großmüthig beyträgt, und dann seine Erfinder oder Verbesserer reichlich belohnt, und das Geld dazu hat? *) Man führe einen einzigen deutschen Boulton an (und dieser hat England in ihrer Art mehrere), der auf das Modell einer Feuer-Maschine, zu seinen Versuchen 4000 Pfund Sterling verwendet! Welcher deutsche Fürst gräbt wie ein Herzog von Bridgewater, mit königlichen Kosten zu Beförderung des inländischen Handels, einen Kanal von 8 englischen Meilen **), führt ihn durch ausgehöhlte Fel-

---

*) Wäre auch der ausserordentliche Geld-Reichthum Englands gegen Deutschland vorzüglich, nicht so allgemein anerkannt, so zeigte ihn der gewiß nicht unbeträchtliche Beytrag zur Geschichte der Europäischen Handlung im J. von und für Deutschland 1785. VIItes Stück No. V. S. 23. Daß aber demungeachtet manche deutsche Provinzen, welche keine Silberbergwerke haben, und deren Handelschaft kein Geräusche macht, nicht schon lange durch die für fremde Produkte ausgehende ungeheure Summen ganz arm an klingender Münze wurden, erklärt sich aus dem IX. Stück No. XIV. S. 273. und 274. des nemlichen Jahrs.

**) Der Nutzen dieser seit mehr als 100 Jahren in England mit Eifer gegrabenen Kanäle, um Flüsse zu vereinigen und Ströme schiffbar zu machen, ist vielfältiger, als er im schnellen Ue-

sen, dann wieder in Krümmungen unter der Erde, und dann durch die Luft über ungeheure Bogen über den Fluß Irwell? Gesetzt aber auch, deutsche Fürsten oder reiche Partikuliers wollten dieß Alles thun, so würde es Deutschland doch immer an Englands glücklicher Insel-Lage, welches an drey Seiten mit dem Meere umgeben ist, am Public Spirit, vorzüglich aber an einem reichen bevölkerten Ostindien fehlen, wohin es alle seine Waaren, gute und schlechte, die Sack-Uhren für eine halbe Guinee das Stück nicht ausgenommen, immer ausführen, und mit reichem Gewinn verkaufen kann. Man wird, sagt Taube, nicht leicht eine Waare nennen können, welche nicht aus England nach Westindien geführt würde. Sogar Steinkohlen, Ziegelsteine, Peruken, Faßreife, eingesalzenes Rind- und Schweinenfleisch, Schuhe, Seezwieback ꝛc. wird dahin geschickt und beschäftigt alle Professionisten. Der englische Tradesman oder Handwerker ist aber so arm als der deutsche, wenn er nicht einen starken Fond hat, nicht auf 6 monatliche oder einjährige Rechnung creditiren, dabey ungeheure

---

berblick erscheint. Sie erleichtern nicht nur die Fracht, setzen nicht nur das rohe Prod ukt und die gefertigte Waare geschwinder um und ab, vermindern nicht nur den Preiß der zugeführten Lebens-Mittel, Holz, Steinkohlen ꝛc., welche letztere zu Birmingham von 20 auf 4 Schilling durch die Wasserzufuhr fielen, sondern auch die zum Fuhrwerk über Land nöthige Pferde und das Getraide, welches sie fressen, wird erspart ꝛc.

Waaren-lager halten kann, und dem ungeachtet seinen Gesellen, wochentlich ihren baaren Lohn bezahlen muß. Daß jedoch viele, sehr viele englische Handwerker reich genug sind, dieß auszuführen, und wie sie zu der Menge des dazu nöthigen baaren Geldes gekommen sind, fließt aus dem bekannten Umstand her: daß der Sohn des englischen Handwerkers in die Fußstapfen seines reichen Vaters tritt, und nicht gewöhnlich wie in Deutschland zu einem blos scheinbar vornehmern Stand, zu einer Militair- oder Civil-Stelle erzogen und bestimmt wird. „Der Engländer, heißt es in den Beyträgen zur Kenntniß, vorzüglich des Innern von England, Seite 88. ist weit weniger, als irgend eine Nation von der Thorheit angesteckt, seinen Stand zu verlassen, um in einen höhern zu tretten. Geld zu gewinnen, und sich ein unabhängiges Vermögen zu erwerben, ist des Engländers Ehrgeiz, und hierzu zu gelangen, hält er gemeiniglich den Weg für den besten, auf welchem schon sein Vater wanderte."

„Diesem Umstand ist es ohnstreitig zuzuschreiben, daß die Handwerker in England eine ganz andere Figur machen, als in irgend einem andern Land von Europa. Der Sohn eines wohlhabenden Handwerkers betrachtet das Gewerbe seines Vaters wie der Sohn eines Güterbesitzers sein väterliches Gut: Er sucht soviel als möglich daraus zu gewinnen, aber er verläßt es nicht."

Hierzu kommt noch der ungeheure Aufwand der vornehmen und reichen Engländer, denen nichts zu theuer, nichts zu kostbar ist. Wegwoods ausserordentliche Manufaktur irdener Geschirre nach hetrurischen Formen, Coxens beynahe den Glauben übersteigende Unternehmung, reichen asiatischen Fürsten mechanische Kunstwerke zu liefern, wo er die geschicktesten Künstler im ganzen Königreiche, Juwelierer, Uhrmacher, Goldschmidte *) beschäftigte, die man nur zu sehen, eine halbe Guinee bezahlte; Doktor Grahams himmlisches Bett rc. kann, wird und darf kein Deutscher nachahmen. Und welcher deutsche Fürst zahlt eine sechs monatliche Fleischer-Rechnung, worunter sich weder Wildprett noch Feder-Vieh befand, mit der ausserordentlichen Summe von Eilftausend Pfund Sterling, so wie der vorige Herzog von Newcastle?

Unter solchen Lagen muß freylich Flor und Wohlstand in allen Gewerben herrschen, wo eine solche Abnahme, durch Reichthum, Ausfuhr und Verhältnisse Statt findet, es mögen nun Zünfte oder keine vorhanden seyn.

Wie sehr ist überdieß Englands und Deutschlands Handlung überhaupt verschieden. England gab seinem inländischen

*) Auch deutsche Künstler, die drey Gebrüder Schlaff in Rastatt arbeiteten an einem Thron für einen Nabob, der 700,000 — 800,000 Pfund Sterling kostete, in den 1770ger Jahren.

Handel alle mögliche Bequemlichkeit. Aber dadurch würde die ganze Masse des Reichthums sich nicht vermehren, wenn auch bald dieser, bald jener etwas reicher als sein Nachbar würde. *) Aber es zieht durch seinen ausländischen Handel ganz erstaunende Summen ins Land, und nun sind seine Bewohner im Stande, den Handwerker durch beträchtliche Abnahme aufzumuntern. Sollte wohl in Deutschland, im Ganzen genommen, sich nicht das Gegentheil von beyden finden? Und wenn es nun vielleicht, beym ausländischen Handel, mehr für baares Geld ein- als ausgeführt — so leiden seine Handwerker doppelt dabey. Sie kaufen selbst fremde Waaren, und ihren deutschen Abnehmern fehlts an Geld, ihnen die ihrigen abzunehmen.

„Schwerlich ist wohl ausser England eine Stadt in Europa, wo es Tischler giebt, die auf einmal für 60,000 Rthlr. Mahogony-Holz einkaufen, und völlig so viel an fertiger Arbeit vorräthig haben; die 500 — 600 Gesellen halten, und immer Beschäftigung für sie — aber auch den starken Absatz finden. **) Wo wäre wohl der Fabrikant, der den Pallast eines Fürsten eben so gut in wenigen Tagen möublirt, als das Haus eines

*) Siehe Schlözers Staats-Anzeigen Vten Bands 18tes Heft S. 137.

**) Eben daselbst Seite 146.

Bürgers — bey dem man alles findet, was Pracht, Bequemlichkeit und Nothdurft nur wünschen können? Eben so entsteht der grosse Vorzug, den England in seinen Metall-Waaren hat, aus dem übermäßig grossen Absatz, wodurch der Künstler und der geringere Arbeiter angetrieben wird, stets darauf zu denken, wie er vieles, gut, auf eine leichte Art, in neuem Geschmack und wohlfeil verfertigen könne. *)"

„Nach solchen Vorzügen beurtheilen gewöhnlich die Kläger über den Verfall deutscher Gewerbe die daran unschuldigen Handwerker. Sie sprechen aber nicht von den Vortheilen, Unterstützung und Absatz, welche diesen mangeln, und die Engländer im Ueberfluß genießen —" nicht vom Druck der Kattune und Leinwande mit kupfernen Formen, das er nicht könnte, wenn er nicht mit jeder Form einige hundert Stücke zu drucken hätte, und des Verkaufs sicher wäre **), nicht vom Pressen couranter Silberarbeiten, Schnallen, Leuchter, Handgriffe zu Messern, Gabeln ꝛc. wodurch er ein grosses am Arbeits-Lohn erspart, welches der Silberschmidt in andern Ländern nicht thun kann, weil er nicht bey der theu-

*) Schlözer am angeführten Ort S. 147. und 148.

**) Ebendaselbst S. 145.

ren Form, 200 bis 300 Paar Schnallen von einem Muster abzusetzen im Stande ist *) — nicht von den trefflichen Walz-Maschinen, durch deren Hülfe der Engländer seine Eisen-, Kupfer-, Messing- und Silberarbeiten freylich schöner und wohlfeiler verfertigt, und wenn ganz Europa damit versehen ist, die ganze übrige Pakotille nach Ostindien sendet."

Freye Concurrenz der Arbeiter **) ist vom Flor der Gewerbe Englands so wenig die einzige Ursache, als Zünfte und Innungen in Deutschland vom Verfall. Absatz dorten, Mangel des Absatzes hier, sind die Quellen von beyden. Sehr wahr mag das ***) von Hamburg angeführte Faktum seyn. Allein der Hr. Einsender bemerkt nicht, wenn er sagt: „Die Handwerker, und besonders diejenigen, welche nicht durch Zunft-Privilegien träge gemacht worden, sich immer mehr hervor thun rc." daß diese der Natur der Sache nach, weil sie nicht in Zünften sind, meistens neue, oder wenigstens nicht so lange in der Stadt eingeführte Handwerker seyen, die sich mit neuen Erfindungen oder fremden Nachahmungen

*) Schlözer am angeführten Ort S. 148. und 149.

**) Ebendaselbst S. 149.

***) Ebendaselbst S. 151. Anmerk. 4.

beschäftigen, und daher noch minder als andere übersetzt sind, mit denen es aller Orten die nemliche Bewandniß hat. Auch hätte allerdings angemerkt werden sollen: Ob es nicht gerade solche Professionen sind, welche ein eigenes grosses Vermögen erfordern, womit sich immer, mit und ohne Zunfteinschränkung vieles thun läßt. Zudem gestehet der Einsender S. 152. selbst ein: „Machte es der Engländer nicht auf den Fuß, wie ers macht, und arbeiteten nicht an einem Instrument mehrere Meister zugleich, wovon der eine dieß, der andere jenes verfertigt; so wüßte ich nicht, wie ein einzelner Mann, der alles mit seinen eigenen Händen verfertigen soll, Salz und Brod dabey verdienen könnte." Ist dieß aber nicht gerade der leidige Fall, bey den meisten deutschen Professionisten, die, wie wir gesehen haben, aus Mangel der Abnehmer, oft nicht einen, geschweige dann mehrere Gehülfen halten können? Ists nun ein Wunder, wenn ein grosser Theil von ihnen, nicht so wohlfeil und nicht so fürtrefflich arbeitet? Ist hier Mangel der Geschicklichkeit, oder nicht vielmehr Darben Schuld daran? Und wo soll denn unter solchen Umständen nur die Möglichkeit denkbar werden, daß der Handwerker und Fabrikant den so nöthigen Credit geben kann, um sich Absatz und Aufnahme zu verschaffen, wenns ihm, aus denen häufig angeführten Gründen selbst am Vermögen fehlt?

c) Auf eine ähnliche Art stellt man Holland als ein Beyspiel auf: Daß Gewerbe blühen; die Arbeiter sich im höchsten Wohlstand befinden, wenn unbeschränkte Freyheit ihrer Emsigkeit keine Schranken setzt, und macht das letztere zur einigen Ursache des erstern. Holland hat Zunftfreyheit u. dessen Gewerbe blühen.

Man vergißt aber auch hier, wie bey England, welchen unaussprechlichen Absatz seine Manufakturen und Fabriken nach beyden Indien haben; daß seine Schiffe die meisten Waaren in Europa und Ostindien verführen; daß die aus letzterem eingebrachten Spezereyen, seine Häringe, Wallfisch- und Fischfang überhaupt, dessen Einwohner unaufhörlich beschäftigte und bereicherte.

Man denke hiebey an die ungemein sparsame Lebensart des Holländers, an die sich der Deutsche wohl schwerlich mehr gewöhnen kann. — Der Holländer versendet aus Gewinnsucht seine vortreffliche Butter, und kauft die schlechtere, aber wohlfeilere irrländische; er verkauft seinen rafinirten Zucker, und genießt den Syrup. Man denke sich bey der Schiffahrt, dieser Nationen, die ungeheure Menschenzahl, die nicht nur zum wirklichen Seedienst, schon zum Schiffbau unentbehrlich sind; die ausser der beständigen Einfuhr roher und Ausfuhr verfertigter Waaren, alle ansässigen Gewerbe mit ihren eigenen Bedürfnissen beschäftigen, alle Augenblicke eine Menge Handwerker nöthig haben. Man berechne den beständigen Abgang englisch- und holländischer Einwohner, von welchen

sättigt Euch! Die Aufmunterungen dieser edlen Menschenfreunde sind reell, sind thätig — nicht ein blos glänzender Wortkram, ohne Versuche, Unterstützung und wirksame Ermunterung. Aber auch die gelehrtesten Vorlesungen oder Abhandlungen über Gewerbe, die mancher in seinem ganzen Leben nie gesehen hat, wenn sie auch noch so vielen Beyfall erhalten, wenn sie auch auf Kosten der Gesellschaften gedruckt werden, sind, den Buchdrucker und Papiermacher ausgenommen, selten von einigem wahren Nutzen. Der gute Handwerker bekommt die gelehrte Schrift nie in die Hände, und wenn es geschähe, so wird er sie, wegen dem seine Fassungskraft übersteigenden Vortrag schwerlich verstehen. Anstalten von der Art sind für die Industrie Luftgefechte, schön und artig anzuschauen, aber gemeiniglich ohne wahren bleibenden Erfolg. Groß könnte allerdings der Nutzen werden, den diese Gesellschaften an sich zu stiften fähig sind, wenn sie ihre Theorien mit Ausübung, ihre schönen Aufsätze mit thätiger Unterstützung, so wie England und Hamburg, verbänden. Denn der arme deutsche Handwerker bleibt auch in Rücksicht auf den Fortgang mit dem Geist der Zeiten, gemeiniglich, wenns gut geht, ein volles Decennium zurück, da ihm seine Armuth weder Zeit zum Lesen, noch Geld zu Anschaffung der Bücher zu verwenden erlaubt, daher auch manche auswärtige Verbesserungen und Verschönerungen, gewöhnlich merklich später bey uns angetroffen werden.

27) Lassen sich denn aber alle Gewerbe ohne Unterschied, nach einem allgemeinen Grundsatz in Absicht auf das Schädliche oder Nützliche des Zunftwesens beurtheilen; oder müssen nicht vielmehr die bisher entwickelten Sätze, nach Verschiedenheit ihrer Natur mit Einschränkung oder Ausdehnung bestimmt angewendet werden?

Läßt sich das Beybehalten oder Aufheben der Zünfte nach einem einzigen Grundsatz beurtheilen oder muß man auf ihre Verschiedenheit Rücksicht nehmen?

Viele haben die Eintheilung der mancherley Handwerker und Gewerbe, zum Theil bis ins Lächerliche getrieben; andere nach ihren besondern Absichten sie so classificirt, wie es ihre Ideen, ihr Gegenstand heischte. Da hört man von Handwerkern, mit und ohne Feuer, von groben und feinen, von geschenkten und ungeschenkten, gesperrten und nichtgesperrten, handelnden und aufs Geding arbeitenden, zünftigen oder eingeschränkten und freyen Professionen.

a) Daß die an sich schon zunftlosen, bereits ganz freyen Gewerbe hier nicht in Anschlag kommen, bedarf kaum einer Erinnerung. Nur die einzige Frage darf, vermöge des Vorhergehenden, nie vergessen werden. Sind sie im Verhältniß gegen die abnehmende Klasse, von der sie leben müssen, nicht übersetzt? Denn wenn sich dieß fände, so müßten sie wahrlich, in so fern es dem Staat ein Ernst ist, ihren Flor zu befördern, eher auf eine weise,

Schon freye Gewerbe müssen vor Uebersetzung verwahrt werden.

nicht sklavisch zwingende Art eingeschränkt, vermindert werden, statt die Gränzen der Freyheit zu ihrem eigenen Nachtheil zu erweitern.

Bey Zünftigen unterscheide man: Aufs Geding arbeitende, handelnde, und vorzüglich mit Zubereitung der Lebensmittel beschäftigte Gewerbe.

b) Alle übrige Eintheilungen scheinen mir wenig Einfluß auf die Entscheidung der vorliegenden Frage zu haben, die ausgenommen, welche einen in der Natur der Sache so gegründeten Unterschied zwischen denen auf Geding arbeitenden und handelnden Professionisten macht. Die leztern arbeiten, entweder blos für den inländischen, oder nur für den ausländischen Handel, oder für beyde zugleich. Und endlich möchte es unumgänglich nothwendig seyn, diejenigen, welche sich mit Zubereitung der Lebensmittel für einen Staat, in seiner natürlichen friedlichen Lage beschäftigen, ja nicht mit dem andern zu verwechseln.

Ich mache mit der Beurtheilung der letzten den Anfang.

Gründe zur Behandlung der letztern.

c) Keinem Staat, dem das Leben und Gesundheit seiner Einwohner schätzbar ist, kann es gleichgültig seyn: Ob diese gute oder schlechte, gesunde oder ungesunde, halb verdorbene, oder frische Lebensmittel in verhältnißmäßig nothwendiger Menge erhalten können, oder nicht. Daher ist bey Gewerben, deren Waaren einem schnellen Verderben ihrer Natur und Zubereitung nach unterworfen sind; die durch verspäteten Absatz, entweder dem Handwerker beträchtlichen Schaden zufügen, oder der Gesundheit der Käufer nachtheilig, wenigstens minder wohl geschmackt, oft ekelhaft werden, oder auch sonst einen schädlichen Einfluß fürs ganze Publikum in Absicht auf Holz, Kohlen, Licht rc. Consumtion haben — bey allen diesen behaupte ich, ist, vorzüglich in kleinen und mittelmäßigen Städten, eine weise, nach den Umständen beständige Einschränkung unumgänglich nothwendig, damit ihre Anzahl nie übersetzt und ihr Zweck für sie selbst und das Publikum zerstöhrt werde.

Unter diese zähle ich hauptsächlich die Metzger oder Fleischer *), deren Schlacht-

---

*) In Dillenburg, sagt Schlötzer im VII. Heft No. 52 lebt ein Viertelhundert Metzger, welche eine Last der Stadt und privilegirte Müssiggänger sind, weil die Hälfte und noch weniger sie hinreichend mit Fleisch versorgen könnte. Wäre es nicht besser, wenn die Ueberflüssigen etwas anders erlernet hätten, und solches nun trieben? Wozu sollen eines Metzgers vier Söhne wiederum alle Metzger werden? „In Speyer hatte ein Metzger, namens Rohr, acht Söhne, von denen sechse Metzger wurden, und der siebente seiner Bestimmung noch entgegen sieht; andere haben 2, 3 Söhne, und alle sind Metzger. Höchstselten wird ein Metzgers-Sohn die väterliche Profession verlassen, sie hat für ihn in den Verhält-

vieh sowohl lebendig als todt, bey Verzögerung des Absatzes, einem baldigen Verderben und grossem Verlust unterworfen ist. Dieses nimmt, sobald es aus seinem Mastungsstall gebracht wird, wo es seinen Platz, Futter, neben ihm stehendes Vieh, Wärter, Getränke, die Art es zu erhalten rc. und tausend andere Kleinigkeiten gewohnt ist, in we-

---

nissen des Lehrjungens, der er im Hause des Vaters nie wird, gegen andere Professionen zu vielen Reiz. Der zeitvertreibliche herrenähnliche Umgang mit dem Landvolk, seine Freyheit mit dem Gelde des Vaters oder Meisters in in der Tasche, willkührlich zu handeln, sich nach der Metzger Terminologie, auf dem Gay vom höflichen Wirth nach Belieben auftischen zu lassen, die gewöhnlich gute und satte Metzgerkost, die völlige Gleichachtung des Mertzgerknechts und Jungens untereinander, die beständige Abwechselung der Geschäfte mit manchen müßigen Stunden vermischt rc. hält den Metzgers-Sohn von jedem andern Gewerbe zurück, bey dem er auch in seinem schon gewöhnten Freyheitshang selten gut thun wird. Aber auch die Väter stimmen der Neigung ihrer Söhne meistens gar zu gerne bey. Sie brauchen kein Lehrgeld zu zahlen, sind in ihrem Geschäfte erleichtert (wenn sie gleich selbst oft wenig oder gar nichts zu thun haben), haben beym Meisterwerden des Sohns weniger Kosten, und stüzzen ihre Hoffnung meist auf den Gedanken: Aus dem Metzger läßt sich durch seine Landvolks- und Handelskenntniß alles machen. Er kann Metzger, Wirth, Brauer, Vieh- Frucht- Wein- Pferdehändler, Bauer rc. alles werden, und bleibt denn gewöhnlich zur Last des Staates ein armer müssiger Metzger.

nig Tagen, auch beym größten Aufwand auf Futter und Wartung, augenscheinlich ab. Wie lange sich etwa geschlachtetes Fleisch, bey aller möglichen Vorsicht, insonderheit im Sommer, ohne Fäulniß erhalten lasse, sagt jedem die Erfahrung. Und wer wird halbfaules Fleisch, wenn ihn auch Mangel zwingt, sonder Nachtheil für seine Gesundheit genießen *), wer wirds dem Fleischer abnehmen?

Es gehören hieher die Becker. Keiner von diesen kann sein gebackenes Brod lange aufbewahren. Wenn diesen der verhältnißmäsige Absatz fehlt, so werden sie bey ihrem immer zu heitzenden Backofen, viel Holz umsonst verbrennen, auch nicht selten schlechter gebackenes Brod liefern und endlich in die Lage gerathen, die ich oben (No. 10. VI.) von Schweidnitz angeführt habe.

Mit Recht zählt man darunter die Bierbrauer, wenn sie keinen starken auswärtigen Absatz haben. Sobald diese übermäsig lang an einem Gebräude haben, so muß es matt, endlich gar sauer werden.

---

*) Bey Apotheken hinderten Obrigkeiten die Uebersetzung durch sparsam ertheilte Privilegien, um zum Theil dem Schaden, der durch veralterte und verdorbene Arzneymittel entstehen muß, vorzubeugen. Verdient denn aber die Erhaltung der Gesundheit durch frische, gesunde Lebensmittel weniger Rücksicht, als ihre Wiederherstellung?

Und wer kann vom Wirth verlangen, daß er sich mit den nöthigen Speisen, Getränke, Möbels und Zimmern versehen soll, wenn 20 bis 30 in einem mittelmäsigen Ort seine Nahrung mit ihm theilen, wo nur die Hälfte ohne schlechte Streiche, ohne ihren und des Publikums Schaden zu leben haben? Ein Umstand, den gewisse Stubenphilosophen nicht beobachteten, mit allen Determinationen nicht darauf stießen, oder nicht wissen wollten, da sie unumschränkte Gewerbe-Freyheit anriethen, und mit vollen Backen jede weise Einschränkung wegposaunten.

Blech- und Nagel-, besonders Grobschmidte und Schlosser, die theils gar nicht, theils gewiß nicht ohne Schaden einzeln arbeiten können, und doch bey gleicher Kohlen-Consumtion, vier und mehrere Menschen beschäftigen könnten, sind allerdings in die nemliche Klasse zu rechnen. Alle diese und andere ihnen ähnliche Gewerbe müssen vorzüglich gegen alle Uebersetzung gesichert werden. Bey ihnen würde das gänzliche Aufheben des Zunftwesens eine höchst traurige Wirkung nach sich ziehen.

Was bey denen blos für den inländischen Handel arbeitenden Gewerben geschehen muß?

d) Der handelnde Professionist arbeitet entweder blos für den inländischen Handel. So lange dieser nicht sehr beträchtlich, durch irgend eine Ursache zunimmt, folglich wie jede unveränderte Größe sich selbst gleich ist, kann er gewiß nicht 30 Personen ernähren, wenn nur 15 dabey ihr

ihr ehrliches Auskommen haben. Auch in diesem Fall muß man, wenn die Gewerbe Treibenden nicht, wie gezeigt wurde, verarmen, folglich die Gewerbe selbst endlich verfallen sollen; eben so wirksame Maasregeln gegen ihre Uebersetzung ergreifen. Ich weiß gar wohl, daß schon lange manche, und erst in diesem Jahr ein neuerer Schriftsteller*) gerade das Gegentheil davon behaupten und sagen: „Auch hier müssen die wahren Vortheile des gemeinen Wesens dem Privat-Nuzzen des Handwerkers vorgehen, und man soll billigermaßen allen denenjenigen, welche diese oder jene Waaren mit einer ganz besondern Geschicklichkeit, mit vorzüglichen Handwerks-Vortheilen verfertigen, oder auch etwas Neues und recht Nützliches ersinden, von Seiten der Polizey die Erlaubniß ohne alles Bedenken ertheilen, diese Waaren ungestöhrt und ungehindert allenthalben im Lande, und so oft sie mögen, zu verfertigen.

Allein der Herr Verfasser erlaube mir folgende Bemerkungen hiebey zu machen.

I. So lang das Gewerbe nicht hinreichend mit guten Arbeitern besetzt ist, wird niemand Schwierigkeiten machen, dergleichen vorzüglichen Professionisten das

*) S. Gemeinnützig praktisches Handbuch der Land- und Stadt-Wirthschaft, Polizey und Cameral-Wirthschaft von Christoph Friedr. Parrot, der Weltweisheit Doktor und Professor rc. IIter Theil S. 323.

Meister-Recht und die Aufnahme zu ertheilen. Ob es vortheilhaft oder nachtheilig ist, dieß allenthalben in einem Lande, folglich auch auf den Dörfern zu thun, erhellt schon aus No. 15. V. und wird noch näher entwickelt werden.

II. Sind aber von der nemlichen Klasse Handwerker schon genug und tüchtige Arbeiter vorhanden, so sehe ich nicht ein: Was der Staat dabey gewinnt, wenn er einigen neu aufzunehmenden zu Gefallen, die vorhandenen, welche dem Vaterland schon lange nützliche Dienste leisteten, vorsetzlich und wissentlich zu Bettlern macht, die er nachher ernähren muß, und vielleicht doppelt so viel durch ihren Verlust, durch ihren Unterhalt verliert, als die wenigen Groschen betragen, welche einzelne Einwohner an der von den überzählig angenommenen, etwas wohlfeiler verfertigten Arbeit gewonnen haben. (No. 15. vorzüglich dort in XX.)

III. Sollte endlich, wie es in vielen Gegenden wirklich ist, die nemliche Klasse schon so übersetzt seyn, daß ihre Mitglieder nicht bey ihren Metiers subsistiren können, so wird man doch wahrlich dem bereits nothleidenden eher zu Hülfe kommen, als durch Bewilligung einer chimärischen Freyheit dessen halbes Brod auf ein Viertel, oder gar noch weniger herabsetzen wollen, oder man müßte glauben: daß 10, 20 und wohl mehr Bettler von dem Ueberschuß des vermeyntlichen Gewinns erhalten werden können, welcher dem Publikum durch die, auf Unkosten der alten Handwerker eingedrungene Neue zuflösse. Eine Voraussetzung, welche keine richtige Berechnungen rechtfertigen werden. *)

e) Arbeitet der handelnde Professionist zugleich für in- und ausländischen Handel, so entsteht nothwendig die Frage: Ob er sich mehr vom erstern, oder vom letztern nähre? Im ersten Falle muß wie bey (d.) entschieden werden, im letzten hängt die Entscheidung von der folgenden Frage ab:

Wenn der Professionist für in- und ausländischen Handel zugleich arbeitet.

f) Findet absolute Gewerbe-Freyheit bey handelnden Gewerben als-

Wenn er ganz allein für den auswärtigen Handel beschäftigt ist.

*) Ob bey diesen vorzüglich und vielleicht auch andern ähnlichen Professionen eine Taxe nüzlich, und wie sie etwa am billigsten zu bestimmen wäre, darüber spricht sehr gut Casperson im J. v. und f. Deutschland 1785. IItes Stück No. I. S. 111. und 112. von den Fleischtaxen, aber insonderheit kann nachgesehen werden: Beantwortung der Preißfrage: Wie können Fleischtaxen am sichersten bestimmt werden, unter dem Motto: navita de ventis &c. im Hannöverischen Magazin 17. 18tes und folgende Stücke vom Jahr 1788. doch möchten die Fischtaxen am wenigsten billig seyn, da sich diese so äußerst leicht zu Grunde gehende Waare, durch den reichlichen oder schlechten Fang, Ueberfluß oder Mangel selbst taxirt und der Fischer gewöhnlich sehr arm ist. Daß hier nicht von eingesalzenen Fischen in grossen Seestädten die Rede seye, versteht sich von selbst.

dann Statt, wenn sie ganz für den auswärtigen Handel beschäftigt sind?

Und die Antwort muß bejahend oder verneinend ausfallen, je nachdem die Ausfuhr-Berechnungen deutlich zeigen: Ob die Grösse derselbigen hinreichend seye, mehr oder weniger, oder gerade so viel Hände zu nähren, als sich wirklich damit beschäftigen, wobey die hohe Wahrscheinlichkeit der Dauer dieses auswärtigen Absatzes, wenigstens auf eine Generation nothwendig mit in Anschlag gebracht werden muß. Ist diese Dauer so gewiß, als man in Gegenständen von dieser Art fodern kann, und es zeigt sich, daß z. B. nur 40 Brod dabey finden können, so wird man doch diese nicht zu Grunde richten, um wenige zu begünstigen, die noch nicht durch Thatsachen bewiesen haben, daß sie das nemliche zu leisten fähig sind. Müssen diese 40 darbey darben, so wird der Menschen-, Bürger- und Staatsfreund nach (d. III.) antworten. Können sich aber 50, 60 und mehr, höchstwahrscheinlich dabey nähren, dann vermehre der Staat durch neue Annahme die Zahl dieser Gewerbe Treibenden, zu seinem und der übrigen Vortheil, doch nie ohne die sorgfältigste Prüfung: Ob sie auch eben so gute und gerechte Waaren zu liefern fähig sind, wie bisher von den alten Professionisten geliefert wurden, wodurch sich dieß Gewerbe diesen auswärtigen Absatz mühsam erworben hat, damit nicht etwa schlechtere, obschon häufigere Arbeit diesen wichtigen Handlungs-Zweig im Ausland in üblen Ruf bringe, und wohl gar sein Verdorren bewirke.

Sollte es hingegen mit der kurz vorhin bemerkten Dauer der Ausfuhr etwas zweydeutig aussehen, so scheint wenigstens die Staats- und Handlungs-Klugheit zu fodern, daß man sich mit der Vermehrung dieser Professionen ja nicht übereile und vielmehr abwarte, bis sichere Data zur Entschliessung vorhanden sind.

Hier läßt sich also die nothwendige sogenannte Aufhebung der Pfuscher und Stöhrer, nicht allein aus dem Grund ohne Einschränkung behaupten: Weil die Professionisten blos für auswärtigen Handel arbeiten, sondern sie muß vielmehr aus dem in der Natur der Sache gegründeten Verhältniß der Abnehmer zu den Arbeitern entschieden, und dann die Vermehrung der letztern keineswegs blos deswegen behindert werden, weil sie ihre Produkte ins Ausland absetzen, in dem die vorgeschlagenen Cautelen bey ihrer Annahme, wenn sie vortheilhaft ist, gewiß allem Nachtheil vorbeugen werden.

g) Bey denen aufs Geding allein arbeitenden, nicht handelnden Handwerkern scheint der Satz: Man vervielfältige sie so sehr als möglich; dadurch wird die Arbeit wohlfeiler und das Pu-

Wenn die Professionisten aufs Geding arbeiten, und nicht handeln.

blikum mit geringern Kosten besser und schleuniger bedient — sehr viel für sich zu haben. Also hätte hier absolute Freyheit ihren angemessensten Platz. Denn wenn mir ein Schneider, ein Maurer, ein Zimmermann rc. nicht behagt; wenn er mich zu lange aufhält oder zu theuer ist, so kann ich gleich einen andern haben, sobald genug von seiner Art vorhanden sind. Dieß wird die übrigen schon zahm machen, ihnen ihre Capricen aus dem Kopf treiben, und sie nöthigen in wohlfeilern Preisen zu arbeiten. Allein ich denke: Auch hier darf das ewige Natur-Gesetz vom Größten und Kleinsten nie aus der Acht gelassen werden, wenn wir nicht Gefahr laufen wollen, mit später Reue seine unvermeidlichen Strafen zu fühlen, denen keiner seiner Uebertretter ausweichen kann.

Ich kann mir hier abermal nur drey Haupt- und bey jedem drey besondere mögliche Fälle denken, die ich bey Einem dieser Gewerbe beleuchten will, indem sich die Anwendung auf die übrigen von selbsten giebt. Der Ort, dessen Bürger sie sind, ist entweder sehr groß, mittelmäßig, oder klein. In jedem von diesen ist, z. B. die Menge Schneider übersetzt, hinreichend oder zu geringe.

Wenn das Gewerbe schon übersetzt ist.

I. Sie seye übersetzt, so daß auf einen Arbeiter weniger Abnehmer kommen, als zu seiner und der Seinigen Nahrung, selbst beym größten Fleiß, hinreichend ist. Und dieß läßt sich doch von einer sorgfältigen Obrigkeit durch genaue Seelen- und Handwerker-Tabellen *) hoffentlich genau bestimmen. Wozu soll in diesem Falle der Unrath der Uebrigen? Sie wer-

*) Solons Gesetz: Jeden Einwohner jährlich um die Art seines Erwerbs von Obrigkeits wegen zu befragen, verdiente allgemeine Wiedereinführung. Es würde der Menschlichkeit und Weisheit eines jeden Staatsministers Ehre machen, wenn er es auch gleich nur von Solon, wie dieser, nach Herodot, es von Egypten borgte. Es erhält dem Ackerbau die nöthigen Hände, steuert der Uebersetzung anderer Stände, und sichert beynahe jedem seinen Lebens-Unterhalt, befördert Künste, Handwerker und Manufakturen, hindert den Betrug und Diebstahl, nöthigt die Feinde der Arbeit zum Geschäfte, und läßt bey dieser gefährlichen Rotte der Ruhestöhrer den Hang zum Aufruhr, Meuterey und Staatsrevolutionen nirgends aufkeimen. Vieles ähnliche, vortreffliche und allgemein nachahmungswürdige enthält die Instruktion für die Fürstl. Wirzburgischen Kommissarien, die zur Untersuchung der Aemter von Zeit zu Zeit ausgeschickt werden, um den Gang der Justitz-, Polizey-, Kameral- und Oekonomie-Sachen zu prüfen und zu verbessern. „Wenn man, sagt Herr Meiners mit Recht in einer unter dieser Instruktion angeführten Note im G. H. Magazin IV. B. 3. St. zu diesem Geschäft stets thätige, einsichtsvolle, treue und unbestechliche Männer finden könnte, so würden solche Visitatoren zu den wichtigsten Bedienten des Staats gerechnet werden müssen." Nach der (No. 9.) bemerkten Wirzburgischen Tabelle scheinen die Visitatoren, die denselben von Herrn Meiners angewünschte Eigenschaften nicht zu haben.

den, wenn gleichwohl der Ort noch so bevölkert wäre, Hunger leiden, und endlich als Bürger dem Staate zur Last fallen, als Nichtbürger die Bürger noch mehr zu Grunde richten und endlich auswandern müssen, oder die Zahl der fremden Armen vermehren, welche mit den Einheimischen das diesen ohnehin sparsam zugeschnittene Brod theilen.

Wenn es verhältnißmäßig besetzt ist.

II. Ihre Anzahl soll das richtige Verhältniß gegen die Kunden-Zahl haben. Würde dieß nicht gerade durch unbestimmte, absolut freye Annahme mehrerer in das No. I. Geschilderte ausarten?

Wenn es nicht hinreichend besetzt ist.

III. Man setze den dritten, im Allgemeinen schwerlich existirenden, aber in einzelnen Gegenden und Städten möglichen Fall: Ihre Anzahl soll zu klein, sie nicht im Stande seyn, alle Einwohner bald mit guter Schneider-Arbeit zu versehen. Hier kann und wird keine vernünftige Innung Schwierigkeiten machen, mehrere Meister aufzunehmen. Sollte es aber dennoch geschehen, so müßten ihre Zunft-Artikel, wenn sie auch von Karl dem Grossen bestättigt wären, durch die Obrigkeit, der veränderten Bevölkerungs-Lage und der Menge der Abnehmer gemäß, abgeändert werden, damit nicht etwa zwey oder drey Meister mit einer überspannten Gesellen-Zahl ein Publikum von Ein- oder mehrern Tausenden im offenbaren Zwange halten können. Es wäre denn, daß dieß Publikum vollkommen mit ihnen zufrieden, oder von der Obrigkeit oder der Zunft selbst so weise Vorkehrungen getroffen wären, daß auch die Möglichkeit der Preiß-Ueberseßung und Arbeits-Verzögerung wegfiele. Ungeachtet ich auch in diesem zwar denkbaren, allein heut zu Tage schwerlich vorkommenden Falle, dennoch die Vermehrung der Meister-Zahl nach meinen oben genug geäusserten Grundsäßen, vorziehen würde, vermöge welcher ein kleiner, oder doch mittelmäßiger Staat gewiß glücklicher ist, wenn er viele Wohlhabende und wenig ganz Arme, als wenn er wenig sehr Reiche, wenig Mittelvermögende und eine Menge Bettler hat. Da aber dieser Umstand schon in die nöthige Modifikation der Zünfte ꝛc. einschlägt, so wende ich mich auf das letzte des ersten Abschnitts dieser Abhandlung: auf

28) **Die Mittel, den Flor der Gewerbe zu befördern und die Zünfte in Rücksicht auf unsere Zeiten und Verhältnisse so zu modificiren, daß der Nutzen, dessen sie fähig sind, wirklich erreicht werden kann.** Mittel zu der nöthigen Modifikation der Zünfte. ꝛc. Ich rechne hieher: Verbesserung der bisherigen Art die Bürger aufzunehmen. Verbesserung des Ackerbaues. Weise Ein- und Ausfuhr-Gesetze. Weise Verordnungen gegen die Handwerker-Schuldner, gegen den Luxus und das Betragen gegen Nachbarn. Verbindung und Betragen der Handwerker mit und gegen andere Stände und dieser gegen sie. Verminderung der Zahl der Gewerbe Treibenden. Verbesserung der Zünfte und Innungen selbst, in Rücksicht auf die Erziehung und Leitung der Jungen, das Betragen der Gesellen, ihre Sittlichermachung

und Wandern, und endlich in Rücksicht auf die Meister.

Durch Verbesserung der Bürger-Aufnahme.

29) Hr. Hofkammerrath Semer sagt in seiner oben (No. 16. II.) angeführten Schrift: „Die Bürger-Aufnahme besorgt 1stens entweder der Magistrat eines Orts und zwar an einigen Orten ausschliessungsweise, ohne jemand verantwortlich zu seyn; in andern erst dann entscheidend, wann er von der Zunung, von welcher der Aufzunehmende Mitgenosse werden soll, das Gutachten eingeholt hat. 2tens, oder die Orts-Obrigkeit entscheidet nicht, sondern die hohe Landes-Regierung auf die eingesandten Berichte derselbigen. 3tens, oder es wird eine ganz besondere Stelle hiezu errichtet, bey welcher alle Gefahr der Partheylichkeit wegfällt, und der man auch vollkommenere Lokal-Kenntnisse zutrauen kann. Diese würde aber nur dann wirksam und nützlich seyn, wenn die höchste Landes-Regierung hierinnen nichts ohne ihr Gutachten unternähme, vielweniger durch Machtsprüche des Hofschutzes sie in ihrem angewiesenen Wirkungs-Kreis stöhrte. *)"

---

*) Auch hierüber gab Leopold II. im September 1790. „Ueber die besonderen Beschwerden der Bürgerschaft zu Freyburg, die Uebersetzung der Handwerker und Gewerbschaften mit Ausländern betreffend, eine nachahmungswürdige Regel, wo es heißt: Ad 5ten will ich als allgemeine Regel festgesetzt haben, daß den Magistraten und Orts-Obrigkeiten, da ihnen die Lokal-Nahrungs-Fähigkeit am besten bekannt ist,

Die erste Art der Aufnahme ist in seinen Augen gefährlich, weil dergleichen Obrigkeiten so oft blos willkührlich, oft eigenmächtig, oft leidenschaftlich handeln, wovon er S. 68. bis 71. ein grelles Beyspiel anführt, ein Verfahren, das aus der (No. 16. II.) angeführten Methode, in den Rath zu kommen, sehr begreiflich wird. Selbst das eingeholte Gutachten der Zünfte bedeutet beynahe nichts. Denn wenn sich eine Obrigkeit selbst durch die höchsten Regierungs-Befehle, in ihrem einmal festgesetzten: Sic volo, sic jubeo &c. nicht irre machen läßt, was wird sie sich um das Gutachten der Zünfte bekümmern? Seite 71 — 74.

Die zweyte Art, wenn die Landes-Regierungen nach dem erhaltenen ortsobrigkeitlichen Bericht hierüber entscheiden, ist ihm aus einem doppelten Grunde verdächtig; die Regierungen haben ihren Sitz in den Hauptstädten und gestehen schon durch jedesmaliges Abfodern des ortsobrigkeitlichen Berichts selbst ein: daß sie das Locale und die Umstände nicht kennen, nur durch Ferngläser beobachten, die ihnen von den Orts-Obrigkeiten in die Hände gegeben werden. Und jedermann weiß ja, wie viel aufs Schleifen und

---

ausser ganz besondern Ursachen kein Professionist oder Handelsmann aufgedrungen, sofort in die Aufnahme und Abweisung der Gewerbsleute von der Landesstelle nur damals sich eingemenget werden solle, wenn gegen die magistratische und obrigkeitliche Bescheide recurriret wird.

Anordnung solcher Gläser ankommt, jeder weiß aus der Erfahrung: daß sie selten achromatisch sind, oder ohne Bild: daß man nur so richten kann, wie man berichtet wird; daß dergleichen Berichte eben nicht immer die strengste Unpartheylichkeit athmen, und dieß aus den nemlichen Gründen, welche wir im ersten Falle gesehen haben; des unendlich langweiligen Gangs dieser Geschäfte gar nicht zu gedenken, Seite 74 — 81.

Daher bleibt ihm nur der dritte Fall übrig: Die Bürger-Aufnahme solchen Männern anzuvertrauen, deren Aug an dem Orte gegenwärtig, aber ganz unpartheyisch ist. Hr. Semer scheut sich offenbar sie zu nennen S. 81. und ich ein Privat-Mann mag auch nicht, ohne gewisse Ueberzeugung, wirklich viel Gutes zu stiften, das sagen, was ihm Klugheit zu verschweigen rieth. Aber mit ihm wünschte ich: daß nie, gegen das edle Beyspiel Wilhelms V. in Bayern, unwidersetzlicher Hofschutz (der mich nie drückte und nie drücken wird) die edlen Bemühungen eines so gut, so vaterländisch denkenden Collegiums je vereiteln möchte. S. 82. und 83. Denn mein Wunsch, nur etwas zum Flor der Künste und Gewerbe beyzutragen, erstreckt sich nicht blos auf die Sphäre, in der ich lebe. Terenzens Homo sum! nihil humani a me alienum puto — ist mir zu heilig, als daß ich es je vergessen sollte.

30) Daß der Flor des Ackerbaus die erste vorzügliche Grundlage aller möglichen Glückseligkeit in allen Staaten seye, fühlt jeden, der nur einige Ideen von Wohlstand und Glückseligkeit eines Landes hat. Frankreich hatte eine Periode, wo man nichts als Stoffe fabrizirte, aber kein Brod bauete: allein gerade in dieser Periode erhielt auch England das ausserordentliche Uebergewicht über alle Fabriken, vorzüglich die Gallischen, weil es so weise den Ackerbau mit den Gewerben in Verbindung setzte; weil es höchst beträchtliche Belohnungen mit der Ausfuhr des Getraides verband, wodurch sein Anbau in vielen Gegenden dieser glücklichen Insel dermaßen erhöhet wurde, daß die Ländereyen das Vierfache des ehemaligen Ertrags liefern. Und die gesegnete Folge davon ist: Der Staat hat nicht nur Brod genug für sich und die Gewerbe Treibenden, er kann noch vieles ausführen *). Soll aber der Ackerbau blühen, so müssen vor allem die Grundstücke verhältnißmäßiger vertheilt und dadurch dem ungeheuren Nachtheil vorgebogen werden, von dem ich schon No. 16. gesprochen habe. Denn dieß ist doch einmal eine ausgemachte Wahrheit: Flor der Gewerbe eines Landes hat zwo Stuffen. Die Verbesserung des Feldbaues nebst der Viehzucht, und dann erst die Verarbeitung der rohen Materialien, welche jene her- Verbesserung des Ackerbaus.

*) Les intérêts de la France mal entendus ou le citoyen.

vorbringen. Spanien und Portugall z. B. überspringt die erste, die ihnen doch den sichersten Weg zur zweyten bahnen würde, und das nemliche geschieht noch in manchen deutschen Provinzen. Jedes Land sollte vorhin seine eigene natürliche Schätze hinreichend kennen lernen, ehe es sie durch Gewerbe benuzzen und vervielfältigen wollte, sonst fehlt es ihm, wo nicht an Menschen, doch gewiß an Lebens-Mitteln für die arbeitenden Gewerbe Treibenden, die sich mit dem Ackerbau nicht abgeben können und sollen. Sind nun, wie z. B. in manchen angeführten Gegenden die Grundstücke, welche sonst unter 50 bis 100 Bauern vertheilt waren, der Pacht oder das wirkliche Eigenthum eines Einzigen, so wird dieser ausser den schon bemerkten Nachtheilen mit seinen Produkten zurückhalten, und einen Land und Gewerbe zu Grunde richtenden Wucher treiben. Und sollte eine Gegend, durch anscheinenden Gewinn hingerissen, durch übermäßige Kultur des Wiesenbaues mehr für die vierfüssigen Thiere, Ochsen und Pferde, als für die Menschen sorgen, so muß sie sich es wahrlich selbst zuschreiben, wenn sie an den leztern vorzüglich guten Professionisten und Handwerkern Mangel leidet. Ein Fall, der vielleicht im Hollsteinischen nicht so ganz unbedeutend seyn dörfte. Auch diesem Mißverhältniß zwischen Ackerbau, Wiesenwachs und Viehzucht, das ein Hinderniß der bessern Kultur ist, hilft der gehörig Begüterte sicherer und gewisser ab, thut in nützlicher Mischung der Erdarten, Wegräumung der

Naßgallen, Erhöhung der Tiefungen und überhaupt für jede Verbesserung mehr als der übermäßig Begüterte.

Das anfänglich so unbedeutende Rom hatte seiner klugen Acker-Vertheilung und Cultur oder Agronomie mehrere Jahrhunderte durch seine Macht und Größe zu danken. Es setzte immer mehr Ackerleute und Bürger an, so wie ihm die überwundenen kleinen Völker mehr Land abtretten mußten, aber nicht früher. Man schätzte den Landmann höher als den Städter, und das größte Lob war, wenn man von einem sagte: daß er ein guter Ackermann seye. Den größten Flor seines Feldbaues erhielt es durch den vernünftigen Grundsatz: daß ein gut gepflügter, gut besäeter Acker besser seye und mehr trage, als zwey gleich grosse nachläßig bestellte. Daher hatte anfänglich ein Familien-Vater nur wenig Feldes. Allein sie mußten ihre Aecker auch bey Censorischer Strafe aufs beste bauen, lebten sparsam von ihren eigenen Produkten: daher, solange ihre Acker-Gesetze pünktlich beobachtet wurden, die ungemeine Wohlfeile der Lebensmittel; dabey waren sie freylich mit keinen drückenden Abgaben beschwert, und der Staat zog seine Bedürfnisse anfänglich hauptsächlich aus denen für ihn reservirten Grundstücken. Sie bauten ihr Feld allein, oder doch größtentheils mit Ochsen, die blos Stroh, Heu und Gras nöthig hatten und nach langen Diensten dem Eigenthümer noch ihr Fleisch lieferten, den besten Dünger vermehrten, und auch im Schiff und Geschirr ungleich weniger kosteten. Welch ein Abstand gegen Deutschlands häufige Pferde-Bauern, die eine Menge Getraide verzehren, oder dessen Anbau für die Menschen unmöglich machen! *) Freylich war damals der Landmann von Fröhn- und Hofdiensten frey, füllte aber auch dafür die eigentliche Schatzkammer des Landes. Sein Gewerbe war ein angesehenes allgemeines Studium der größten und vornehmsten Männer, und es konnte dann jeder bey dem herrlichen Boden und möglichst guter Kultur von der bestimmten Morgenzahl leben. **)

---

*) Wenn ein Bauer nur 30 Morgen zerstückelter nahe und entfernt liegender Aecker jeden zu 120 rheinländischen Ruthen bauet, so schadet er sich, wenn er sie mit Pferden statt Ochsen bestellt; hat er aber 40 bis 46 Morgen, so kann er sie durch Einen Menschen mit 2 Pferden, aber nicht mit 2 Ochsen pflügen; wobey er jedoch weiter nichts als den zweyten Ochsenknecht erspart, dessen Kosten ihm der vermehrte Dünger, die Ersparniß der Schmidt- und Sattler-Ausgabe, die jährliche Abnahme des Werths am Pferd und die Zunahme dessen am arbeitenden jungen Ochsen, der weniger theure Futter-Aufwand rc. wieder reichlich ersetzt, ja bey kinderreichen Bauern gar nicht in Anschlag kommt. Der Ackerbau mit Ochsen bleibt demnach in jedem Betracht der vorzüglichste, und verdiente allerdings die Aufmerksamkeit einer jeden Regierung.

**) Süßmilch göttliche Ordnung IIter Theil, 15tes Kapitel.

Ein Beyspiel eines gewiß grossen und mächtigen Staats, welches uns lehrt: daß man nach Friedrich Wilhelms und Friedrichs des Zweyten auffallenden Proben bey Nauen und Wriezen, alles zum Ackerbau und Viehzucht tüchtige Land aufs beste nützen, nicht aber öde liegen, geschweige denn wieder zu Grunde gehen lassen sollte. Am wenigsten aber sollten grosse Herren grosse Kammergüter halten. Sie werden gewöhnlich nur halb so gut gebaut und Dreyviertel des Ertrags geht oft für die Kosten und durch Betrug verlohren.

Daß ich Leibesfreyheit und Güter-Eigenthum beym Bauern voraussetze, liegt in der Natur der Sache, eben so sehr als die seinen Fleiß aufmunternden, den vorzüglichsten Landwirthen von Zeit zu Zeit zu ertheilenden Belohnungen *) und Unterstüzzungen, worunter diejenigen hauptsächlich ausgezeichnet zu werden verdienen, welche den Winter zur Leinen-, Wollen- und Baumwollen-Spinnerey nützen, welche das meiste und feinste Gespinnste in die Städte liefern, und dadurch dem Gewerbe Treibenden wohlfeil in die Hand arbeiten, auch im Sommer ihre zum Ackerbau noch nicht tauglichen Kinder damit beschäftigen, oder sie, wenn es thunlich

*) Im Journal v. und f. Deutschland finden sich im Jahrgang 1786. Ites Stück No. VIII. vortreffliche Beyspiele dieser Art von Friedrich dem Einzigen.

ist, zum Seidenbau anhalten, wovon uns Preußen, unter des Grafen von Herzberg Leitung, ein so wichtiges Beyspiel giebt. Denn es ist Irrthum, wenn man glaubt, daß die Seidenzucht nur in einem heißen Lande gedeihe. Fällt doch die beste persische Seide am Fuße des Caucasus und die beste italienische in Piemont. Ein Beweis, daß gebürgigte, kühle (nicht zu kalte) Länder, dem Seidenziehen vorträglicher, als flache und heiße sind.

In dieser Absicht müssen aber freylich die Schul-Anstalten eines Landes so vernünftig eingerichtet werden, wie es nach dem vortreflichen Beyspiel des wohlthätigen grossen Menschenfreunds von Rochow möglich und unter andern auch in Emmendingen in der Markgrafschaft Hochberg im Badischen in der mit der Hofrath Vogelischen Spinn- ꝛc. Anstalt verbundenen Schule *) wirklich ist. Nemlich so, daß sie nicht, vom 6ten bis ins 14te Jahr, also 7 Jahre wenigstens, täglich 6, in allem über zehen Tausend Stunden, in der Schule zubringen, und so nothwendig für alle Industrie gelähmt werden. Man kann mit der Hälfte der Zeit das nemliche für Religion und andere Kenntnisse, und noch besser als nach dem alten gewöhnlichen Schul-Schlendrian thun, wovon die Vogelische Kinder einen augenscheinlichen Beweis geben.

*) Im Journal v. u. f. Deutschland 1787. VItes Stück No. VIII. findet sich die Beschreibung davon.

Dergleichen und noch eine Menge Beschäftigungen von dieser Art würden in denen Gegenden, wo starke Bevölkerung ist, dem Landmanne Arbeit und Brod verschaffen, ihn von der traurigen Nothwendigkeit befreyen, seine Güter ins Unendliche zu verstückeln, oder durch Erlernung von Handwerkern diese ohnehin übersetzte Klasse noch mehr zu übersetzen. Aber es müßte auch allerdings ein hohes mit hinreichender Einsicht, Macht und Geld versehenes Landes-Kollegium in jedem etwas beträchtlichen Staat errichtet werden, welches die Agronomie zu seiner Hauptbeschäftigung machte. Dieß würde rügen, verbessern, belohnen, Verbesserungen angeben, und ihre Ausführung durch Rath und thätige Unterstützung erleichtern. *) Dann würde gewiß

*) Alle Aufmerksamkeit und eine weise Einschränkung erheischten bey vielen andern möglichen Verbesserungen in jeder Staats-Oekonomie die an manchen Orten so häufig angelegten und noch täglich neu errichtet werdenden Frucht-Brandtewein-Brennereyen, die eine unversiegbare Quelle hoher Frucht-Preiße sind, wodurch der Handwerker niedergedrückt wird. Man verbietet zwar bey sehr hochgestiegenen Preisen die Fabricirung dieses unnützen, der Gesundheit schädlichen Getränkes, allein man fängt da die Kur erst an, wenn das Uebel unheilbar geworden, und die Theurung schon da ist, der durch ein früheres Verbott zum Theil hätte vorgebogen werden können. Es sollten in Ländern, wo ein kaum zum eigenen Brod-Verbrauch hinlänglicher Fruchtwachs ist, durchaus keine Brandewein-Brennereyen geduldet werden, wenn auch gleich

der Ackerbau beträchtlich ergiebiger, und der Viehstand verbessert und vergrössert werden. Und die Folge für den Flor wäre der:

Vermehrung und Wohlfeile der Lebensmittel, wohlfeilere Zubereitung so vielen Gewerben unentbehrlicher roher Produkten, und endlich Minderung des Zudrängens der Landleute zum Handwerks-Stand.

---

ein Theil der Früchte dazu eingeführt würde. Von Ländern, in denen überflüssiges Getraide wächst und aus denen der Brandtewein ausgeführt werden kann, ist hier die Rede nicht, denn die daselbst angelegten Brennereyen sind diesen eben so nützlich als jenen schädlich, da sie nicht nur die Viehzucht und seine Mastung und die Fruchtbarkeit durch den Dünger befördern; sondern auch, nebst der an sich Gewinn abwerfenden Beschäftigung, einen zu wohlfeilen Preiß der Früchte, wobey der Landmann nicht bestehen könnte, verhindern. Zwar könnte statt des übertriebenen Fruchtbaues zu Brandtewein der nemliche Zweck zum Vortheil des Bauern, des Handwerkers und des Staats in den meisten Gegenden dieser fetten Ländereyen eben so gut durch den wechselsweisen Anbau roher, den Gewerben nöthiger Produkte, durch Krapp, Hanf, Taback, Hopfen rc. erreicht werden, wenn man die Anpflanzung des einen oder andern versuchen und einführen wollte. Es würde dadurch der wenig begüterte Landmann für seine Familie und die Taglöhner seines Orts ungleich mehr sich reichlich wieder bezahlende Beschäftigung, und besonders nur in solchen Monaten haben, in denen er meist müßig auf die Erndte und die

So wahr ist der Ausspruch des trefflichen Verfassers der Intérêts de la France p. 166. (holländische Ausgabe) En un mot, il faut faire de la culture des terres la premiere affaire d'Etat.

31) Sehr nahe verwandt ist mit der eben abgehandelten Materie: die verbesserte Benutzung und Vervollkommnung der eigenthümlichen Produkte eines jeden Landes. Diese sollte man allerdings zuerst emsig in größter Menge und Güte zu gewinnen, und dadurch den rohen Stoff des Handwerkers zu vermehren suchen, ehe man an fremde gedenkt. Schon Landgraf Philipp in Hessen sorgte dafür sehr ernstlich in seinen Polizey-Ordnungen, wovon sich auch

Verbesserte Benutzung und Vervollkommnung der eigenthümlichen Produkte jeden Landes.

Zeit der Wintersaat-Bestellung wartet. Man wende hiebey nicht ein, daß durch den Anbau dergleichen roher Produkte die Fruchtpreiße für den Handwerker steigen müßten und derselbe, was er an jenen gewönne, an diesen wieder verlöhre; da bekanntlich eine beständige Abwechselung der mancherley Feld-Produkte auf jedem Acker zur ergiebigen Erndte nothwendig ist, und der Krapp-, Hanf-, Reps-, Tabaks- rc. Acker sicher ein Viertheil, oft ein Drittheil mehr und reinere Frucht in den darauf folgenden Erndten giebt, als ein anderer, auf dem mit den besagten Produkten nicht alle 3 bis 4 Jahre abgewechselt wird. So lehrt es wenigstens die vieljährige Erfahrung in und um Speyer herum, wo viele Bauern auch bey niedrigen Preisen obiger Produkte, sie einzig wegen den reichern darauf erfolgenden Frucht-Erndten ohne Schaden anbauen.

über diesen Punkt ein schöner Auszug in Hrn. Rath Casparsons Abhandlung von deutscher Polizey, und der Hessischen insbesondere, im Journal von und für Deutschland 1785. IVtes Stück, No. I. S. 296. Fol. findet. Welchen Nachtheil hingegen vernachlässigte Industrie, vorzüglich den geistlichen Wahlstaaten bringe, zeigt trefflich, nebst einigen wohlgewählten Gegenmitteln: Die gekrönte statistische Abhandlung über die Mängel in der Regierungs-Verfassung der geistlichen Wahlstaaten. Im Journal von und für Deutschland 1787. IItes Stück, No. I. S. 148. und f. imgleichen VIItes Stück, No. II. S. 43. und f. Hieraus entstehen auch die gewaltigen Auswanderungen in diesen und mehrern Staaten, bey der gar nicht überhäuften Volkszahl der geistlichen Staaten. Diese schildert lebhaft mit allen ihren schlimmen Folgen der §. 13. in beyden angeführten Stücken, giebt auch mehrere brauchbare Vorschläge zu ihrer Verminderung an.

z. B. Schaafzucht.

a) Welche Sorgfalt verwendet nicht England auf seine nicht fabelhafte goldene Vliese, auf die Schaafzucht? Erst kürzlich stiftete der Ritter Sinclair, ein bekannter Patriot, in Edimburg eine brittische Wollen-Societät, von welcher der Prinz von Wallis Patron ist, und deren Zweck die Vervollkommnung und Vermehrung der brittischen Wolle ist. Nicht blos spanische Widder, nicht blos Luft und Boden brachten sie in England so hoch empor.

Eine Menge Aufseher sorgt für die pünktlichste Ausführung der von der höchsten Landes-Regierung zu ihrer Veredlung vorgeschriebenen nützlichen Regeln, und wird vom ungemeinen Fleiß der Landleute in der Fütterung, Pflege und Wartung der Schaafe vortreflich unterstützt, die sich auf die geringsten Kleinigkeiten erstreckt, an welche man in so vielen Gegenden Deutschlands nicht denkt. Höchste Reinlichkeit, Auswahl der Weide, hinreichendes Salz, ihr beständiger Aufenthalt auf dem Felde, die Vorsicht, daß sie für die zur Wollen-Zucht bestimmten Mutter-Schaafe nur auf 50 einen Widder halten, und diese so sorgfältig wählen, daß sie einen sehr vorzüglichen mit 40, 50, ja 100 Guineen bezahlen, auch es möglichst verhüten, daß der Widder und das Mutterschaaf nicht nahe verwandt sind (weil in diesem Falle schlechtere Lämmer fallen); dieß alles veredelt ihre Wolle zum größten Vortheil der dieselbige verarbeitenden Professionisten. *) Auch Schweden hat durch Veranstaltung der Reichsstände seine Schäfereyen, die vorher selten im Reiche waren, seit wenig Jahren sehr gehoben. Es führte englische und spanische Widder ein und veränderte dadurch und durch andere weise Anstalten seine grobe, harte, stammartige Landwolle in eine feine der spanischen ähnliche. Allein man blieb nicht, wie es bisher an verschiedenen Orten in Deutschland mit ansehnlichen Ko-

*) Taube in der angef. Schrift S. 83. und f.

sten und wenig Nutzen geschah, bey der blossen Einführung fremder Widder stehen; das
Landvolk wurde in der Behandlungs-Art der
Schaafzucht von den Provinzial-Schäfern
deutlich unterrichtet und diese vorher in einer
eigenen Schule gebildet und vor ihrem Aus-
tritt und Anstellung strenge geprüft, endlich
erst nach langer Uebung und Beweis ihrer
Kenntnisse zu Oberschäfern in sehr grossen
Schäfereyen befördert.

Verbesserung der grossen Viehzucht.

b) Nicht minder wichtig ist, nicht nur fürs Publikum überhaupt und den Fleischer insonderheit *), sondern auch vorzüglich für den Rothgerber, Schuster, Sattler rc. die Vervollkommnung der grossen Viehzucht. Jedermann wünscht englisches Leder zu Schuhen und Stiefeln. Und seine Güte ist wahrlich eine Folge der vortrefflichen Häute, deren behutsame Wahl mancher Stubenphilosoph den Zunft-Systemen zum Verbrechen macht. (No. 22. VII.)

Ingleichen der zur Gerberey nöthigen Produkte.

c) Aber es ist nicht weniger gleichgültig, wie sie gegerbt werden. Der Engländer braucht zu seiner Waare meistens Loh, keine oder doch wenige Knobben **); der welsche und

---

*) S. Beantwortung der Preißfrage: Wie können Fleischtaxen in den Städten rc. unter dem Wahlspruch: Navita de ventis &c. S. 289. vorzüglich S. 293 — 294. im Hanöverischen Magazin 1788.

**) Eine beym Regen, während der Eichenbluthe durch einkriechende Würmer statt der Eicheln wachsende flache seltsame Mißgeburt, oft unter

oberdeutsche Gerber fast allein die letztern, die doch nur solange schwer und brauchbar zum Gerben bleiben, als der Wurm drinnen sitzt, nur treffliches Sohl- oder Pfund-, aber desto schlechteres anderes Leder liefern. Sollte es nicht höchst wichtig seyn, diesem Gewerbe zum Vortheil (wo es der Boden erlaubt), dem Kanton Basel nachzuahmen, wo noch vor 20 Jahren, jeder sich verheurathende junge Bürger eine junge Eiche an einem hiezu bestimmten Platz pflanzen und ihren Auswuchs besorgen mußte. Ja, schreyt man, wann werden diese Vortheile bringen? Und ich möchte hierauf antworten: Welch ein Wunder wird dazu erfordert werden, die Hyder Egoismus zu tödten, welche das letzte Viertel unsers erleuchteten 18ten Jahrhunderts zu einer Riesengröße gezogen hat; die so viele

---

dem Namen Valonia bekannt, die häufig in der Levante, Ungarn, Croatien und Sclavonien wächst und vorzüglich im Oesterreichischen und Hungarischen zum Gerben gebraucht wird.

Hrn. Rath Wehrs Vorschlag und durch Hrn. Söhlmann erprobte Versuche mit Summach (Rhus coriaria Lin.) statt Lohe zum Gerben, verdient bey der allgemeinen Klage über Mangel an Lohe viele Aufmerksamkeit. S. J. v. und für Deutschl. 1791. III. St. No. X. S. 256.

Nach Bartels Briefen über Kalabrien und Sizilien 3ter Theil 27. Brief S. 230. ist Summach zur Ledergerberey längst ein wichtiger Handelszweig für Sizilien, welcher jährlich 14000 Scudi einbringt.

hundert Tausende abhält, Dattel-Bäume zu pflanzen, weil sie berechnen können, daß sie selbst keine Früchte davon genießen werden? — !!!

Der Bienenzucht.

d) Mit Recht zähle ich hieher, die beym Landmanne eine Nebensache ausmachende weder Zeit noch Aufwand erfordernde und doch so einträgliche Bienenzucht. Welche grosse Summe könnte sich der Bauer dadurch erwerben, wie viel Wachs den mancherley Handwerkern, die es brauchen, dadurch in bessern Preisen liefern, seinen eigenen Wohlstand verbessern, und sich in Stand setzen, dem Professionisten das abzunehmen, was er gern hätte, oft bedürfte, aber aus Geldmangel ungekauft lassen muß!

Des Bergbaus, Rücksicht der rohen, dem Handwerker unentbehrlichen Materialien.

e) Wie viel ist noch in Rücksicht auf den Bergbau zu verbessern! Ich spreche hier nicht von Gold und Silber, die es wahrlich nicht allein ausmachen. England und Holland leistet hierinnen für Feuer-Arbeiter, selbst zu Verminderung bey den täglich höher steigenden Holzpreisen, des unvermeidlichen Aufwands in Feurung der Wohnzimmer und beym Kochen, ungemein vieles. Wie herrlich würde auch dieß vorzüglich dem dürftigen Handwerker zu Statten kommen! Um so mehr, wenn man die von dem berühmten Schornsteinfeger Jachtmann für Deutschland entdeckte Methode, die Steinkohlen abzuschwefeln, dabey benutzte, das dabey sich erzeugende, die Stelle eines sehr guten Theers vertrettende

Oel verkaufte, und dann die Kohlen ohne Nachtheil der Gesundheit und der Eisenwaaren anwendete. Brauchen denn nicht alle Wollen-, Seiden-, Baumwolle-, Bieberhaare-, Kameelgarn-, Flachs-, Leder- rc. Bearbeiter, zum Färben, Drucken und Zubereiten, eine Menge Alaun und Vitriol? Sind nicht in manchen Gegenden Spuren genug vorhanden, daß sich dergleichen wohl auffinden ließe? Wie viele Landleute könnten dabey ihr Brod gewinnen, und dem Professionisten auch dieß unentbehrliche rohe Produkt wohlfeiler liefern. Wenigstens dächte ich, würden sich viele Lehrer der mit Recht so sehr geschätzten Natur-Geschichte hiedurch unendlich grössere Verdienste erwerben, als wenn sie noch mehrere Dutzende bisher unbekannter Schmetterlinge entdeckten.

f) Man vergesse ja nicht das so nützliche Seiden-Kaninchen; seine Haare geben die feinsten Handschuhe, Strümpfe, vortreffliche äusserst leichte Winter-Kleidungen *), die vor- Zucht der Seiden-Kaninchen.

*) An einigen Orten in Franken, Schwaben, Thüringen, hat man sie schon seit mehrern Jahren, und in Weimar hat der Herzog eine Manufaktur von Handschuhen, Hüten und allerley Zeugen zu Kleidungen von diesen Haaren angelegt. Auch im Carlsruher Armenhaus werden dergleichen seit einiger Zeit von mancherley Arten, natürlich grau, braun, grün, blau, und der schönsten Scharlachfarbe verfertigt. Ein Mannsrock von diesem Zeuge mit Taffent gefüttert, wiegt kaum zwey Pfund und ist doch sehr warm. Eben so vortheilhaft sind ihre schwarze, weisse,

züglich allen rheumatischen, artritischen Personen ungemeine Linderung verschaffen, und nicht minder schöne Hüte. England kennt und schätzt ihren Werth für seine Hutmacher, wo Pachter bisweilen 1500 bis 1800 Pfunde jährlich für einen solchen Kaninchen-Garten entrichten. Allein man braucht sie nicht einmal in solcher Menge zu halten, vielweniger zu tödten, um ihre schöne lange, seidenähnliche Haare zu nützen. Man kann in einem etwas geräumigen Stall oder ungenützten Kammer 40 bis 50 Stück mit dem Futter einer gut genährten Stallkuhe erhalten, wo man denselben im Sommer alle grüne Kräuter und Gras-Arten, aber ja nie naß von Regen oder Thau, vorwerfen, und im Winter mit Moorrüben, Kartoffeln, braunem Kohl, mit Haber, Waitzen, Klenen rc. füttern kann; nur müssen die trockenen Körner vorher mit Wasser angefeuchtet werden. Sie fressen beynahe alles Abgängige vom Küchen-Gemüße, und eine ganz kleine Haushaltung, welche nur einige Quadrat-Ruthen Gärten hat, kann 20 bis 30 Stück, ohne den mindesten Aufwand das ganze Jahr halten, ihnen monatlich die überflüssigen Haare mit einem gewöhnlichen Friseur-Kamm, zuerst mit dem weiten, und dann mit dem engen Theil ausziehen, und wird davon nach Abzug aller Unkosten, wenn sie die rohen Haare verkauft,

---

grau und buntrothe Felle zu Pelzwerk, das ungleich schöner und besser als das von den gewöhnlichen zahmen Kaninchen ist.

nach einer sehr mäßigen, auf Erfahrung sich gründenden Rechnung, vom Stück jährlich 3 Reichsgulden, und also von 20 bis 30, gegen 60 bis 100 fl. reinen Gewinn ziehen. Ja wenn die Eigenthümer die Geschicklichkeit besitzen, diese Haare selbst zu spinnen, so können sie sich dadurch eine jährliche Einnahme von 150 bis 225 fl. verschaffen. *) Vor einigen Jahren wurde im Journal von und für Deutschland geklagt, daß es den Hutmachern so sehr an den nöthigen rohen Materialien zu ihrem Handwerk fehlte. **) Es erfolgte darauf die natürliche Antwort: Kein Wunder, da so viele Weiberköpfe Hüte tragen! Könnte nicht diesem Mangel sehr gut durch Vermehrung dieser nützlichen Hausthiere, deren Haar an Weiche und Feinheit alles ähnliche, ja selbst das theure Bieberhaar übertrift, abgeholfen werden, wenn man sich insonderheit hütete, sie nicht in einem Hause in zu starker Anzahl zu halten,

*) Ein solches Kaninchen liefert jährlich, ohne ihm zu schaden, wenigstens 24 Loth Seidenhaare. Das Loth wird gerne mit 8 Kr. ungesponnen, gesponnen aber mit 20 Kreuzer bezahlt. Und dieß alles für die wenige Mühe, diese Thierchen reinlich zu halten, und sie für nassem Futter zu hüten.

**) Auch dieser Klage hat der verdienstvolle Hr. Rath Wehrs durch seine Erfindung und mit Vortheil wirklich eingeführtem Verbrauch vegetabilischer Wolle für Hüte einigermaßen abgeholfen. S. Journal von und für Deutschland 1791. III. Stück No. X. S. 257.

und die Rammler castrirte; denn zu viele bey- sammen sind leicht verheerenden Seuchen un- terworfen, und die kastrirten Rammler geben nicht nur mehr, längere und feinere Haare, sondern sind auch dauerhafter und kämpfen nicht so wüthend mit einander.

Vergrösserter und verbesserter Hanf- und Flachsbau.

g) Hanf und Flachs sind eben sowohl ein un- entbehrliches Materiale für alle gesittete Menschen, als eine unerschöpfliche Quelle zur Erhaltung und Verbesserung des Nah- rungsstandes. In mehr als 30 Professio- nen schlägt ihr Verbrauch ein. Demohnge- achtet werden beyde Produkte in vielen Ge- genden vernachläßigt, und kaum zur höchst- eigenen häuslichen Bedürfniß gebauet, schlecht zubereitet, und noch schlechter verar- beitet. Ihr vermehrter Anbau und eine ver- nünftige Anweisung zur geschickten Behand- lung würde sowohl dem Bauer als denen in ihrem Verbrauch einschlagenden Hand- werkern merkliche Vortheile bringen.

Weise Ein- und Ausfuhr der rohen Materialien und von den Gewerben verarbeiteten Waaren.

32) Weise, alle Ein- und Ausfuhr, so- wohl roher, dem Professionisten nothwendigen Materialien, als auch der zu verarbeitenden Produkte, nicht zwängende, nur unvermerkt leitende Anstalten würden gewiß ein Grosses zu Wiederherstellung des Flors der Gewerbe beytragen. *) Ich rechne hieher

*) Welchen Vortheil der Professionist von seiner glücklichen Lage und Nähe der rohen Materia- lien ziehe, aber auch eben dadurch andern, die sich in minder günstigen Umständen befinden, es

a) Möglichste Erleichterung und Unterstützung der Ausfuhr aller überflüssigen im Lande von seinen Künstlern und Handwerkern verfertigten Waaren, die keiner fernern vortheilhaften Bearbeitung im Lande fähig sind. Angemessene Belohnungen, zur rechten Zeit den fleissigsten, geschicktesten Professionisten ertheilt, welche durch ihre gute und wohlfeile Arbeit sich den stärksten Absatz ins Ausland verschafft haben, würde allen ihres Gleichen ein mächtiger Sporn zur Nachahmung werden. Sie würde

b) Die zweyte Anstalt fast überflüssig machen, die Ausfuhr aller rohen Materialien, welche

---

unmöglich mache, mit ihm in gleichen Preisen zu arbeiten, s. Journal v. und f. Deutschl. 1785. IIItes Stück No. I. S. 199. an Nürnbergs Beyspiel. Auch in den Beyträgen zur Kenntniß, vorzüglich des Innern von England und seiner Einwohner, finden sich die deutlichsten Beweise, hievon. „In Berlin und Sachsen, sagt der Herausgeber, hat man die Manchester-Stoffe nachzumachen gesucht; aber den Fabriken zu Manchester noch keinen Eintrag gethan, theils weil man ihre Güte nicht erreichen, theils weil der Engländer immer mit jenen Preise halten kann. Dieß fällt auf, wenn man bedenkt, wie theuer alle Lebensmittel, Wohnung, Arbeits-Lohn u. dgl. ꝛc. in England sind, und welche grosse Menge von Abgaben für die fabrizirten Waaren bezahlt worden ist, ehe sie durch alle die Hände kommen, die sie durchlaufen müssen. Der Engländer muß also andere Vortheile haben, und das sind die Steinkohlen und Maschinen.“

vortheilhafter im Lande verarbeitet und dann erst ausgeführt werden können, möglichst zu hindern. Denn die Arbeiter und Künstler einer jeden Gegend würden sich zu ihrem und der Nachbarn Vortheil in die Wette beeifern, alle ihrem Vaterlande eigenen Produkte in der möglichsten Menge, Vollkommenheit, Schönheit und guten Preisen zu liefern, da sie natürliche Vortheile, guter Absatz und überdieß Belohnungen mächtig reitzen würden, ihren augenscheinlichen Wohlstand dadurch zu vergrößern.

c) Da aber im Anfang wenigstens schwerlich zu erwarten ist, daß alle grosse und kleine Staaten Deutschlands auf einmal, dieß so natürliche System annehmen dürften, so müßte man hingegen zwar die Einfuhr aller derjenigen rohen Materialien äußerst begünstigen, welche den Professionen nöthig und nützlich sind, oder wohl gar nicht hinreichend im Lande angetroffen werden, aber auch eben so sorgfältig die Einfuhr der übrigen zu verhindern trachten, welche das Land selbst hinreichend hervorbringt, und die es vorzüglich verarbeitet. Einfuhr verarbeiteter Kunstprodukte hingegen wäre, vorzüglich wenn sie bloße Geschöpfe des Luxus und der Moden sind, in den meisten Staaten Deutschlands zu erschweren. Siehe Reichstagsverhandlungen über die Angelegenheiten verschiedener deutscher Reichsstände mit Frankreich. Lunæ 4. Jul. 1791. Churköllnisches Votum Journal von und für Deutschl. 1791. VItes Stück No. II. S. 475. C.

Dieser gefährlichen verderblichen Einfuhr steuerte der verewigte Kaiser Joseph II. in Oesterreichs Staaten, um nicht mehr in der Bilanz der Handlung gegen fremde Völkerschaften, wie bisher geschehen, jährlich in die Millionen zu verlieren. Journal von und für Deutschl. 1787. XII. St. No. VII. Seite 477.

Blos in Böhmen hat der innere Fabrik-Zustand durch das im Jahr 1784. auf die Einfuhr fremder Waaren gelegte Verbot, in Zeit vier Jahren um 126962 Fabrikanten und Spinner, und um 14496 Werkstühle zugenommen.

Hat aber ein Land schon hinreichende Beschäftigung für seine Einwohner, so ist nicht immer ein wirklicher Schaden dabey, wenn das Land nicht alles selbst produzirt und fabrizirt, was es ohne Einfuhr produziren und fabriziren könnte. Gewiß könnte man in England genug Linnen, Eisen und Hanf produziren, ohne daß man Zufuhr von Aussen nothwendig hätte. Die Zoll-Einnahme verlöhre aber dabey jährlich über 300,000 Pf. und zugleich gienge ungefähr eben so viel an der Exportation anderer Waaren verlohren, die statt jener in England produzirt werden. *) Die genauesten Berechnungen müs-

*) Sie im G. H. Magazin VIII. B. 4. St. vom gegenwärtigen Zustande der brittischen Staats-Einkünfte.

sen daher über den Nutzen der wirklichen Produkte gegen den von andern neufabrizirenden angestellt werden. Bringt der Hanfbau und seine Verarbeitung zur Waare mehr Gewinn, als Krapp, Taback, Waid rc. wirft die Beschäftigung der Hände durch Stahl- mehr als durch Gold- und Silberarbeiten ab, die in Wolle mehr, als die in Seiden, so wäre es Unsinn, das einträglichere Produkt mit einem weniger einträglichen zu Vermeidung der Einfuhre zu theilen.

Auch sucht man fremde Produkte auf unsern Boden zu verpflanzen, die nicht gedeihen, und vernachlässigt dabey unsere eigenen, daran wir so gesegneten Vorrath haben, und wir mit doppeltem Vortheil gegen jene vertauschen könnten.

Eben so genaue Calcule müssen über den bestehenden Tausch- und Transito-Handel, über die Frachten und Rückfrachten, über die Ausfuhr eigener Waaren und Produkte, oder ihre daraus entstehende Hemmung, über die benachbarten Commerz- und Staats-Verhältnisse, selbst über den Charakter und unwiderstehlichen Hang der Abnehmer für eine Waare gezogen werden; denn so groß auch die Vortheile der Einfuhr-Verbote fremder Waaren oft scheinen, so haben sie doch wieder ihre Nachtheile. Oft wird die nämliche Waare besser und wohlfeiler vom Ausland eingeführt, die man schlechter und theurer vom innländischen Fabrikanten nehmen muß, oder es kauft derselbe, durch die Anlage seiner Fabriken an den Grenzörtern begünstigt, die Waaren vom auswärtigen Fabrikanten und setzt sie als eigends fabrizirte theuer ab, oder der arme Produzent des rohen Materiale verliert durch die Sperre den Gewinn des Fabrikanten. Alles dieß sind harte Auflagen von Millionen Menschen gehoben, um unter einige Tausend Fabrikanten ausgetheilt zu werden. Oft bleibt auch eine Landes-Waare oder Produkt, das fremde Kaufleute gegen ihre zugeschickte eintauschten, und nur durch wohlfeilere Rückfracht mit kleinem Gewinn aus dem Lande schaffen konnten, liegen. Eben daher liegen jetzt nach dem Kaiserlichen Verbot der Einfuhr fremder Waaren viele tausend Centner Kupfer in den dortigen Magazinen, wo sonst gar kein unbestellter Vorrath da war; die Potasche ist sehr im Preise gefallen, und die Ausfuhr von Getraide hat, wie die Frachtfuhren und der Transito-Handel nach der Türkey sehr abgenommen. Manche Nürnberger und andere fremde Waaren, die sonst durch das Oesterreichische in die Türkey giengen, haben jetzo ihren Weg über Venedig und Marseille genommen, und werden vielleicht nie wieder in den alten Kanal zurückfliessen. Auch Schleichhändler und Mauthbedienten (den Unterhalt dieser nicht zu berechnen) ziehen oft den größten Theil des Nutzens, der aus den Verboten der Einfuhr entstehen soll. Dabey hat die Erfahrung längst bewiesen, daß die Einfuhr fremder Waaren durch die Mauth wenig oder gar nicht vermindert, oft ihr Reiz vermehrt wird; und wer zahlt denn die Accise als der Bürger im Staat, der, je höher sie steht, desto theurer die Waare zahlen muß.

Modifikation dieser Anstalten in einem Staat, wo Zwischen-Handel möglich und vortheilhaft ist.

d) Endlich wäre, in einem Lande, wo Zwischenhandel möglich und vortheilhaft ist, die fernere Veranstaltung zu treffen: Daß die Einfuhr aller fremden Waaren, jedoch unter der Bedingung verstattet würde, wenn sie wieder ausgeführt werden, und den Absatz der dem Lande eigenen nicht hindern.

Minderung und mögliche Abtragung der Staatsschulden.

33) Sollte ein Land das Unglück haben, als Staat sehr verschuldet zu seyn, gesetzt, daß es auch viele und noch so reiche Privat-Einwohner hätte, so müßte in diesem der Flor der Gewerbe nach und nach sinken. Die unverhältnißmäßige Vertheilung des baaren Geldes wird, wie die übergrossen Güter, ähnliche, oft noch nachtheiligere Folgen nach sich ziehen. Ueberhäufte Menge des papiernen *) und baaren Geldes wird dessen Werth vermindern, veranlassen, daß man viel davon hergeben muß, und doch wenig Lebensmittel dafür erhält. Hieraus entsteht nothwendig Theurung der letztern, welche den Mittel- und armen Handwerksmann am empfindlichsten drückt, und endlich zu Grunde richtet, wie ich schon oben angezeigt habe. Kommen nun vollends wichtige

*) Nicht französisches oder amerikanisches Papiergeld, sondern Kapitalbriefe, Bank-Noten rc.

Staatsschulden dazu, so müssen von diesen die jährliche Zinsen abgetragen werden. Dieß macht immer höhere Auflagen unvermeidlich, welche abermals die Mittel- und arme Klasse der Einwohner am meisten fühlt. Frankreich und England geben hievon auffallende Beyspiele, und selbst das letztere empfindet seit 20 Jahren vorzüglich die üblen Folgen, die noch weit schlimmer seyn müßten, wenn sie nicht durch andere schon angeführte kluge Maasregeln vermindert würden. In diesem Falle bleibt dem Staate nichts übrig, als, so schleunig als es nach den Umständen möglich ist, dieß verzehrende Fieber zu stillen, und eine gleichere Vertheilung der Reichthümer unter seinen Unterthanen zu bewerkstelligen.

34) Luxus ist die Pest der Staaten, vorzüglich der Handwerker und ihrer Familien; insonderheit, wenn er sich bis in die untersten Volks-Klassen, unter dem Gesinde, verbreitet, so viel auch immer seine Vertheidiger zu dessen Vorstand predigen mögen. Mir ist ein Beyspiel bekannt, daß eine Schustersfrau eine Garnitur Brüßler Spitzen gekauft hat, welche der regierenden Fürstin des Orts zu theuer waren, die wegen dem hohen Preiß den Handelsmann abgefertigt hatte, den Tag darauf zu ihm sandte, und sie noch einmal ansehen wollte, aber die Nachricht erhielt: Sie seyen schon gestern Abend von der Schusterin N. N. erkauft worden.

Weise Einschränkung des Luxus.

Luxus überhaupt ist grösserer Aufwand, als zur wirklichen vernünftigen Erreichung eines Zwecks nöthig wäre. Er äussert sich bald in der Menge der angewandten Mittel, wenn z. B. der Tisch mit 4 — 6 und mehr Schüsseln besetzt wird, und doch die Hälfte davon hinreichend wäre. Bald in der Qualität, wenn Hammels-Keulen aus Thüringen, Hechte aus der Spree, 30, 40, 50, ꝛc. Meilen weit, Pasteten aus Paris verschrieben werden, um lüsterne Gaumen zu befriedigen. Und so in allen wirklichen oder wenigstens eingeführten Bedürfnissen. Er äussert sich in wichtigen, ernsten Gelegenheiten, und verschleudert tausendweis, aber auch in kindischen, läppischen Gegenständen, wo er durch die Menge schadet. Ihn rechtfertigt nicht immer das Vermögen dessen, der ihn treibt. Keiner sollte das gute oder schlimme Beyspiel, welches er dadurch giebt, dem Staate, in seinen Bürgern nutzt, oder unendlich schadet, vergessen, ehe er sich demselben überließe. Gewöhnlich stellt man ihn als den mächtigsten Beförderer des Flors der Gewerbe, mit glänzenden Farben hin. Und gerade ist Luxus mit seinen fast unvermeidlichen Folgen, bey drey Viertheilen der Gewerbe Treibenden das größte Hinderniß dieses Flors. Man werfe einen Blick auf die Hauptgegenstände des heutigen Luxus. Münze-, Gemählde-, Kupferstich-, nicht immer nützliche Naturalien- und Büchersammlungen, kostbare Spiegel, Tapeten, Statuen, Antiken, Porzellain, fremdes Holz- und Schnitzwerk, ausländische

Zeuge zu Kleidungen, französische oder englische Wagen und Equipage, seltene Speisen und theure Weine ꝛc. machen sein Inventarium aus.*) Also größtentheils Dinge, welche den vaterländischen ansässigen Handwerker nicht nur nicht beschäftigen, ihm vielmehr den Er-

---

*) In Hrn. Schlözers Staats-Anzeigen XII. Heft findet sich ein Aufsatz unter der Ueberschrift: Beobachtung der Handlung des Herzogthums Gotha besonders auf das Jahr 1782. Nach dieser Beobachtung bringt der unselige Luxus, dahin vorzüglich der häufige Gebrauch der westindischen Waaren gerechnet wird, eine sehr nachtheilige Bilanz für den Handel des Landes. Nach derselben verschlossen im Jahr 1782. 40 Material-Handlungen in der Stadt Gotha von fremden Produkten für — 120,000 Rthlr.

Für Kaffee und Zucker allein giengen in diesem Jahr aus dem ganzen Herzogthum 98,334 Rthlr.

5 Schnitthandlungen verschlossen an ausländischen feinen Tüchern für — 25,000 Rthlr.

2 Mode-Handlungen für seidene Zeuge, französische und italienische Flore, Damens-Coeffüren au dernier gout, Culs de Paris, eaux de senteur, Quincaillerien und eine fast unnennbare Menge dergleichen Artikel — — 16,000 Rthlr.

Diese und mehrere andere fremde Luxus-Artikel, die hier und überall mit der Mode wechseln, bringen doch wohl dem deutschen Handwerker nirgend Nutzen.

lös für seine Arbeiten mindern, oder wohl gar entziehen — hier und da mit der Nachahmungs-Seuche anstecken. *) Ja oft genug behalten, auch die besten abnehmenden Häuser, bey einem solchen zur Mode gewordenen luxirenden Aufwand wenig übrig — borgen die unumgänglich nöthigen Bedürfnisse beym inländischen Handwerker, und hinterlassen dann grosse Schulden und seufzende Gläubiger. Ich verstehe also unter Luxus nicht: den grössern prächtigen Aufwand, worinnen nun beynahe jedermann lebt, und sich zu weit von dem einfachen Aufwand unserer Vorfahren entfernt hat. Eine gewisse gleichförmige Kleidung, Wohnung und übrige Lebensart läßt sich dermalen unmöglich auf die uralte Simplicität zurückführen. Ich verstehe nicht darunter die Vorzüge der Kleidung, Wohnung und Tafel, welche der verschiedenen Würde, Stand und Vermögen

*) Mir ist ein Hofschneidermeister bekannt, der aus Lese- und Auszeichnungssucht, noch mehr aber vom Kitzel gezollter Bewunderung bestochen, in nahrungsreichen Jahren allen seinen Verdienst und eigenes Vermögen auf Bücher verwandte, sich einzelne kostbare Werke zu 4 bis 500 fl. anschaffte, und so nach und nach eine Bibliothek von 5000 Bänden mit einem Kosten-Aufwand von mehr als 10,000 Gulden, sammelte; die er jetzt, da der Fürst, der mit den Grossen und Gelehrten seines Hofes diese Büchersammlung öfters bewunderte, seine Residenz und mit ihr die Nahrung des Schneidermeisters gar sehr änderte, gern um Ein Fünftheil des Ankaufs-Preises losschlüge.

angemessen sind. Dieser grössere Aufwand der Vornehmen, wenn sie das Geld dazu haben, kann und muß in gewisser Art gemacht werden, ohne den Nachtheil zu bringen, der endlich alles zerstöhrt.

Der Luxus von dem ich hier rede, ist: Jener prächtige, üppige, von aller Ordnung entfernte, alles verwirrende Aufwand, der die Vornehmsten mit der niedrigsten Menschen-Klasse vermischt, immer in einer fürchterlichen Progression steigt, keinen Stillstand kennt, und also nothwendig: Verschwendung, Armuth, Weichlichkeit, schlechte Denkungsart und die erbärmlichste Erziehung der Jugend, vorzüglich des weiblichen Geschlechts, zu Folgen hat — durch seinen giftig berauschenden Taumel einen Thoren zur Nachahmung des andern hinreißt, den Unterhalt immer kostbarer macht, Menge und Beschaffenheit der Bedürfnisse vermehrt und endlich ein ganzes Volk in Armuth und Elend stürzt.

Wer die Gründe seiner Sachwalter und ihre bündige Widerlegung, seine schrecklichen Folgen für den ganzen Staat und dessen einzelne Stände, nebst mehrern weisen Vorschlägen, nicht ihn ganz zu verbannen, (denn dieß ist schlechterdings unmöglich) nur seine ferner fortschreitenden Riesenschritte aufzuhalten, im kurzen übersehen will, dem wird Süßmilch in seiner göttlichen Ordnung II. Theil, 17. Kapitel, ein volles Genüge leisten. Mir seye es hier erlaubt, nur Eine Bemerkung zu machen, welche auf den Wohlstand der Professionisten und Künstler nicht geringen Einfluß zu haben scheint.

Diese muß bey den untersten Ständen, bey den niedrigsten Volks-Klassen anfangen.

Fast alle, welche die Schädlichkeit des Luxus (in dem kurz vorhin bestimmten Verstande) bekämpfen, verlangen: daß Höfe, Minister, andere Vornehme und Reiche den Anfang mit Einschränkungen machen sollen, in der gutmüthigen Voraussetzung: Der Bürger, Handwerker und Dienstboten werden, vom Nachahmungs-Geist gereitzt, diesem guten Beyspiel folgen. Sie berufen sich auch wohl gar auf ein Beyspiel, welches vor mehrern Jahren in Florenz dieß Vermuthen bestättigt haben soll. Ich gestehe es offen: Ich bin nicht dieser Meynung, das angeführte Beyspiel mag wahr seyn. Allein solange eine Sache mehrere Ursachen haben kann, solange Erfahrung lehrt, daß weit eher Schwachheiten als edle, gute, vaterländische Handlungen von den niedrigen Volks-Klassen nachgeahmt werden, wird mich niemand überzeugen. Schwerlich, daß Nachahmung des schönen Beyspiels die Triebfeder des verminderten Luxus gewesen ist. Scheu und Furcht vor dem Unwillen ihres weisen, mäsigen Regenten, der sich selbst einschränkte, möchten vielleicht mehr gewirkt haben.

Nach meinen vieljährigen angestellten Beobachtungen kleidet sich z. B. die Bürgers- und Handwerkers-Frau kostbarer als ihr Stand erfordert und ihr Beutel erlaubt, weil Mägde und Knechte sich wirklich in vielen Gegenden so kleiden, wie ehemals Bürger und Bürgerinnen mit Ehre erschienen. Die Magd, das Stubenmädchen trägt z. B. seidene oder andere farbigte Schuhe rc. durch alle Kleidungs-Rubriquen. Der Knecht will diesen gefallen, und schweift in seiner Kleidung, nach seiner Lage, nicht minder aus. Und die Folge: Erhöhter Lohn, Stehlen oder noch garstigere Erwerbs-Arten bey dem andern Geschlecht. Bürgerliche Herren, Frauen, Handwerkspursche, wollen sich doch wenigstens nicht geringer, wo möglich etwas besser als ihre Knechte und Mägde tragen. Es geschieht, und der nemliche Grundsatz wird von der zunächst an diese gränzenden Klasse angenommen. Personen, die noch um eine Stuffe höher stehen, denken eben so; dieß nöthigt den Adel, dieser den Fürsten rc. gleichfalls zu steigen. Man bringe also nur die allerunterste Klasse in die ihr so natürlichen Schranken zurücke, und jede der auf sie folgenden wird froh seyn, wenn sie sich allmählig wiederum mit den halben, ja Drittheils Unkosten, ihrer Lage gemäß, auszeichnen kann. Es ist bereits so weit gediehen, daß man an vielen Orten Deutschlands kein Waschweib in Taglohn bekommen kann, wenn sie nicht den ganzen Tag über den vollgefüllten Weinkrug an der Seite hat, und bey guter Kost und Lohn, Morgens und Mittags ihren Kaffee erhält. Und Friedrich der Einzige wurde, wie er selbst sagt, mit Biersuppen erzogen. Man beschränke also nur diese unterste Klasse zu ihrem eigenen höchstbeträchtlichen Vortheil, und die Wirkung wird in kurzem einem halben Wunder ähnlich seyn. *)

Ich hätte nicht Lust in Allem den Advokaten des in vielen Dingen so sehr gesunkenen Menschen-Geschlechts zu machen. Aber so tief ist es doch gewiß noch nicht gefallen, daß ganze Stände blos deswegen Unsinn treiben sollten, um sich und ihre Familien an den Bettelstab zu bringen.

Kluges Betragen eines Staats gegen seine Nachbarn.

35) Keins der unbeträchtlichsten Mittel, den Flor der Gewerbe zu befördern, möchte im Betragen eines jeden Staats gegen seine Nachbarn, in der möglichen Verbindung der Gewerbe Treibenden mit den eigentlich handelnden Bürgern und in der Achtung des Vornehmen gegen geschickte, fleissige Professionisten liegen.

---

*) Landgraf Ludwig in Hessen fand dergleichen Verordnungen schon zwischen 1415. und 1458. nöthig, und gab sie wirklich, s. Journal v. und f. Deutschland 1785. IItes St. No. I. S. 91. bis 106. und aus S. 107. zeigt sich: daß seine weisen Nachfolger ihre Reform bey den untersten Volks-Klassen angefangen haben.

a) Staaten behandeln andere Staaten fast eben so, wie Bürger ihre Mitbürger. Von diesen letztern leben zween Nachbarn freundschaftlich mit einander, und einer wird den Wohlstand des andern zu befördern suchen. Ein anderes Paar sucht sich durch wechselsweise Chikanen zu Grunde zu richten, weil der Eine davon Gelegenheit zu Feindseligkeiten gab, und nun bietet der andere alle möglichen Kräfte auf, dem ersten zu schaden, sollte er auch ein Aug verlieren müssen, wenn nur sein Gegner beyde verliert. Ein Staat bemerkt, daß sein Nachbar durch Bearbeitung eines Fabrikats, wozu die rohen Materialien in seinem eigenem Bezirk erzeugt werden, viel gewinnt. Er hat nicht die nemlichen natürlichen Vortheile, will aber, durch elende Plusmacherey verführt, das nemliche thun. Der Nachbar kanns nicht mit Gewalt hintertreiben, wird ärgerlich, zerstöhrt aus Neid, mit eigenem Schaden ähnliche Anstalten des Erstern, und beyde rauben sich ergiebige Quellen des Wohlstandes, ihrer Künste und Gewerbe. Man hüte sich daher äusserst, seinen Angrenzenden keine gerechte Ursache zum Unwillen zu geben, sonst bewährt sich auch hier das alte: Insaniunt — plectuntur Achivi — die Grossen zanken sich, und der Handwerker muß die Kosten bezahlen. *)

*) In welche traurige Lage Nürnbergs sonst so ausserordentlich blühende Gewerbe im vorigen Jahrhundert größtentheils ohne ihre Schuld

Verbindung der Professionisten mit Kaufleuten.

b) Mancher geschickte fleissige Arbeiter könnte zu sein und seines Gewerbes-Flor zehnmal so viel verarbeitete Produkte liefern, als wirklich geschieht, wenn es ihm nicht an Geld zum Einkauf roher Materialien im Grossen, an gewissem Absatz und pünktlicher Bezahlung desselbigen, an Gelegenheit, sie aus der ersten vorzüglichsten Hand in der besten Qualität kommen zu lassen, fehlte: das bewährteste Mittel dagegen wurde schon (No. 19. f.) angeführt. Diese glückliche Verbindung des Professionisten mit dem eigentlichen Handelsmann hat für beyde ausnehmende Vortheile. Sie gewinnen an der Zeit im Ein- und Verkauf. Einer wird sich hüten, den andern zu betrügen, sobald beyde durch Erfahrung sich überzeugt, daß der Handwerker guten rohen Stoff in den besten Preisen, daß der Handelsmann vorzügliche Arbeit um ein Geld erhält, woran er auch wiederum das Seinige gewinnen kann. So werden nach (No. 19. g.) weniger Fabriken, aber zum Flor der

herabsanken, und dieß unter andern durch die drückende Handlungs-Sperre, wodurch ihre Ausfuhr, hauptsächlich nach Frankreich, gehindert wurde, zeigt Journal v. und f. Deutschl. 1785. IIItes St. No. I. S. 200. Wohin auch billig das Nichthalten der Verträge von Seiten ihrer Nachbarn, welche die ihnen bewilligte Handels- und Zollfreyheiten immer mehr einschränkten, zu rechnen ist. Ebendas. S. 203.

der Professionisten destomehr Fabrikanten entstehen, welche nicht genöthigt sind, auf ungewisse Spekulationen zu arbeiten.

Freylich muß aber bey dieser Verbindung der Fall nicht zu häufig eintretten, den uns der schon einmal angeführte Ungenannte *) so lebhaft schildert, daß sich der Kaufmann auf Unkosten des guten fleissigen Handwerkers unbillig zu berei-

*) Worinn besteht der wesentliche Begrif einer Fabrike und Manufaktur. Da er Seite 51. diese Schilderung giebt: „Ach lieber, guter Herr Z. sagte letzthin die Ehefrau des Meisters N. bey Ablieferung einer Arbeit zu ihrem Wohlthäter; „Ach lieber guter Herr Z. brechen Sie doch nicht wieder ab! ich und mein Mann haben nun schon zwey Nächte mitgearbeitet, um heute fertig zu werden, erbarmen Sie sich! Vier Kinder, halb nackend, und keinen Bissen Brod! ich muß ja schon an dem zu hoch angerechneten Gelde verlieren!" Eine Thränenfluth erstickte ihre Stimme. Darauf sagte ganz gelassen der Kaufmann: „Hier Frau, ist ihre Waare und hier mein Geld, sie hat die Wahl! und mit solchen Worten schweige sie, oder weiß sie was: ich führe sie mit ihrer Arbeit zur Thüre hinaus. Seht einmal, so ist solch Volk! man hilft ihnen fort, und dann wollen sie noch raisonniren!" Das arme Weib nahm das Geld, und bat, um den Herrn wieder zu versöhnen, mit Schluchzen, es nicht übel zu nehmen, und — gieng.

Zehen solcher Kaufleute, sagt Dettlev Brasch, setzen Tausende in den Stand, Salz und Brod zu essen, indessen sie Austern in Rheinwein ersäufen, und lassen sich für ihren Edelmuth danken, da sie hingegen für nichts danken.

chern sucht. Der erste verdient seine Procente, dafür ist er Kaufmann; aber der Professionist verdient nicht minder seinen Lohn, bey dem er bestehen kann. Doch ich will zur Ehre dieses so nützlichen Standes hoffen, daß die Zahl dergleichen Gewerbe-Feinde unter ihnen ungleich geringer seye, als sie der sächsische Schriftsteller anzugeben scheint, und sie muß es auch wohl im Ganzen seyn, sonst würde der freye Engländer bald aufhören, sich ihrer zum Vorschuß seiner verarbeiteten Produkte zu bedienen. Und wenns denn auch hie oder da einen solchen Harpax giebt, so sind sich ja Professionist und Handelsmann nicht zur Ehe gegeben. Der erstere sehe sich in Zeiten nach einem billigern menschenfreundlichern Abnehmer um, und der letzte wird bald genöthiget werden, wo nicht aus Menschenliebe, doch aus eigenem Interesse besser zu handeln, vorzüglich wenn die oben empfohlene Vorsicht bey der Ein- und Ausfuhr, nicht vernachlässigt wird.

Achtung anderer Stände gegen geschickte verdienstvolle Professionisten.

c) Stolz stürzt viele, aber gewiß nicht wenigere sinken, wenn sie sich selbst als gute geschickte Männer fühlen, welche dem Staate in ihrem Fache oft ungleich mehr nützen, als

---

In den Berchtoldsgader Gebürgen werden von den vielen Bein- und Holzdrechslern die bekannten schönsten Arbeiten geliefert, allein diese Leute sind und bleiben immer blutarm, weil ihre reichen, geizigen Verleger sie kaum halb für ihre Zeit und Mühe lohnen.

hundert andere, welche durch Rang und Titel weit über sie erhaben sind, und dadurch das Vorrecht zu haben wähnen, den fleissigen einsichtsvollen Handwerker, schlechter als ihre Pferde und Hunde zu behandeln. Ich verlange nicht, daß in Deutschland so bald geschehen soll, was vielleicht nach 50, oder 100 Jahren, wenigstens im Jahre 2240 geschehen kann, ungeachtet ungefehr in der Mitte dieses Jahrhunderts in England geschahe, daß höhere Stände sich mit den Professionisten so genau verbinden sollen, wie der nachmalige Graf Halifax mit der Sattlers Tochter. Nur Schätzung des Menschen-Werths, Schätzung ihrer wirklichen Verdienste und keine Betrügereyen, wie ich (3. 6.) geschildert habe. Nur pünktliche Bezahlung für pünktliche gerechte Arbeit, und wenn diese nicht erfolgt, wenn der ehrliche Handwerker zu klagen gezwungen wird — dann ja keinen Riß in die Binde der ausübenden Gerechtigkeit zu Gunsten des hochwohl-, oder hochgebohrnen Schuldners. (15. VI.)

36) Noch muß ich von einer wahren Pest der deutschen Gewerbe sprechen, die aber selten im Finstern schleicht, sondern an vielen Orten feyerlich unterhalten und geschützt wird: den Juden und sogenannten Hausirern. *)

Juden und Hausirer hindern den Flor der Gewerbe ausnehmend.

---

*) In welch schlimmem Ruf die letztern schon am Ende des 15ten und Anfang des 16ten Jahrhunderts mit Recht stunden, beweißt des Hessischen Landgrafen Wilhelm V. gegebene

I. Die Ersten schaden unendlich durch ihre unglaublich hohe Zinsen, durch ihren häufigen Betrug mit unächten Waaren, und endlich durch das, was sie mit den letztern gemein haben, durch ihr rastloses in die Häuser laufen, und Aufdrängen ihrer Waaren. So wenig ich glaube, daß viele Gegenden in Deutschland existiren, wo sie ihre überspannten Interessen, welche die gewöhnlichen 3, 5, auch mehrfach übersteigen, gesetzmäsig zu ziehen befugt sind; so gewiß weiß ich hingegen, daß sie diese demungeachtet, bald unter dem Namen eines freywilligen (doch vorhin in der Stille ausgemachten) Geschenks zu erhalten wissen. Noch häufiger lassen sie sich vom Schuldner einen Schuldschein für die ganze Summe ausstellen, und händigen ihm doch nicht mehr als die Hälfte, höchstens zwey Drittheile davon ein. Wie leicht kann in diesem Falle ein armer oder neuangehender Professionist in die Verlegenheit kommen, daß er zu einem vortheilhaften Einkauf roher Materialien Geld braucht, es nicht bekommen kann, durch

---

Reformations-Ordnung, durch welche die Sonnenkrämer und Knapsäcke mächtig eingeschränkt wurden, Journal v. und f. Deutschland 1785. IItes St. No. I. S. 109. Auch in England wird das Hausiren nicht geduldet, oder ist wenigstens stark eingeschränkt, um dem rechtmäsigen Krämer keinen Nachtheil zu bringen, die Unterthanen nicht von der Arbeitsamkeit zum Müssiggang zu gewöhnen, und hauptsächlich den Eingang verbottener Waaren zu hindern.

den anscheinenden Gewinn verführt wird, es vom Hebräer unter dergleichen harten Bedingungen nimmt, und dann sich glücklich schätzen muß, wenn er ohne merklichen Verlust mehrere Wochen umsonst gearbeitet hat! Ein Uebel, dem sehr leicht durch das No. 26. d. und No. 30. gegen das Ende, vorgeschlagene Mittel, Handwerker und Gewerbe thätig zu unterstützen, vorgebogen werden könnte, wenn man mit dem agronomischen Kollegium *) ein ihm ähnliches technologisches verbände. Und sollten sich nirgends Menschenfreunde finden, welche dem erst gegen das Ende des 1791. Jahrs von Strasburg gegebenen Beyspiel (nur der brave Hr. Hebeisen nennt sich in einem kleinen Avertissement auf einem Quartblatt) nachahmen? „Es ist neuerdings eine Kasse errichtet worden, aus welcher ehrlichen Handwerksleuten, die in bedrängten Umständen sind, Geld zu Betreibung ihres Gewerbes und Handels, ohne Zinse, auf eine gewisse Zeit anvertraut wird." Auch Luther, der die Noth der armen Handwerker deutlich

---

*) Dem abscheulichen jüdischen Wucher thätig zu zu steuren, der den meist geldlosen Landmann durch das gewöhnliche Ausdingen so und so vieler Malter Früchte bey dem vom Juden erborgten, sehr vertheuerten Ankauf des Zugviehes, nach und nach ins Verderben stürzte, läßt der weise August, Fürstbischof von Speyer, grosse Summen baaren Geldes auf alle Viehmärkte seines Landes aufstellen, von denen Er jedem seiner Unterthanen das Nöthige, gegen ein Zeugniß seiner Zahlfähigkeit vom Ortsschulzen, um jährliche 2 Procent vorschießt.

einsahe, sagt in seiner Kraftsprache von den Brüderschaften: „So man eine Brüderschaft wollte halten, sollte man das Geld zusammen legen und einen gemeinen Schatz sammeln, ein jeglich Handwerk für sich, daß man in der Noth, einen dürftigen Mithandwerksmann auszulegen, helfen und leihen könnte, oder ein junges Paar Volk desselben Handwerks von demselben gemeinen Schatze mit Ehren aussetzen. Das wären recht brüderliche Werke, die Gott und seinen Heiligen die Brüderschaft angenehm machten, dabey sie gern Patronen seyn würden." Schon Kaiser August brachte ein Kapital zusammen, wovon den Armen gegen Hypothek, Geld ohne Zinsen vorgeschossen wurde, und ihm ahmten sogar ein Tiber und Alexander Severus nach. Siehe Beckmanns Beyträge zur Geschichte der Erfindungen 3ten Bandes 3tes Stück, in der Geschichte der Leihe-Häuser. *) Doch ungleich wohlthätiger traf Kaiser Franz der Zweyte im Jahr 1792. die menschenfreundliche und unübersehbar nützliche Einrichtung: daß vermöge höchster Verordnung künftighin jedem Bürger und Handwerker, welcher ohne eigenes Verschulden in Armuth geräth, zur Erhaltung und Beförderung seines Gewerbes 300 Gulden aus der Armenkasse vorgestreckt werden, welchen Betrag

---

*) Siehe den schönen Plan der Vorschuß-Kasse für Handwerker, die dessen bedürftig sind: in der Fuldischen Polizey-Verordnung für Handwerker. Journal v. u. f. Deutschl. 1787. Xtes St. No. XVII. S. 356. und 357.

er erst nach verbesserten Umständen seines Gewerbes wieder zurückzubezahlen verbunden ist.

Der Juden betrügerischer Handel mit unächten Waaren ist so allgemein bekannt, daß sogar auf der Leipziger und andern Messen die Großhändler zweyerley Waaren führen und ihre Abnehmer geradezu fragen: Ob sie ächte oder Jüdische Waaren verlangen? Leztere kauft der Jude begierig auf, sezt sie in dem Orte seines Aufenthalts ungleich wohlfeiler ab, als sie der dasige Handwerker gut zu liefern im Stande ist, gewinnt demnach sündlich daran, betrügt die nach Wohlfeile schnappenden Käufer, und mindert zugleich den Absaz des armen rechtschaffenen Professionisten. *)

Welchen Schaden ihr Hausiren anrichte, soll gleich erwiesen werden, sobald ich über diese Nation nur noch einige Bemerkungen gemacht habe.

a) Man glaube ja nicht, daß ich Alle unter ihnen nach dem nemlichen Maasstab messe. Ich weiß, daß London, Portugall und Holland ansehnliche ehrliche jüdische Häuser hat, die im größten Credit stehen. Auch Deutschland kann dergleichen, obschon nicht in der Menge, aufweisen. Ich spreche also hier nicht von dem grössern Theil dieser Nation in Deutschland.

---

*) Taube im angeführten Werk, Seite 206. 207. 208.

b) Man glaube nicht, daß ich unduldsam wünsche, sie, meine Brüder und Mitmenschen, aus Deutschland verbannt zu sehen, oder sie in Gibeoniten, im eigentlichen Verstande zu verwandeln. Nein, ich wünsche nur eine Verbesserung und genauere Beobachtung der sie betreffenden Gesetze und Verordnungen, Anwendung vernünftiger Mittel: Ihr Daseyn Allen, vorzüglich den Gewerben und ihnen selbst, unschädlicher, nützlich zu machen. Man schaffe die Gesetze ab, welche ihnen noch in einigen Gegenden geradezu erlauben, ungeheure Zinsen zu nehmen. Man verbiete ihnen den Handel mit solchen Waaren, deren Güte nicht von jedem gescheiden [illegible] leicht und schnell beurtheilt werden kann. Man schärfe die Verordnungen gegen alle ihre Betrügereyen im übrigen kleinen Handel, (denn im grossen müssen sie, ihres eigenen Vortheils wegen, von selbst ehrlich zu Werke gehen), und strafe den Richter dreyfach, der dagegen sündigenden Juden durchhilft, weil er ihnen vielleicht selbst verwandt ist, oder von ihnen bestochen wurde. Man seye nicht leichtsinnig mit ihrer Annahme, wo sich wenige oder gar keine befinden. Man mildere ihr oft ausserordentlich hohes Schutz-Geld und übertriebene Abgaben an den Staat. Man nöthige sie, statt ihrer bisherigen einzigen Nahrungs-Art, von welcher weit aus die meisten leben, statt des kleinen Handels, oder sogenannten Schacherns, Künste und Handwerker zu erlernen, doch mit der unumgänglichen Einschränkung, daß sie, der Regel nach, nie Meister werden, oder die Profession auf ihre eigene Faust, bey der jetzigen Uebersetzung aller Handwerker, treiben dörfen, sondern bey andern Meistern und Fabrikanten als Jungen und Gesellen arbeiten, und gebe nur höchst selten, in ganz besondern, äusserst genau zu bestimmenden Fällen, einem, der sich durch Fleiß und Geschicklichkeit Jahre lang ausgezeichnet hat, ein ihrer politischen Lage nach, eingeschränktes Meister-Recht, um die andern destomehr zum Fleiß und Rechtschaffenheit zu reitzen. Befinden sie sich vollends in einem Lande, wo es dem Ackerbau noch an Händen fehlt, so giebt es sich aus der Natur, daß in diesem Falle die zur ersten Beschäftigung überflüssigen oder unfähigen, von ihnen als Taglöhner trefflich genutzt werden können, wenn man sich nur die Mühe nicht verdriessen läßt, ihren oft natürlichen Hang zur Trägheit, durch dienliche Mittel allmählig auszurotten, ohne sie deßwegen wie Neger-Sklaven zu behandeln, und die Vermöglicheren lasse man Grundstücke ankaufen, die sie jedoch selbst anbauen müßten. Die in diesem 1797r. Jahre herausgekommene kaiserliche Verordnung, die Juden des Königreichs Böhmen betreffend, enthält in dieser Rücksicht viel Empfehlendes.

II. Hausirer beyderley Geschlechts, meistens geringe unbekannte Leute, tragen ein oder mehrere Arten, bald in- bald ausländischer schon fertiger Fabrik- und Handwerks-Waaren, aller Orten herum, jedem ins Haus, und bieten sie meist einzeln, oft auch im Ganzen zum Verkauf an, dieß geschieht

a) Entweder blos mit eßbaren Waaren. Wenn unter diesen, weder Fleisch noch Brod, noch Speccereyen, noch Getränke befindlich sind; wenn sie unter einer äusserst genauen Aufsicht der Polizey stehen, damit sie keine ungesunde, elende Lebensmittel verbreiten, so können sie nicht nur unschädlich, im Gegentheil dem Staate sehr nützlich gemacht werden.

b) Hausiren sie mit ausländischen Waaren, welche im Lande gar nicht verfertigt werden, und folglich dem Professionisten keinen direkten Schaden zufügen; so sollte man beynahe glauben, daß sie eben so unschädlich seyen, wie die erstern, und vielmehr dem Publikum wohlfeile fremde Kunstprodukte verschaffen. Allein nicht davon zu sprechen, was jedem ins Gesicht fällt; daß durch sie dem kleinern Kaufmann, der doch auch seine Steuern und Abgaben entrichtet, seine Nahrung sehr geschmälert wird; so ist es doch augenscheinlicher Erfahrungs-Satz: Der Krämer darfs nicht wagen, das Publikum grob zu betrügen, wenn er nicht seinen Absatz auf lange Zeit verlieren, sich in den abscheulichsten Ruf setzen will. Der Hausirer aber befindet sich heute hier, morgen und übermorgen 5 — 10 Meilen weit davon, und täuscht gewöhnlich, wo und wen er täuschen kann, da er selten, fast nie, auf beständigen, größtentheils nur auf augenblicklichen Absatz sieht, und bey seiner nomadischen Lebensart darauf sehen muß. Auch hier überwiegen demnach die Nachtheile alle scheinbaren Vortheile, wenn man auch dieß nicht in Anschlag bringt, daß sie der geringsten Klasse der Einwohner in Städten und Dörfern, eine Menge Geldes in kleinen, oft wiederkommenden Posten abnehmen, und gewöhnlich aus dem Lande schleppen, daß Hausirer mit Galanterie-Waaren den Luxus in kleinen Städten und Dörfern befördern, bey einfältigen Leuten durch ihre hinreissende Beredsamkeit Bedürfnisse und Begierden wecken, die sie nicht kannten, und nicht brauchten, und so ihren Schofel oft um doppelte Preise ausplaudern, und oft mit ihren fremden, ein einheimisches Handwerksprodukt verdrängen.

c) Durchaus schädlich ist ihr Metier, wenn sie mit inländischen untaxirten Handwerks-Produkten hausiren, der Hausirer selbst mag nun ein In- oder Ausländer seyn. Denn wenn es ein Inländer ist, so verfertigt er entweder seinen Kram selbst, oder er kauft zugleich ähnliche Waaren dazu auf, oder ist bloser Aufkäufer und Hausirer. Die ersten schmählern dem ordentlichen Professionisten seine Nahrung, und überschwemmen, vorzüglich das Land-Publikum mit elenden Waaren. Wie ist es möglich, daß sie bey ihrem ewigen Herumlaufen eben so gut, und noch dazu wohlfeiler, als der ansässige Handwerker sollten arbeiten können? Die zweyte Klasse kauft ihre Waaren entweder von geschickten Arbeitern, oder von elenden. Der geschickte wohlstehende Professionist hat fast immer einige Bestellungen und Kunden, die er mit der ausgesuchtesten besten Waare versehen muß, wenn er den beständigen, vorzüglich sichern Absatz im Grossen nicht muthwillig verlieren will. Also bleibt selbst bey diesem nur der Ausschuß für den Hausirer übrig; und der schlechte Handwerker kann ohnehin nichts taugliches liefern. Die wandelnde Krambude wird also in beyden Fällen eine privilegirte Niederlage schlechter Produkte, welche elende Arbeiter noch in ihrer Liederlichkeit stärkt, die sonst durch Mangel an Abnahme vielleicht gezwungen worden wären, bessere Arbeit zu liefern. Und endlich, die dritte Klasse muß sich aus den eben angegebenen Gründen doppelt vom Betrug nähren, da kein ehrlicher Gewinn für sie übrig bleibt. Ihr äusserliches Thun ist gewöhnlich nur Maske, um ungeahndet Bettel, Quaksalberey und wohl noch schlimmere Erwerbs-Arten zu treiben.

Sind es Ausländer, so betragen sie sich in allem gerade wie die Eingebohrnen ihrer Art. Nur werden sie schon dadurch doppelt schädlich, weil sie, selbst in dem fast nie eintrettenden Fall, daß sie gute Waaren liefern, doch nach einigen Jahren das Land verlassen, und das darinnen Erworbene mit sich in ihr Vaterland schleppen. Allein der gewöhnlichste Gang ist dieser: Sie bezahlen vielleicht anfänglich dem inländischen Meister einige Gulden Vorschuß, um nach ihrem Vorgeben desto bessere Preise zu erhalten — in der That aber, ihn und seine Genossen, desto sicherer zu Grunde zu richten. Mit den wenigen inländischen Waaren werden viele natürlich schlechtere, ausländische vermischt, unter dem Mantel der erstern im Lande abgesetzt, und also den Gewerben offenbarer Schaden gethan, wobey abermal die Abnehmer geprellt werden. Ist es nun ein Wunder, wenn in den Städten die Nahrung in Verfall geräth? Der 4, 5 — 6 Stunden davon entfernte Landmann kommt weniger dahin, bringt seltener seine Lebensmittel zum Verkauf, und giebt also auch den städtischen Handwerkern und Kaufleuten weniger zu lösen. Denn kurz vor und nach den Messen und Jahrmärkten wimmelts auf dem Lande von dergleichen Hausirern, die eine ordentliche Arbeit oft nie gelernt haben, oft nie lernen wollten, noch öfter aus Trägheit verlassen haben.

Aber gute Polizey und Accis-Anstalten sollten doch diesem Unfug steuren. Einmal geschiehts nicht aller Orten, und sie erhalten gegen eine, nicht einmal die Procente des von ihnen verursachten Schadens aufwiegende Abgabe, die Freyheit, die Unterthanen zu betrügen, und den Gewerben zu schaden. Und dann gehts den Polizey-Bedienten nicht selten, wie einst denen Mandarinen in Japan. Diese fragten die Holländer: ob sie Christen seyen, und bekamen zur Antwort: Nein! Holländer. Unter dieser Firma handelt der Bataver, trotz aller strengen Verbote, nach Japan. Der Accis- oder Polizeydiener fragt: Bist du ein Hausirer? Nein! ein Händler, hier ist mein Accisschein für inländische Waaren, die ich da und da bey Meister N. N. erkauft habe, und nun im Kleinen absetze. Diesen Schein haben sie wirklich für wenige, 6 — 8 Gulden betragende inländische Waaren erhalten, täuschen damit die Aufseher des Staats und ihre Käufer — durch eine Menge fremder Waaren, welche mit den ersten vermischt werden, die nicht besser, aber doch fremd, folglich hinreichend sind, das leichtglaubige Publikum zu blenden.

Allein dieß Hausiren erhält doch viele arme arbeitlose Menschen! — und richtet eine Menge braver Professionisten und Fabrikanten zu Grunde, welche so oft Mangel an Handarbeitern haben, die dergleichen Leuten gerne Verdienst geben würden, wenn sie mehr Lust zur täglichen bestimmten Arbeit, als zum Herumziehen und Betrügen hätten. Zudem scheint es sehr inconsequent: Wirklichen Armen, die anderst versorgt werden könnten, ohne das Publikum zu betrügen, die Erlaubniß zum letztern zu geben, und dadurch noch fleissige wohlhabende Gewerber selbst arm zu machen. (No. 27. d. l.)

Man kauft aber doch die Waaren vom Hausirer wohlfeiler, als von Fabrikanten und Professionisten. O ja! aus denen kurz vorhin angeführten Gründen, und dann gewiß unter 50mal 49mal schlechter. Selbst meinen Feinden möchte ich nicht viele dergleichen wohlfeile Käufe wünschen. Zudem wird der wahre geschickte Handwerker, wenn er in seinem Gewerbe nicht gestöhrt wird, alles zuverlässig in Verhältniß der Güte zum grossen Nutzen der Abnehmer in eben so guten

Preisen liefern, als es die schlechteren Produkte von diesen Landstreichern erhält.

Statt daß man bey dem fast überall verlohrnen Handel an andere Nationen die Einfuhr fremder Handwerks-Waaren hätte hemmen sollen, hat man solche durch die Anlegung neuer Messen und Jahrmärkte aller Orten noch mehr geöffnet. Bey dem allgemeinen Ueberfluß einheimischer Krämer und Handwerker sind in heutigen Zeiten Messen und Jahrmärkte offenbar mehr schädlich als nützlich. Meist fremde Krämer, Italiener, Franzosen, Schweizer, Niederländer, polnische Juden rc. überschwemmen die deutschen Städte und ihre Gegenden mit ausländischen Manufaktur-Waaren und Fabrikaten, reizen die angaffenden Einwohner zum Ankauf und schleppen das Geld ins Ausland, verkaufen meist Waaren, die man im Ort entweder selbst verfertigen, oder dieselben, ohne ihre jüdische Zudringlichkeit, entbehren, oder wenigstens beym einheimischen Krämer um gleichen, oft niedrigern Preiß haben könnte, da dieser keine so oft wiederholte Frachten und Zehrungen zu bezahlen hat. Die Betriebsamkeit des inländischen Kommerzes leidet hierunter ungeheuer, der einheimische Bürger, der Kaufmann, der Krämer, der Handwerker, wird in Unthätigkeit gesetzt, und hat vor, während, und nach der Messe das leere Nachsehen. Für den inländischen Kaufmann und Handwerker mögen Messen und Jahrmärkte immer angelegt seyn und werden, nur sollte man jeden Ausländer mit

Wie auch die jetzt aller Orten angelegte, von Ausländern mit ihren Waaren besuchten Messen und Jahrmärkte.

seiner Waare davon ausschliessen. *) Beym hiedurch gesicherten Absatz wird denn der ansässige Kaufmann auch die unentbehrlichen fremden Waaren von der Quelle oder den grossen Handels-Messen beziehen, und ihm und dem Lande der Gewinn zufallen. Von der Frankfurter, Leipziger und ähnlichen grossen Handels- und Tausch-Messen ist hier die Rede nicht, da auf denselben der fremde Handelsmann kauft und verkauft, wenn gleich auch zum Nachtheil für Deutschland, da die Ausfuhr mit der Einfuhr in keinem Verhältniß steht, und das deutsche Geld und ihre Waaren fast nur gegen fremde Waaren ohne Geld umgetauscht wird. Ein Uebel, das sich wohl auch heben ließe, wenn alle deutsche Fürsten, wie Kaiser Joseph II. durch sein Verbot auf fremde Waaren in Böhmen, es ernstlich wollten.

Verminderung der Zahl der Gewerbe Treibenden

37) Nun komme ich auf einen Hauptpunkt, von dessen Ausführung, nach dem bisher Erwiesenen, ein grosser Theil des Flors der Gewerbe abhängt: auf die so nothwendige Verminderung der Anzahl der Handwerker und Professionisten. Sie sind gewiß im Ganzen übersetzt, es haben also die wenigsten zu leben, daher sinken Muth und Kräfte bey so

*) Der Absatz an fremden Waaren, auswärtigen im Jahr 1782. auf den Gothaischen Jahrmärkten, wie auch der Absetz derselben, der ausser den Jahrmärkten von fremden Hausirern gemacht wird, betrug 30,000 Rthlr. s. Schlözers Staats-Anz. XII. Heft.

vielen, sich empor zu schwingen und ihr Metier zu vervollkommnen. Man steure diesem Uebel mit Nachdruck, so werden die übrigen sich bald, bey einer verhältnißmäßigen Nahrung erholen, Leben und Thätigkeit wird sie beseelen, und den Geist wiederum rege machen, der zu allen Verbesserungen und höherer Vollkommenheit unentbehrlich ist, der sich beynahe nie, oder doch als äusserst seltene Ausnahme unter dem unausstehlichen Druck des lästigen Elends hervor arbeitet. Allein wie ist dieß anzufangen? Ich will mich bemühen einige Vorschläge hierüber zu thun, welche diese Absicht theils mittelbar, theils unmittelbar zu erreichen dienlich seyn dürften.

I. Zu der ersten Klasse, welche mittelbar dieser Uebersetzung steuert, gehören offenbar:

a) Die No. 29. vorgeschlagene Verbesserung der Bürger-Aufnahme in ganzen Ländern, ihren Städten und Dörfern.

b) Die Verbesserung des Ackerbaus (No. 30.), denn sobald sich der Bauer reichlicher nähren kann, sobald er mehr Hände auf dem Lande braucht, wird die bisher so schädliche Zudringlichkeit zum Handwerksstand merklich schwinden.

c) Man erschwere so viel immer möglich zum eigenen Vortheil des Bauern, das Niederlassen eines Professionisten auf dem Lande; wo es nicht unumgänglich tägliche, wahre Lebens- und zum Ackerbau nöthige Bedürfnisse, oder auch die zu grosse Entfernung von Städten nothwendig machen.

(No. 11. lit. i. No. 15. V. No. 16. d) Diese Vorkehr wird nicht nur die Zahl der Gewerbe Treibenden im ganzen Staat merklich vermindern, wird ihre nachtheilige Vermehrung in den Städten, als ihrem eigentlichen Wohnsitz, möglich machen, dort den Absatz vergrössern, und die Wohlfeile der Lebensmittel sehr befördern. Handel, Bequemlichkeit, Durchfuhr, Verwebung der Gewerbe in einander, von denen wechselseitig eins das andere nöthig hat, wenns blühen soll, möglicherer schneller Einkauf vieler rohen Materialien, Möglichkeit des schnellen Absatzes rc. Alles ruft uns laut zu: In die Städte gehören Künste und Handwerker, der Bauer aufs Land, aber ja nicht umgekehrt oder vermischt, wenn beyde Volks-Klassen glücklich seyn, in ihrem Wohlstand immer höher steigen sollen. Durch treue Beobachtung dieses Grundsatzes schwangen sich beyde vor mehrern 100 Jahren (wie uns Geschichte und alte Verordnungen lehren) empor, und durch seine Wieder-Befolgung werden sie sich auch wieder erheben. Mit weiser Einsicht wurde daher in dem schon angeführten Projekt des reichsstädtischen Conclusi vom 16ten April 1731. darauf angetragen: „die auf denen Dörfern eingeschlichenen, theils unzünftigen Handwerker und Pfuscher, theils gar eingeführte Dorfmeisterschaften, welche denen in den Städten etablirten zünftigen Meistern ungemeinen Eintrag und Abbruch thun, auch allerhand andere Unordnungen verursachen, durchgehends abzuschaffen, und künftig nicht mehr gestatten möchte 2c. Preussens weise Politik schränkt Handel und Gewerbe blos in die Städte ein, und dultet ausser den zu Betreibung des Ackerbaues nöthigen Handwerkern keine andere auf dem Lande.

II. Sollte aber die Zahl der Gewerbe Treibenden in einer Stadt (und der Fall ist, wie wir gesehen haben, in sehr vielen wirklich) schon übermäßig gestiegen seyn, so müßte man freylich zu einem direkte wirkenden Mittel schreiten.

a) Der sicherste Maasstab, ob ein Gewerbe in einer Stadt zu schwach, im richtigen Verhältniß gegen die übrigen Einwohner, oder zu stark besetzt seye? ist das Verhältniß der Meister gegen die Gesellenzahl. Wenn Ein Meister in einer sehr grossen Stadt, in der gewöhnlich Holz, Lebensmittel, Hausmiethe 2c. theurer sind, nur zwey, und in einer mittelmäsigen oder kleinen Stadt nur einen Gesellen zu beschäftigen im Stand ist, so hat er für seine Familie ein höchst sparsam zugeschnittenes Brod. Kann er dieß nicht einmal, so muß er über kurz oder lang betteln. Kann jeder Meister, besonders in kleinen und mittelmäsigen Städten mehr als zwey Gesellen halten, so können sicher noch mehrere Meister angenommen werden, ohne daß die vorhandenen dadurch unglücklich werden. Jedermann sieht: daß ich hiedurch nicht behaupte: Kein Meister soll oder darf mehr als einen oder zween Gesellen haben. Jeder

Maasstab, ob Gewerbe in einer Stadt zu schwach, verhältnißmässig oder übersetzt sind.

mag immerhin so viel anstellen, als er beschäftigen kann. Nur sollen an einem Ort, wo z. B. 30 Meister von einer Profession leben, auch Jahr aus, Jahr ein, wenigstens 30 Gesellen in Arbeit stehen können. Ist ein oder der andere vorzüglich geschickte Mann in der Lage, daß er für viere, ein anderer, daß er für keinen Arbeit hat; dann mögen sich die letztern zum Theil die Schuld selbst zuschreiben, und keiner hat ein gegründetes Recht über Uebersetzung seiner Profession zu klagen. Bey dieser Einrichtung würden die Gesellen minder genöthigt seyn, müßig von einer Stadt zur andern zu schwärmen. Sie würden ungleich leichter Arbeit finden, sich manches Geld, dem Publikum und den Meistern manche Unterstützung sparen, des Müssiggangs weniger gewohnt werden, und die Schwierigkeit, bey diesen Umständen das Meister-Recht zu erhalten, würde den Bauern gewiß abschrecken, seinen Sohn so leicht einem Handwerk zu widmen, da er in Verbindung dessen, was (l. b.) gesagt wurde, bey seinem Pflug und Landbau sicherer Nahrung entgegen sähe.

Minderung der Meister, wo es nöthig ist

b) Allein zu Erhaltung dieser Lage mußte freylich etwas ähnliches bey den Zünften und Handwerkern geschehen, was durch eine Verordnung in Oesterreich, dem Ueberfluß der Studirenden zu wehren, geschahe. In diesem Lande soll, vermöge dieser Ordnung, binnen zehen Jahren, kein Doktor der Arzney und kein Advokat ernennt werden. Eine kleine Modifikation würde dieß Gesetz für das Woh der Professionen sehr anwendbar machen. Eine ist mehr als die andere übersetzt. Bey keiner dürfte sichs, ohne alle Einschränkung, auf die Annehmung der Lehrjungen erstrecken, sonst würde nach Verfluß der gesperrten Zeit ein höchst schädlicher Mangel an Gesellen entstehen. Wo das Verhältniß der Meister gegen die Abnehmer zu unnatürlich groß ist, scheint die Verordnung: binnen zehen Jahren keinem das Meister-Recht zu geben, ungemein heilsam. Sind der Meister zu viel, doch nicht so viele als im ersten Falle, dann möchten 5 — 6 Jahre hinreichen, und da, wo sie der Zahl der Abnehmer angemessen wäre, sollte wenigstens eben so lang kein neuer angesetzt werden, es wäre dann, daß einer von den vorhandenen abgienge.

Hebung des Zweifels: daß dieß den Gesellen höchst nachtheilig seyn würde.

c) Für Handwerks-Pursche, welche gerade in dieß Decennium fielen, würde freylich der Aufschub des Meisterwerdens empfindlich seyn. Sie würden aber auch dagegen den höchstbeträchtlichen Vortheil gewinnen: daß sie, nach Verfluß dieser Zeit, eine nicht übersetzte Zunft, folglich sichere Nahrung fänden. Nach Verfluß der 10 oder 5 — 6 Jahre, erhielten von ihnen, immer nur die ältesten, wenigstens 30jährige Gesellen, das Meister-Recht, und dann würde kein neuer ernannt, wenn ihm kein alter abgehender Platz gemacht hätte.

Vielleicht wäre dieß Gesetz minder auffallend, wenn man es so abfaßte: Es solle, solange, bis die verhältnißmäsige Zahl der Gewerbe Treibenden gegen die Abnehmer, in jeder Profession wiederum hergestellt ist, kein Geselle, vorzüglich aus dem Bauernstand, vor dem 30sten Jahr das Meister-Recht erhalten, insonderheit aber bey Annahme fremder, und Ertheilung desselben an fremde Gesellen, ungemein behutsam verfahren werden. Eine Einrichtung, welche zugleich den beträchtlichen Vortheil gewähren würde, daß die wirklichen Meister immer eine hinreichende Menge guter, geübter Gesellen fänden.

Wenn auch bey den Jungen diese Einschränkung nöthig seyn dürfte.

d) Nun würde zwar dieß Gesetz an sich schon manchen von dem unüberlegten Zudrängen zum Handwerksstande abhalten. Sollte aber dem ungeachtet der Strudel zu viele hinreissen, folglich davon eine Uebersetzung der Jungen und Gesellen zu besorgen seyn, so müßte man freylich auch bey diesen eine ähnliche verhältnißmäßige Einschränkung treffen, und die jährlich ohne Schaden, mögliche anzunehmende Zahl der Jungen könnte mit hoher Wahrscheinlichkeit — aus der Zahl der wirklich vorhandenen einheimischen Gesellen, verbunden mit dem aus den Sterbelisten ersichtlichen Maas der Sterblichkeit unter den Meistern, so bestimmt werden, daß weder Mangel noch Ueberschuß zu befürchten seyn dürfte. Man dürfte alsdann nur das Gesetz geben: daß, solange städtische Handwerker und Bürgersöhne zur nöthigen Zahl der künftigen Gesellen und Meister zureichten, kein Bauernpursche zum Lehrling angenommen werden dürfte.

e) Ich sehe bey diesem ganzen Vorschlag, allerdings einem Heer von Widersprüchen entgegen, die sich alle auf den uneingeschränkten Satz berufen: Je grösser die Bevölkerung, je grösser der Reichthum des Staats. Wie fürchterlich wird dieß die Ehen hindern! Wie Viele werden dadurch zum Auswandern veranlaßt, ja wohl gar genöthigt werden!

Zweifel gegen diesen Vorschlag und dessen Beantwortung.

Doch ich habe bereits gezeigt: daß dieser so sehr mißbrauchte Grundsatz nicht ohne weise Einschränkung wahr seyn kann. (Siehe Einleitung No. 16. I. b. 2. No. 16. II.) Ja ich hätte beynahe Lust, dessen übertriebene Vertheidiger auf das Beyspiel der Bienen zu verweisen, welche das Maximum und Minimum, wenigstens in der Ausübung, besser beobachten, als viele Philosophen. Allein die Sache ist zu ernsthaft: daher will ich mich auch bemühen, ihrer Natur gemäß zu antworten; nicht einmal sagen, daß sich das, in manchen Gegenden Menschen bedürfende Oesterreich, mit seinen Doktoren und Advokaten in einem ähnlichen Fall befindet; weil die Anzahl dieser, gegen die Zahl der Handwerker, doch noch in keinen Vergleich kommen kann, und wenn beyde gleich wären, der Einwurf eben so gut das Oesterreichische Gesetz als meinen Vorschlag träfe. Ich frage vielmehr: Sind denn frühzeitige Ehen ein so grosses Glück für einen Staat? Unsere Vorfahren, die alten Germanier, dachten ganz anders hierüber. Ihre Kinder waren aber auch von einem ganz andern dauerhaften Stoff. Und welche Er-

Erziehung läßt sich hoffen, wenn die Eltern selbst noch halbe Kinder sind? Was gewinnt der so nöthige, immer nöthigere Geist der Sparsamkeit dabey, so oft die Ehepaare mit allem noch nicht genug vergohrnen jugendlichen Leichtsinn, noch nicht durch Erfahrung klug gemacht, Haushaltungen beginnen, und binnen wenig Jahren mehr verschwendet, mehr übersehen und vernachläßigt haben, als sie bey reiferem Alter, in der doppelten Zeit gebraucht haben würden? Die Einschränkung der Meister-, Gesellen- und Jungenzahl wird anfänglich Auswanderungen verursachen! Es kann seyn, vielleicht auch nicht. Wenn der Geselle richtigen guten Lohn erhält und seiner sichern Versorgung entgegen sieht, sollte es nicht vielmehr ein Reiz für ihn werden, eine Gegend ja nicht zu verlassen, in der er nun ein zwar späteres, aber desto gewisseres Brod mit so vieler Aussicht zu hoffen hat? Und muß denn der Junge, den elterlicher Wille, weil es einmal Herkommens war, zum Professionisten **überhaupt**, oder **insonderheit** zu einem **schon übersetzten Handwerke** bestimmt hatte, deßwegen, weil man ihn nicht in sein unvermeidliches Elend rennen läßt, das **Land nothwendig verlassen**? Ich dächte diese Folge ist nicht unvermeidlich. Der Bauer bleibe Landmann und Taglöhner, der seinen Eltern oder ältern Geschwister das Feld desto nützlicher bauen hilft, und bey Verbesserung des Nahrungsstandes auf dem Lande immer Beschäftigung finden wird. Der Burgerssohn muß ja nicht **nothwendig** die Profession erlernen, welche Eigensinn und

Unüberlegtheit der Folgen seinem Vater und Mutter, oder ihm selbst so reizend machen. Kann er doch eine andere minder übersetzte ergreiffen! Wenn aber auch in einer Gegend wirklich der äusserste Fall einträte, daß alle Gewerbe zugleich übersetzt sind — werden sie nicht, wenn sie noch immer ins Unendliche vermehrt werden, am Ende dennoch auswandern müssen, bis sich das Gleichgewicht, obschon mit Schaden (siehe die Einleitung) wieder hergestellt hat? Und was ist dann für Individuen und den Staat besser, wenn ganze Familien, die dem Lande durch ihre Armuth viele Jahre drückend waren, endlich doch dasselbige verlassen müssen, oft wiederum noch ärmer, obschon kinderreicher, zurückkommen — oder wenn die Jugend sich bey Zeiten in andere minder bevölkerte Gegenden zieht, dort im Gesellenstand sich etwas erwirbt, und dann entweder zurück kommt, wenn Meister-Stellen offen stehen, oder anderswo glücklich wird, ohne sich selbst im Vaterlande ein kümmerliches Brod zu erbetteln, und andern das ihrige zu verringern, daß sie auch dabey darben müssen?

38) Alles was die eigentliche Modifikation der Zünfte betrifft, scheint mir auf folgenden Punkten zu beruhen: Ausnahm der Lehrjungen. Ihre Zahl. Das Lehrgeld. Die Lehrjahre oder Lehrzeit. Wie soll der Meister, wie sollen Gesellen die Jungen in Absicht des ihnen zu gebenden Unterrichts behandeln? Was ist bey ihrem Ein- und Ausschrei- Wirkliche eigentliche Modifikation der Zünfte und deren Hauptpunkte.

ben oder Losſprechen, und denen damit verbundenen Koſten zu erinnern? Was beym wirklichen Geſellenwerden? Was ſoll der Staat zur Vervollkommnung der Jungen und Geſellen beytragen? Was iſt bey dem Wandern der letzten zu bemerken? Wie kann man den Geſellen-Aufſtänden am wirkſamſten vorbeugen? Wie der Liederlichkeit der Handwerker überhaupt? Was iſt beym Meiſterwerden und vorzüglich den Meiſterſtücken zu verbeſſern? *)

39.) Ich ſetze voraus, daß nach (No. 37. I. c.) die meiſten und wichtigſten Handwerker in die Städte gezogen, und alſo auch die meiſten, wo nicht alle Jungen in den Städten gebildet werden müſſen, da Lehrlinge auf den Dörfern ſelten, oder nie ein wichtiges Stück Arbeit unter die Hände bekommen, und meiſtens Stümper werden; auch eben ſo wenig in ihren Dorfſchulen Begriffe von allgemeinen mechaniſchen Grundſätzen und Regeln, und alles deſſen, was jeder Profeſſion nützlich iſt, und ſie vervollkommnet, erhalten können. Ein Fehler des jugendlichen Unterrichts, der leider noch den meiſten Stadtſchulen eigen iſt. Es werden nun vermuthlich folgende die Jungen betreffende Foderungen nicht unter die unmöglichen gehören.

*) Siehe die treffliche Fuldiſche Polizey-Verordnung für die Handwerker. Journal v. und für Deutſchland 1787. Xtes Stück No. XVII. Seite 351. — 357.

I. Man nehme keinen an, der nicht vorhin von den ältesten erfahrensten Meistern und einem von der Obrigkeit dazu bestimmten Rathsgliede, welches hinreichende Sachkenntniß hat, hinlänglich ist geprüft worden.

Prüfung der Jungen vor ihrer Annahm.

a) Ob er auch die zu der von ihm zu wählenden Profession nöthigen geist- und körperlichen Kräfte habe? Mancher Junge hat einen fähigen Kopf, aber von Natur einen augenscheinlich zu schwachen Körper, um ein Handwerk, ich sage nicht mit Nutzen, nur ohne Schaden seiner Gesundheit, oft seines Lebens, zu erlernen, und in der Folge zu treiben, welches gerade dergleichen natürliche Anlagen voraussetzt. Einem andern fehlts nicht an Leibes-Kräften, aber er ist entweder von Natur etwas dumm, oder hat seine Schuljahre so übel angewandt, daß er auch beym besten, redlichsten, fleissigsten Meister nie was Tüchtiges lernen kann. Setzt nun das von ihm oder den Seinigen gewählte Handwerk oder Kunst mehrere Fähigkeiten und Vorkenntnisse voraus, so werden sich diese, im Fall des natürlichen Mangels der Verstands-Gaben, nie entwickeln. Hat er die Cultur des Kopfes aus Trägheit oder Mangel der Gelegenheit versäumt, so wirds immer dreyfache Zeit erfodern, sie nachzuholen, wenn er den ganzen Tag mit der Profession beschäftigt ist, und nur die wenige Feyerstunden oder Sonntags-Nachmittage darauf verwenden kann.

Ob sie geist- und körperliche Kräfte zu der zu wählenden Lebensart haben.

b) Man sehe strenge darauf, daß keiner, der den weiter unten vorzuschlagenden technologi-

Ob sie den technologischen Unter-

nicht gehörig benuzt haben.

schen Unterricht nicht gehörig genuzt hat, angenommen werde. Die Prüfung hierinnen müßte aber ja nicht in gewöhnliche Prüfungen ausarten, ja nicht blos darauf gesehen werden: Ob der Junge auch recht fertig Alles in tabellarischer Ordnung mit der Schnelligkeit eines Papageys beantwortet. Wenige, ungleich mehr seine Beurtheilungskraft der ihm vorgetragenen technologischen Kenntnisse bewährende Fragen werden gewiß zweckmäsiger seyn, als ein langes Register auswendig gelernter nur halb verstandener Namen ohne Begriffe. Hauptsächlich aber sehe man darauf: Ob er in der ganz ökonomisch und technologisch, ja nicht gelehrt und blos klassificirend vorgetragenen Naturgeschichte, die Materialien seiner künftigen Beschäftigung, die Gegenden, wo sie am besten und vollkommensten zu haben sind rc. hat kennen lernen.

Untersuchung, ob nicht in dem Gewerbe, das er ergreifen will, schon zu viele Jungen vorhanden sind.

II. Ist er nach dieser vorgenommenen Prüfung tüchtig, dann entsteht erst die zweyte Präjudicial-Frage: Sind in diesem Gewerbe verhältnißmäßig nicht schon so viele Jungen vorhanden, als es ohne Nachtheil für die folgenden Jahre tragen kann, oder übersteigt vielleicht gar ihre Summe diesen so nothwendigen Maasstab? Im ersten Falle muß er so gut, als im zweyten zurückgewiesen werden. (No. 37. II. d.) Dieß ist weder für ihn, noch seine Eltern hart. Er kann eine andere Profession ergreifen, und hat ja meistens zwischen 40, 80 und mehrern die Wahl. Sie zurückhalten ist Wohlthat für den Staat, das Gewerbe und ihn selbst. Das zweyte wird nicht übersetzt, welches auch dem ersten offenbar schädlich ist, und der junge Mensch darf keine Lebensart ergreifen, bey der es ihm künftig selbst an Brod fehlen, wo ers andern rauben würde. Wo nicht zu viele Jungen sind, entstehen auch nicht so viele Gesellen, und dann ist man nicht genöthigt zu der (No. 37. II.) vorgeschlagenen, nur in dermalen dringendem Nothfall unvermeidlichen Verweigerung des Meister-Rechts seine Zuflucht zu nehmen.

III. Wenige Eltern sind fähig ein grosses Lehrgeld zu bezahlen. Wenn der Junge vernünftig und gewissenhaft geleitet wird, so kann er schon im zweyten halben Jahr dem Meister durch seine Arbeit, für den Verlust des ersten schadlos halten, und das zweyte Jahr ganz zum Vortheil desselben arbeiten. Man setze daher das Lehrgeld so geringe an, als nur immer ohne offenbaren Schaden des Meisters möglich ist. So bleibt dem künftigen Gesellen und Meister doch auch ein Nothpfennig übrig, der ihm immer unentbehrlich ist, wenn er ein tüchtiger Professionist werden soll. Lehrgeld derselbigen, so geringe als möglich ist.

IV. England ist zwar genöthigt die Lehrzeit oder Lehrjahre der Jungen auf 7 Jahre zu setzen, weil sie nach Verfluß derselbigen keine bestimmte Gesellen-Jahre haben, ja wohl gar dem ausgelernten Jungen, ohne weiters das Meister-Recht gestatten. Dieß mag bey der übrigen Verfassung des Landes dort möglich seyn; in Deutschland, wo, wie wir gesehen haben, so viele Umstände sich vereinigen, welche hierinnen Einschränkungen nöthig, und die Aufhe- Zeit der Lehrjahre.

bung der Zünfte unräthlich machen kann, dieß nicht Statt finden. Ein gut nach (No. I.) vorbereiteter, vom Meister gewissenhaft geleiteter Junge, der pünktlich zum Fleiß und Arbeit angehalten wird, kann auch das schwerste Handwerk binnen 2 Jahren vollständig erlernen. Was drüber wäre, gereichte also augenscheinlich nur zum überspannten Vortheil des Meisters und Schaden des Lehrlings. Wollte man die Lehrzeit ja auf 3 Jahre setzen, so müßte es nur in dem Fall geschehen, wenn der Junge gar kein Lehrgeld zu bezahlen im Stande ist, um auf diese Art den Meister zu entschädigen, und den fähigen Armen den Zutritt zu den Gewerben nicht zu versperren.

Behandlung der Jungen von Seiten der Meister u. Gesellen.

V. Behandlung der Jungen von Seiten des Meisters und Gesellen ist ein höchst wichtiger Punkt, der allerdings beträchtliche Verbesserungen nöthig hat.

Kein Meister, der sein Metier selbst nicht recht versteht, soll die Freyheit haben, einen Jungen anzunehmen.

a) Manche Meister nehmen Jungen an, und verstehen ihr Gewerbe selbst nicht recht. Diesen sollte es schlechterdings nicht gestattet werden, bis sie unzweifelhafte Proben von ihrer eigenen Geschicklichkeit gegeben hätten. Wozu blinde Leiter? Manche verstehens zwar, aber blos mechanisch, und sind nicht fähig deutlichen, gründlichen Unterricht zu geben. Noch andern fehlts an Gedult und Zeit dazu. Soll bey dergleichen Meistern der arme Junge leiden oder verdorben werden? da doch in dieser Periode der Hauptgrund seiner künftigen ganzen Ausbildung, Grundsätze und Betragens als Bürger, als Geselle, als Meister gelegt wird.

b) Viele, vielleicht Dreyviertel von den Meistern nehmen Jungen an, um sich eine Kinds- oder Hausmagd, oder auch einen Hausknecht zu ersparen. Da muß nun der arme Junge alle mögliche Arbeit, deren sich öfters eine Magd schämen würde, ohne Widerrede verrichten. Ein Mißbrauch, dem er vorzüglich bey solchen Meistern ausgesetzt ist, die zugleich Halbbauern sind. Diesen ist gewöhnlich ihr Feld-Geschäft wichtiger als der Unterricht des Jungens, der sie doch dafür mit dem Lehrgeld oder verlängerten Lehrjahren bezahlt. So wird der Zögling ein verdorbener Bauer, und ein noch schlechterer Professionist. Die Härte seines Sklavenstandes erzeugt in ihm den sehnlichen Wunsch seiner Befreyung, die er alsdann desto weniger vernünftig gebraucht, wohl gar während der Mißhandlung bübische Entwürfe macht, wie er seine künftige Freyheit mißbrauchen, und mit stolzen Foderungen andere eben so quälen will, wie er gemartert wurde. Der Tag seiner Lossprechung kommt. Er wird ein zügelloser Geselle, und ein zum Verderben für sich und andere vorbereiteter Meister.

Kein Meister soll den Jungen zu andern als Professions-Geschäften gebrauchen.

c) Nicht minder verderblich ist die Behandlung, welche Lehrjungen von den meisten plumpstolzen Gesellen erdulden müssen. Dergleichen rohen Menschen fällts immer wieder ein, daß sie als Jungen, den Gesellen ihre Schuhe an einem Morgen dreymal hintereinander putzen, und überdieß täglich nach Belieben Ohrfeigen aushalten mußten. Sie schliessen

Kein Geselle soll die Lehrjungen mißhandeln.

also nach ihrer Gesellen-Logik: der Junge muß tüchtig geprügelt werden, der Junge ist mein Schuhputzer, der Junge muß es recht fühlen, welch ein Unterschied zwischen ihm und mir, einem freyen Gesellen ist. Viele dieser elenden Geschöpfe machen sich ein eigentliches Geschäft daraus, den braven Jungen in Abwesenheit des nicht minder braven Meisters teuflisch zu quälen. Der Märtyrer klagt, und der Herr darfs kaum wagen, dem oft dummen Bösewicht einen Verweis zu geben, wenn er sich nicht die Gesellen-Race auf den Hals, unzähligen Verdruß zuziehen will, bey dem ihm alle Arbeit liegen bleibt, absichtlich verdorben, oder Er gar verlassen, und nach der Handwerks-Terminologie geschimpft wird. Allein dieß tiefgewurzelte Gesellen-Verderben, ihre unbeschreibliche Rohheit, kann freylich erst durch Nachziehen besser gebildeter Jungen von Grund aus gehoben werden, da Befehle und Machtsprüche nach vorliegenden neuern Beyspielen nicht nur nichts ausrichten, sondern oft unangenehme Vorfälle veranlassen.

Eigene Lehranstalten für Jungen wären trefflich. In Ermangelung dieser bringe man sie vorzüglich zu Meistern, welche keine oder doch nicht viel Gesellen haben.

d) Wäre es möglich in jeder nur etwas beträchtlichen Stadt eigene Anstalten für die Jungen eines Gewerbes *) zu errichten, oder gäbe man sie wenigstens nur solchen Meistern in die Lehre, welche gar keinen, oder doch nur we-

*) Es versteht sich von selbst, daß dieß bey dem Maurer- und Zimmermanns-Handwerk und einigen andern nicht ausführbar seye.

nige Gesellen halten, so wäre für die Bildung der Jungen und künftiger wackerer Gesellen sehr viel gewonnen. Denn obgleich beym Meister, der mit vielen Gesellen arbeitet, mancherley Arbeiten vorkommen, die der Junge beym einzelnen Meister nicht so oft zu Gesicht bekommt; so hat er doch dagegen den Vortheil, daß er beständig unter der genauen Aufsicht und Leitung des Meisters arbeitet, von der Gesellen-Unart nicht angesteckt und und gewiß in kurzer Zeit sittlich und professionsmäsig vollkommner wird. Denn von dieser ersten Bildung des Jünglings, von der Methode nach der er behandelt wird, von den Handgriffen und Vortheilen, die er früher oder später kennen lernt; ob er zu eigener Ueberlegung und Fertigkeit im Nachdenken auch über die gemeinste mechanische Arbeiten und ihre Verbesserung geleitet, oder wie ein blindes Pferd in einer Wasserkunst herum getrieben wird — ob er dieß von einem rechtschaffenen oder leichtsinnigen, geschickten oder minder geschickten, fleissigen oder trägen Meister lernt — ob er gute oder schlimme moralische Grundsätze einsaugt — ob er nicht wohl gar von einem gewissenlosen Meister vorsetzlich in seiner Profession zurückgehalten wird, damit er nicht in der nemlichen Stadt sich einst einen gleichgeschickten Mitmeister erziehe: — von diesem allem hängts allerdings ab: Ob in einer Gegend mit der Zeit viele geschickte oder ungeschickte, sittliche oder rohe Gesellen und Meister existiren sollen, die in der Folge Zunft-Mißbräuche stürzen oder unterhalten helfen.

Hebung der Mißbräuche bey den Lehrjungen

VI. Alle diese schändliche Mißbräuche bey Lehrjungen zu zerstöhren, wünschte ich folgende Vorschläge realisirt.

a) Man untersage den Meistern bey Verlust, wo nicht des Meister-Rechts, doch der Freyheit Jungen anzunehmen, allen Mißbrauch ihrer Lehrlinge zu häuslichen Geschäften. *)

b) Das Lehrgeld soll nicht, wie bisher, die Hälfte beym Eintritt, die andere Hälfte nach Verfluß der halben Lehrjahre; sondern die erste Hälfte nach Verfluß der halben, die zweyte nach gänzlich geendigter Lehrzeit bezahlt werden.

Prüfung der Jungen, ehe sie ledig gesprochen werden.

c) Aber auch dieß nicht ehe und bevor der Junge (nach nothdürftigem Verhältniß einer jeden Profession) 14 Tage oder vier Wochen, bey einem andern geschwornen, erprobt-ehrlichen, von der Zunft gewählten, und von der Obrigkeit bestättigten Meister, die einem Gesellen nöthige Kenntniß seines Gewerbes, und hinlängliche Fertigkeit in seinen Arbeiten, durch abgelegte Proben in mehrern seinem Handwerk eigenen Artikeln, die man allenfalls, wie bey Meisterstücken,

*) Schon im Jahre 1532. suchte die Speyerische Seckler-Ordnung diesem Unfug zu steuern. Wenn ein Junge während den Lehrjahren von seinem Meister lief, durfte dieser während der bedungenen Zeit keinen andern Jungen annehmen, dagegen 2c.

bestimmen könnte, bewiesen hat. Diese müßten alsdann mit den schriftlichen Gutachten des Geschwornen, den Zunftmeistern zur weitern Beurtheilung, bey der verlangten Lossprechung vorgelegt werden, um hiernach unpartheyisch zu bestimmen: Ob der Junge wirklich losgesprochen, und seinem Meister die letzte Hälfte des Lehrgelds bezahlt werden könne oder nicht. Besteht der Junge nicht, so bringe man ihn ohne weiters zu einem andern braven Meister des nemlichen Handwerks auf ein ferneres Jahr in die Lehre. Ist dieß verflossen, so prüfe man ihn wiederum wie vorhin. Leistet er dann das, was er leisten soll, so spreche man ihn los, und bezahle dem letzten Meister die Hälfte des bestimmten Lehrgelds. Mit diesem kann derselbige zufrieden seyn, da ihm der schon 2 Jahre geübte Junge nicht so viel, wie ein völliger Neuling, verdirbt, bereits zu vielen Geschäften nützlich ist, und er ihn nur ein Jahr behalten darf. Die andere Hälfte des Lehrgelds bliebe dem Jungen und dessen Eltern zur Entschädigung für die mehrere Jahre vergeblich, und ohne Verdienst auf ihn verwandte Kleidungs- rc. Kosten. Ja man sollte alsdann seinem ersten Meister, der ihn augenscheinlich vernachläsigt hat, binnen 10 Jahren nicht gestatten, einen Jungen anzunehmen, es wäre denn, daß derselbige im ersten Viertel- oder halben Jahr die Anzeige bey der Zunft und Obrigkeit gemacht, und erwiesen hätte, daß der Lehrling durch seine eigene Schuld, Faulheit, Ungehorsam rc. nichts lerne. In diesem Falle würde er zwar auch von ihm genommen, ihm aber doch die erste Hälfte des Lehrgeldes bezahlt werden.

Besteht aber der Junge auch in der zweyten Prüfung elend, so soll er nicht nur nicht losgesprochen, sondern auch, als ein in diesem Gewerbe für den Staat nichts taugender Mensch, von Obrigkeitswegen von diesem Handwerk weggewiesen werden. Hier sollte der letzte Meister, wenn er die wahrscheinliche gänzliche Unfähigkeit des Jungen in den ersten vier Monaten der Lossprechungs-Deputation angezeigt hat, bey der Entlassung desselben, pro rata, nach dem ersten Vertrag bezahlt werden.

Wenn der Junge ohne Lehrgeld lernt.

d) Hätte aber ein Meister einen Jungen ohne Lehrgeld angenommen, so soll dieser im zweyten Jahr der Lehrzeit nicht mehr berechtigt seyn, ihn als unfähig zur Profession fortzuschicken, oder dem Jungen, oder dessen Eltern, die seit dem auf Kleidung, Wäsche rc. verwandte Kosten ersetzen. Gemeiniglich muß ein solcher Junge zum Ersatz des Lehrgeldes, ein, oft auch zwey Jahre länger lernen. Wenn er nun dem ungeachtet in der Jungen-Prüfung nicht bestünde; so soll ihn die Lossprechungs-Deputation auf Kosten seines ersten saumseligen Meisters zu einem andern braven Mann noch ein Jahr in die Lehre thun, dem ersten gewissenlosen aber zeitlebens nicht mehr erlauben, einen Jungen mit oder ohne Lehrgeld anzunehmen. *)

e) Die Idee: Eltern, Verwandten, oder Vormünder eines Jungen zu erlauben, daß sie selbst den Meister, bey dem der Lehrling seine Probe-Arbeit liefern soll, wählen können; scheint mir aus manchen, vorzüglich aus dem Grund, verwerflich: Weil es zu unendlichem Unterschleif, auf Kosten des Staats und der Gewerbe Gelegenheit geben würde. Hingegen die Wahl des geschwornen Meisters von der ganzen Zunft und dessen Bestättigung von der Obrigkeit, beugt allem, so viel es Menschen möglich ist, vor.

Eltern, Verwandte oder Vormünder des Jungen sollen nichts zur Wahl des ihn prüfenden Meisters zu sprechen haben.

f) Leicht wird es seyn, nach der besondern Beschaffenheit jeden Gewerbes, diesen Vorschlag zur Jungen-Aufnahme und Erziehung von Seiten der Meister, zu mindern oder zu mehren. Daher laß ich mich auch in keine detaillirte vollständige neue Handwerks-Ordnung für jede Art von Lehrjungen hier ein. Sie würde und müßte die Gränzen dieser Schrift überschreiten.

Diese Vorschläge müssen bey jeder Profession nach ihrer Natur verändert, gemindert oder vermehrt werden.

VII. Es sind aber auch mit der Jungen-Annahme in Rücksicht auf das Einschreiben derselben in

Einschreiben, Ausschreiben der Jungen, Ertheilung der Lehrbriefe.

---

*) Wenn in England der Lehrjung nicht vollkommen gut abgerichtet ist: so wird sein gewesener Meister vor Gericht gefordert und hart bestrafet; falls nemlich die Schuld am Meister liegt. Siehe Taube.

das Handwerks-Buch, das Ausschreiben und Lossprechen derselbigen, und die Ertheilung eines Lehrbriefs, als Beweis, daß sie bey einem zünftigen Meister ihre Lehrjahre zugebracht haben, und in der Probe bestanden sind, unvermeidliche Ausgaben verbunden.

Man mindere alle, die dabey unvermeidlichen Aufwand vergrössernden Mißbräuche, aber nach und nach.

a) Alle hiebey allmählig eingeschlichene, nur den Aufwand vergrössernde Mißbräuche schaffe man ab, aber auch diese nicht auf einmal. So wie die Zahl der besser erzogenen Jungen, und mit diesen der Gesellen zunimmt, kann Jahr vor Jahr etwas von diesem Unkraut ausgerottet, und für die Zukunft das Nachwachsen verhindert werden.

Die Lehrmeister sollen die Unkosten ganz oder halb bezahlen.

b) Dann wird der Betrag der wesentlichen rechtmäsigen Unkosten so geringe ausfallen, daß sie ohne Belästigung bey denen, welche ohne Lehrgeld gelernt, folglich dem Meister bereits ungleich mehr genützt haben, ganz vom Meister; bey andern, welche Lehrgeld bezahlten, wenigstens zur Hälfte von diesem mit Recht bezahlt werden können. Dieß Gesetz würde die Meister am stärksten veranlassen, von selbst alle Mißbräuche bey diesem Geschäft abschaffen zu helfen.

Formalitäten bey der Erhebung zu Gesellen.

c) Ueberdieß werden die Jungen gewöhnlich mit einigen gebräuchlichen besondern Formalitäten zu Gesellen erhoben. Man gebe diesen Ceremonien (solange alle Menschen, geschweige von den untern Klassen, nicht ganz reine Geister sind und bleiben, folglich vom Sinnlichen sehr stark gerührt werden) Alles, was, ohne den Aufwand zu vermehren, sie feyerlich und eindrucksvoll auf das zukünftige Leben und Verhalten des neuen Gesellen machen kann. Daß eben hiedurch alles Läppische, Alberne, Kindische verworfen wird, und wo es noch ist, abgeschafft werden müsse, braucht kaum einer Erinnerung. Wo die erstern klug eingeführt werden, wird man sich endlich selbst des letztern schämen.

40) So viel kann schon von den Zünften und ihren eigenen Mitgliedern, durch Modifikation ihrer bisherigen Ordnungen, ohne sie aufzuheben, im verbesserten Zustande, zum Flor der Gewerbe beygetragen werden. Aber es fehlt noch das Wichtigste. Eine Einrichtung, zu welcher jeder Staat, dem das Blühen der Künste und Handwerker ernstlich am Herzen liegt, nothwendig mitwürken, thätig, nicht blos durch weise Vorschläge mitwürken muß. Erziehungs-Anstalten derer, welche zu Professionen bestimmt, und noch nicht als Lehrjungen aufgenommen sind — für den Jungen selbst und dann für die Gesellen. *) Man schrecke nicht vor diesem Vorschlag zurücke. Es liegen hier gar nicht sogenannte Philan- Handwerker-Erziehung.

*) Diesen Mangel der Erziehungs-Anstalten, vorzüglich für Bürgerliche und Handwerker rügt stark und wahr: die gekrönte statistische Abhandlung über die Mängel der Regierungs-Verfassung.

thropine, welche so oft auf öffentliche oder Privatfinanz-Spekulationen hinausliefen, im Hinterhalt. Blos von einem, mit denen bereits fast aller Orten schon vorhandenen öffentlichen Lehr-Instituten leicht zu vereinigenden, folglich im Verhältniß gegen den unaussprechlichen Nutzen sehr wenigen Aufwand erfordernden, zweckmäsigern Unterrichte derer zu Künsten und Gewerben bestimmten Bürger, ist die Rede. Von einem Unterrichte, der sie auf ihre Metiers näher vorbereiten; viel Ueberflüssiges, was so oft, um vergessen zu werden, gelernt wird, weglassen; dem Jungen und Gesellen, was er beym Meister blos mechanisch lernt, durch deutlichere Begriffe aufheitern, ihn zum Nachdenken, Selbst-Erfinden und Verbesserungen fähig, aber auch vorzüglich in seiner Sphäre moralischer machen würde.

Ich gestehe es, daß ich schon vor mehreren Jahren, ehe ich die beyden Aufsätze im Journal v. u. f. Deutschl. von den Jahren 1788. Ites St. und 1791. IItes St. (welche vorzüglich hieher gehören) gelesen hatte, mehr als einmal auf diesen Gedanken verfiel, einiges darüber niederschrieb, und es bekannt zu machen wünschte. Aber immer hielt mich der Gedanke zurück: das seit 30 Jahren so oft durch kostspielige Erziehungs-Projekte getäuschte Deutschland wird dich mit diesen in eine Klasse werfen, kaum lesen. Nun aber, da mich der Gegenstand der Preißfrage und ihre Beantwortung allerdings dazu auffodert, und ich dabey in den beyden angeführten Aufsätzen zwey so einsichtsvolle Vorgänger habe, denen bey ihrer ausdrücklichen Erklärung kein Mensch den Vorwurf machen wird, daß sie einem zu ihrem Vortheil zu errichtenden neuen Institut zu Gefallen, so geschrieben haben; da ihre Vorschläge so ganz mit meinen Ideen harmoniren: so nehme ich keinen Anstand, dieß Gute hier zu benutzen, um so mehr, da es, wie der letzte Aufsatz richtig bemerkt, wenigstens in der Ausführung noch nicht genug beherzigt worden ist.

41) Sehr richtig sagt der Verfasser des neuesten angeführten Aufsatzes l. c. S. 560. und 561. Zwischen den Elementar-Kenntnissen, selbst einer verbesserten Volksschule, und der Bildung des reifern Jünglings (wahrlich auch an an vielen Orten des Knaben) zu seinem individuellen Stand und Beruf ist, vorzüglich für den Handwerker, noch immer eine grosse Kluft. Für diesen, der doch wahrlich nicht minder als andere die Aufmerksamkeit und Pflege des Staats verdient, geschieht im Ganzen noch sehr wenig rc., ungeachtet hierdurch die einzig mögliche Bahn zu Ausrottung der Handwerks-Mißbräuche gebrochen würde. Dieß war der Gang der Kultur in den höhern Ständen — dieß wird auch hier ihr Gang seyn." Er beruft sich, die Ausführung dieses Gedankens betreffend, auf den ältern angeführten Aufsatz. Mir sey es erlaubt, diesen ins Kurze zu ziehen, ihn im Wesentlichen darzu-

Diese würde die einzig mögliche Bahn zu Ausrottung der Handwerks Mißbräuche glücklich brechen.

stellen, und meine Bemerkungen beyzufügen, ohne gerade ängstlich das Meinige von dem, was dem Verfasser gehört, auszuzeichnen. Wer den Aufsatz damit vergleicht, wird selbst finden, was mir, was jenem eigen ist. Ich müßte mich sehr irren, wenn nicht alles hierüber Gesagte in der richtigen Beantwortung folgender Fragen enthalten seyn sollte.

Wer soll in einer solchen Anstalt besonders unterrichtet werden? Worinnen? Von wem? Wann? Wo? Auf wessen Kosten?

Wer soll diesen besondern Unterricht und Erziehung geniessen?

42) Wer soll diesen besondern Unterricht und Erziehung geniessen?

Nicht nur wirkliche Jungen und Gesellen, sondern schon der Knabe in der Schule.

a) Nach meinen wenigen Einsichten, nicht nur die der gewöhnlichen Schule schon entlassene Jungen und Gesellen der Künste und Handwerker. Auch die erstere noch besuchende, zu dieser Lebensart bestimmten Schüler, doch diese abgesondert von den wirklichen schon bey Professionen arbeitenden. Diese erhalten etwas ähnliches in denen seit 20, 30 Jahren in Deutschland, zum Theil für sich allein (doch selten) existirenden, an den meisten Orten hingegen, mit den gewöhnlichen Lehr-Instituten verbundenen Real-Schulen. Unsterblich verdient machte sich der seelige, würdige Hecker in Berlin dadurch, daß er den Gedanken zuerst, durch sein schönes Beyspiel in allgemeinen Umlauf setzte. Bürger- und Gelehrten-Erziehung sind himmelweit verschieden. Ihm hat man es vorzüglich zu danken: daß seit dem auf vielen, bey weitem aber noch nicht allen Gymnasien und andern lateinischen Schulen, die Bürger, zum bürgerlichen Stande bestimmte Knaben in besondern Stunden einen ihrer Bestimmung gemäßen Unterricht bekommen; daß sie nicht, wie ehemals, Griechisch und Hebräisch mitlernen, daß sie zum Lateinischen nur in so weit angehalten werden, als es die Erleichterung anderer lebenden ihnen nöthigen Sprachen befördert — dagegen aber Erdbeschreibung, etwas Geschichte und deutsche Muttersprache mit den Studirenden, Briefe schreiben, Verfertigung anderer Aufsätze, Conti, Rechnen, Schreiben, Zeichnen, etwas Geometrie und Mechanik, nebst der so nöthigen Naturgeschichte in eigenen hierzu bestimmten Stunden an mehrern Orten unentgeldlich lernen können. Allein es fehlen hier noch immer für die Handwerks-Erziehung dieser ersten Klasse der Zöglinge zwey wichtige Stücke, sobald von ganz Deutschland die Rede ist. Dergleichen mit den sogenannten gelehrten Schulen verbundene Real-Schulen sind noch nicht allgemein genug eingeführt — und dann fehlt, soviel mir bekannt ist, in allem eins der wesentlichsten Stücke für den künftigen Handwerker und Künstler, Technologie, die sich so schön nach Hrn. Professors J. P. Voit im Jahr 1788. herausgegebenen faßlichen Beschreibung der gemeinnützigsten Künste und Handwerker für junge Leute, mit 48 Kupfert. in 8vo vortragen, und freylich, wenn das übrige schon da ist, leicht hinzu setzen ließe, wie ich besser unten zeigen werde.

Vorzüglich aber die wirkliche Jungen und Gesellen.

b) Aber für die schon wirklich bey Professionen sich befindenden Jungen und Gesellen ist desto weniger gesorgt. Denn einige kleine hier oder da damit gemachte Anfänge verschwinden, wenn man sie gegen das Bedürfniß, vorzüglich im Ganzen, hält. An denen eben gemeldten Real-Schulen können dergleichen Personen, wenn auch im Orte ihres Aufenthalts solche existiren, aus vielen Gründen keinen Antheil nehmen. Sie sind theils Jünglinge, theils schon erwachsene Personen, wie die meisten Gesellen. Und in den Real-Schulen befinden sich Knaben von 10 — 16 Jahren. Kaum möchten sie zu diesen in unzähliger Rücksicht passen, und der beste Vortrag würde für die eine oder andere Anzahl unbrauchbar, nie für beyde gleich nützlich seyn, Ueberdieß fallen die Lehrstunden in eine Zeit des Tages, wo kein Meister seinen Jungen oder Gesellen allgemein missen will oder kann. Solange für diese nicht besonders gesorgt wird, bleibt die oben angeführte Kluft noch immer unausgefüllt.

Worinnen sollen sie unterrichtet werden?

43) Worinnen soll der Unterricht für die Jungen und Gesellen vorzüglich bestehen? Denn für die Vorbereitungs-Handwerker-Klasse wäre schon (No. 42.) geantwortet. Schön- und Rechtschreiben, Rechnen, schriftliche, jeder Bestimmung gemäße Aufsätze, welche zugleich zur Uebung in

den beyden ersten Stücken dienen könnten, Quittungen, Conti, Waaren-Verzeichnisse (eine treffliche Uebung zur Anwendung des Rechnens) Technologie, was daraus für jeden am nöthigsten ist, Verfertigung von Bau-Anschlägen rc., Zeichnen, sowohl architektonisch als freye Handzeichnung, hauptsächlich Natur-Geschichte, so wie ich sie oben (No. 39. I. b.) empfohlen habe. Insonderheit aber eine reine, höchstfaßliche, ganz auf ihren Stand und Verhältnisse passende, hauptsächlich auf das Herz wirkende Sittenlehre — mehr im hinreissenden Ton eines Freundes, eines Vaters, ja nicht im Prediger- noch weniger Katheder-Geschmack, woben sich ihnen das Wichtigste für ihre künftige Wanderungen, wie sie mit Nutzen reisen, neue Arbeiten mit Vortheil beobachten rc. können; aber auch ihre Hauptpflichten, sowohl die, welche sie mit andern gemein, als diejenigen, so sie als Jungen, Gesellen, und künftige Meister gegen Gott und das Publikum; als Jungen gegen Meister und Gesellen, als Gesellen gegen Meister und Jungen; als Meister gegen ihre Untergebene, ja gegen sich selbst zu beobachten haben, immer in Verbindung mit dem Schädlichen der entgegen gesetzten Vergehen und Laster, sehr erniedrigend vorstellen liesse: Alles mehr in einem freundschaftlichen Gespräch, welches der Lehrer nur dann zuweilen unterbrechen würde, wenn er eine solche Handwerks-Tugend oder Laster durch eine wahre, vorzüglich neuere Geschichte, aus Beckers deutscher

Zeitung, Wagnitzens Moral in Beyspielen, Feddersens Sittenbuch für Bürger- und Landleute ꝛc. ihnen im lebendigen Bild darstellte.

Wer soll, kann und will dieß lehren?

44) Und wer soll, wer kann, wer will dieß Alles lehren? Wenn eine solche Anstalt nicht durch das kostspielige aller Art unmöglich werden soll, so sieht man bereits ein: daß sie vorzüglich in Städte, die wenigstens 5000 bis 6000 Einwohner haben, verlegt werden muß. In diesen befinden sich gewöhnlich Schulen von besserem Schlag und mehrere Prediger. Die Lehrer der erstern sind fast durchgängig noch sehr gering besoldet. Eine kleine Erhöhung ihres Gehalts würde ihnen diese Arbeit ungemein angenehm machen, und von Predigern sollte man doch denken, daß ihr eigenes Gewissen sie erinnern werde, an einer so wichtigen Sitten-Verbesserung Theil zu nehmen, insonderheit wenn auch diesen eine Belohnung dafür ausgesetzt würde.

Wo soll der Platz zur Schule angewiesen werden? Woher Holz und Licht?

45) Und wo den Platz dazu hernehmen? Hierzu gehören doch schon in einem mittelmäßigen Orte 2 bis 3 Zimmer, und im Winter Holz und Licht. Schulen, Amtsstuben und Rathhäuser würden hoffentlich nicht dadurch entweihet werden, sobald man, wie natürlich, voraussetzt: daß unter pünktlicher Aufsicht die Lernenden sich ordentlich darinnen betragen. Diese Zimmer sind ohnehin den ganzen Tag in der Woche mit

der nöthigen Feuerung versehen. Eine Kleinigkeit von Holz würde hinreichen, die Wärme auch in den hiezu nöthigen Abendstunden und Sonntags-Nachmittagen zu erhalten. Da wärs doch schrecklich, wenn ein Ort von der angenommenen Größe, bis auf etliche Klafter Holz, und 20 bis 30 Pfund Lichter verdorben, oder zu geitzig seyn sollte, dieß wenige auf eine so wichtige Verbesserung zu verwenden.

46) Wann haben aber Jungen und Gesellen Zeit zu Besuchung dieses Unterrichts? Nie als in den Feuerstunden Abends von 7 — 8, und Sonntags Nachmittags. Vier Stunden für die ganze Woche dörften hinreichend seyn, von welchen nur zwey auf die Werktage fielen, die andern zwey auf den Sonntag Nachmittag, wo keinem gewehrt würde, auch nach geendigten Stunden, wenn er freywillig Lust hat, eine angefangene Zeichnung fortzusetzen. In welchen Stunden?

47) Allein wer wird die Kosten für Besoldung der Lehrer, Papier, andere Requisiten zum Zeichnen, Modelle ꝛc. über sich nehmen? So gering sie auch immer seyn mögen, ists doch eine neue Ausgabe. Zum Theil der Staat, dem doch daran liegen muß, bessere Handwerker ꝛc. zu erhalten; aber auch die Zünfte selbst sollten, wenigstens etwas beytragen, und dieß ließe sich, ohne jemand zu beschweren, bey der Aufnahme und Ledigsprechen der Jungen, bey Erthei- Und wo ist der Fond zu den Kosten?

lung des Meister=Rechts, wo ohnehin durch die oben vorgeschlagene Verbesserung viele überflüssige Ausgaben wegfallen, möglich machen. Selbst Pia Corpora, Stipendien ꝛc. würden gewiß nicht zweckwidrig verwendet, wenn sie einen kleinen Beytrag dazu leisteten, und endlich würden sich, sobald die Sache einmal im Gange wäre, und ihr Nutzen sich durch Erfahrung jedem selbst empfohlen und angenehm gemacht hätte, die Lernenden selbst nach und nach entschliessen, monatlich einige Groschen für einen Vortheil zu verwenden, der auf ihr ganzes Leben für sie so wichtig ist. Doch müßte dieß immer die letzte Quelle seyn, und wo möglich gar nicht darauf gerechnet werden.

Kein Junge soll vor dem 16ten Jahr in die Lehre aufgenommen werden

48) Hiebey muß ich noch bemerken:

a) Trefflich wärs für die bessere Erziehung der zu Gewerben bestimmten Jugend, wenn kein junger Mensch vor dem 16ten Jahr seines Alters in die Lehre aufgenommen würde. Verstand und Körper würde stärker, der Knabe in der Schule besser ausgebildet, brächte schon mehrere Kenntnisse mit in die Lehre, und könnte dann als Junge und Geselle obige Anstalten mit mehr Einsicht benutzen.

Hindernisse und ihre Hebung.

b) Eine Menge Hindernisse, welche der vorgeschlagenen Handwerks=Erziehung als Einwürfe, theils wirklich, theils erdichtet, theils aus Unwissenheit, theils aus Anhänglichkeit ans Alte, theils aus Bosheit und Trägheit entgegen gesetzt werden, finden sich in dem oft angeführten ersten Aufsatz (No. 40.), aber auch ihre schöne bündige Widerlegung, wohin ich also, den Raum zu schonen, verweise. Eins, das der Verfasser nicht berührt hat: Woher sollen Modelle zum technologischen Unterricht ꝛc. kommen? werde ich bey den Vorschlägen, zu Verbesserung der Meisterstücke heben.

c) Eben so hat der biedere Verfasser die Vortheile, selbst ökonomische, die jede Stadt und ihre Gewerbe von dergleichen Handwerker-Erziehungs-Anstalten sicher erwarten können, trefflich auseinander gesetzt; England, Hamburg, Strasburg, fühlens schon durch die unwiderlegbare Erfahrung, wie viel sonst verlohrne, zum Bösen verschwendete Zeit auf diese Art vom Jungen und Gesellen besser verwendet, ihr ganzes Leben zu einer rastlosen Thätigkeit gestimmt, ihrer Seele die Richtung gegeben wird: das, was sie gewöhnlich wie ein lebloses Räderwerk nur maschinenmäsig thaten, nun mit Nachdenken zu thun. So wird der Erfindungs-Geist beym englischen Professionisten geweckt. Im reifern Alter nützt er dann die trefflichen Unterstützungen seiner Gelehrten und Akademien, weil er in der Jugend den Grund legte, sie zu verstehen, und zeichnet sich in vielen Gewerbs-Produkten durch höhere Vollkommenheit zu seinem und des Staates Nutzen vortrefflich aus.

Vortheile, auch ökonomische, welche jede Stadt und jedes Gewerb von dergleichen Anstalten zu erwarten hat.

Wanderschaft der Gesellen.

49) Das Wandern der Gesellen ist gleichfalls ein gewiß sehr wichtiger Gegenstand, bey dem mit der Aufhebung der Zünfte für den Wandernden mancher Vortheil wegfallen müßte. Nach den jetzigen Zunft- und Handwerks-Einrichtungen kann der arme Geselle, von Stadt zu Stadt mit leerem Beutel wandern und erhält entweder vom Meister einmal die Kost und das Quartier über Nacht, oder einen genüglichen Zehrpfennig aus der Handwerks- oder Gesellen-Lade; wird er in- oder ausser der Arbeit krank, so sorgt die Brüderschaft oder Gesellenschaft durch eine kleine, bey den Monatsgeboten zu entrichtende Auflage im voraus für sein Unterkommen, Heilung und Verpflegung, und schont den Staat vor deren Sorge und Kosten. In seiner Handwerks-Herberge ist der wandernde Geselle vor den Nachstellungen der Werber gesicherter, und der Herbergs-Vater muß ihn sowohl gesund als krank und elend ohne Widerrede aufnehmen, und ordentlich herbergen. Viele übertreiben freylich die Empfehlung der Wanderjahre, und machens wie andere beym Gelehrten. Diese glauben, wenn der Studirende nur auf Universitäten gewesen ist, so sey Alles gethan, und jene meynen: Wenn der Handwerker nur viele Städte und Länder, oft nichts als ihre sogenannte Wahrzeichen gesehen hat, so muß er ein unübertrefflicher Professionist seyn. Andere wollen Alle ins Vaterland einsperren, lachen wie jener Gelehrte, der in seinem ganzen Leben nie hinter dem Ofen hervorkam, über alle unläugbaren

Vortheile des Reisens, weil sie selbst zu karg, zu arm, oder zu dumm waren, ihre einseitigen, plumpen, steifen Sitten unter andern Menschen abzuschleifen. Und beyde irren, wie ich glaube. *) Auch hier liegt die Wahrheit in der Mitten. Die Hauptfrage möchte wohl seyn:

a) Ist das Wandern der Handwerker in allen Gegenden für Alle ein unumgängliches Requisit, wenn der Geselle sich vervollkommnen, ein sehr guter Professionist werden soll? Ich dächte, Nein. Frankreichs und Englands Beyspiele beweisens. — Ist nicht für alle ohne Ausnahm nothwendig.

b) Also soll keiner wandern? Dieß folgt eben so wenig, so lange nicht jede Gegend so vollkommene Professionisten in Menge hat, daß der Gesell bey diesen Alles mögliche wirklich lernen kann. — Eben so wenig ganz abzuschaffen.

c) Folglich Alle? Möchte irrig geschlossen seyn, wenn man nicht die Lage der Gewerbe an dem Orte, wo der Zögling und Geselle gebildet wurde, genau kennt. — Nach der Lage der Gewerbe jedes Orts.

---

*) Einige gute Vorschläge zur Vorbereitung der wandernden Gesellen giebt M. Kinderling im Journal v. und f. Deutschl. 1789. IItes St. No. II. S. 123. welche manches hier Gesagte bestättigen. Nur scheint er die Gefahr widernatürlicher Mittel zur Liebe S. 125. — 130. wirklich zu übertreiben, die doch gewiß nicht so häufig seyn dörften.

Unter welchen Umständen, für welche und wie?

d) Die Entscheidung kommt offenbar auf den Umstand an: Ob in einem Staat Eine oder mehrere ziemlich beträchtliche Städte liegen, welche eine Menge ausgesuchter vortrefflicher Meister, und obige, zur verbesserten Erziehung der Handwerker empfohlene Anstalten haben — oder nicht. Im letzten Falle sind die Wanderjahre unvermeidlich. Da muß ernstlich darauf gedrungen werden, daß sie weder vernachläsigt, noch auf irgend eine Art mit Geld abgekauft werden können. Hier wird der bey seinen Eltern oder in seiner Vaterstadt oft verzärtelte Jüngling in der Fremde dauerhafter, lernt Welt- und Menschen-Kenntniß, sammelt sich manche neue Begriffe, Behandlungs-Arten und Methoden in seinem Gewerbe, lernt manche rohe Materialien zur Verbesserung und Verschönerung seiner Arbeit kennen, findet Auswege und Bekanntschaften, sie vortheilhafter abzusetzen, gewöhnt sich an eigene pünktliche Besorgung seiner Wäsche, Kleidung und Reinlichkeit des Körpers, ein Umstand, der beym künftigen Meister, wenn er eine eigene Haushaltung anfängt, einen ungemein wichtigen Einfluß hat.

Wenn aber alle diese Vortheile in dem hier bestimmt angegebenen Falle wirklich erhalten werden sollen, so muß

Keiner soll vor dem 20ten Jahr in die Fremde.

1. Kein Knabe, der noch Erziehung nöthig hat, soll im 16ten — 17ten Jahre in die Welt hinausgetrieben werden. Denn wer mit Nutzen reisen will, muß zuvor wissen, wie er reisen soll, was er zu beobachten, für was er sich

zu hüten hat — muß schon, eine der männlichen Festigkeit näher kommende Selbstbeherrschung mit sich nehmen, und dieses dürfte wohl vor dem 20sten Jahr bey den wenigsten vorauszusetzen seyn.

Weisung, die jedem mitzugeben

II. Man gebe jedem Gesellen vor dem Antritt seiner Wanderjahre, von Seiten der Zunft-Oberen die gemessene Weisung: daß, wenn er während seiner 3, oder 4 Wander-Jahre nicht wenigstens 6 Monate ununterbrochen bey einem Meister gearbeitet hat, und dieß nicht durch Vorlegung seiner Kundschaften streng erweisen kann; ihm bey seiner Zurückkunft das Meister-Recht so lange werde versagt werden, bis er diesem Gesetz ein Genüge geleistet habe.

Was jeder Meister hiebey zu beobachten habe.

III. Daher soll jeder Meister gehalten seyn, so oft er einen fremden Gesellen einstellt, sogleich die Anzeige davon bey denen die Kundschaft ausstellenden Zunft-, Brüder-, Laden- oder Handwerks-Meistern zu machen, damit hierinnen aller Unterschleif möglichst verhütet werde, als welcher von den Orts-Obrigkeiten aufs strengste zu ahnden wäre.

Wie vorzüglich gut wandernde Gesellen vor andern auszuzeichnen sind

IV. Hat ein Geselle während seiner Wanderzeit, vermöge den vorgelegten Kundschaften, und nach Verhältniß der Entfernung sehr wenige Zeit mit arbeitslosem Herumschwärmen verdorben; so soll ihm dieß bey seiner Annahme als Meister zu einer vorzüglichen Empfehlung dienen, und öffentlich gerühmt werden.

Der das Meister-Recht Suchende soll vorhin alle seine Kundschaften vorlegen.

V. Daher ferner pünktlich darauf zu sehen wäre: daß jeder das Meister-Recht Suchende, der Zunft alle, während seiner Wanderjahre erhaltene Kundschaften, vor seiner Aufnahme vorzulegen, angehalten würde, um ihn nach Befinden, annehmen oder abweisen zu können.

Strafe der liederlich wandernden Gesellen.

VI. Liederliche Herumstreicher, oder nach der Handwerkssprache sogenannte Fechtbrüder, sollten nicht nur vom Zunft-Recht, sondern vor allen Stadt-Thoren abgewiesen werden, sobald ihre Kundschaft (in welcher Monats-Tag und Jahr immer mit Worten ausgedruckt werden sollten) ein volles halbes Jahr alt ist; denn wenn auch ein Geselle keine Arbeit um Geld-Lohn finden kann, so findet er sie doch überall um die bloße Kost, welches ihm und jedem immer zuträglicher als Betteln und Müssiggang ist.

Jedem Wandernden soll ein Verzeichniß der ihm nützlichen Hauptorte &c. zugestellt werden.

VII. Man sollte aber auch vor allem jedem in in die Fremde reisenden, nach Beschaffenheit seiner Profession, einen diesen angehenden Auszug aus der, in der vortrefflichen Fürstlich-Oettingischen Wander-Ordnung vom Jahr 1785. vom 29ten May befindlichen Wander-Tabelle abschriftlich mittheilen, damit er die zu seinem Beruf vorzüglichsten Städte und Länder voraus wüßte, und nicht ins Gelage hinein liefe. *) Wärs möglich, ihm vorläufig auch die berühm-

*) Die Tabelle befindet sich auch im Journal v. und f. Deutschl. 1785. XII. St. Seite 72. 73. 74. 75.

leste Meister seiner Profession bekannt zu machen, desto besser.

VIII. Endlich kann ich mich bey dieser Gelegenheit unmöglich überwinden, daß ich nicht eine sehr harte Verordnung mancher Fürsten berühre, und vielleicht etwas zu ihrer Aufhebung, wenigstens Milderung beytrage. Wenn ein Unterthan oder sein Sohn sich in fremde Kriegs-Dienste annehmen läßt, und sich in der ihm vorgeschriebenen, in seiner Lage oft unmöglichen Zeit, auf geschehene Ediktal-Ladung nicht wieder einstellt, so ist sein Vermögen dem Fiskus verfallen. — Bey Gott! ein hartes Gesetz für noch lebende Eltern, die nicht nur ihren Sohn auf mehrere Jahre, sogar die Hoffnung, ihn doch mit der Zeit wieder glücklich im Besitz ihres zu hinterlassenden Vermögens zu sehen, dadurch verlieren. Der Erfinder desselbigen muß nie Kinder gehabt, oder doch nie das süsse Vatergefühl empfunden haben. Wäre es auf muthwillige, alle Erziehung vereitelnde Bösewichter eingeschränkt, so könnte es immer bestehen. Aber seine grausame Allgemeinheit drückt niemand fürchterlicher, als den armen, so oft unschuldigen, wenigstens Entschuldigung verdienenden Handwerkspurschen. Man denke sich einen unerfahrnen, oft leichtsinnigen, 16 bis 17jährigen Menschen, der ohne Welt und-Menschenkenntniß auf die Wanderschaft geschickt wird. Auf ihn lauren, hungrigen Wölfen ähnlich, eine Menge listiger Landstreicher und Spieler in den Herbergen, ja schon auf den Landstrassen; locken dem guten Pürschchen die mitgebrachten Mutterpfenninge durch tausendfachen Betrug aus den Taz

Wunsch, daß ein hartes Gesetz möchte abgeschafft, wenigstens gemildert werden.

schen, schälen ihn rein aus, und liefern ihn dann halb verzweifelnd, mit Spielschulden belästigt, oder durch andere Intriguen, dem Werber in die Hände. Dieser nimmt ihn, als ausgelernter Meister seines Handwerks, unter bürgerliche Kleidung versteckt, Abends ins Werbhaus, und preßt ihn mit Drohungen, wohl gar Quaalen, zum freywilligen Soldaten. Selbst bey den menschenfreundlichsten Werbe-Ordnungen mancher Fürsten, die keinen überlisteten, im Trunk verführten, oder sonst erzwungenen ausländischen Rekruten verlangen, geht doch dieß saubere Gewerbe, vor wie nach im Schwung. Man berechne ferner noch unzählige andere Umstände: Lange Krankheit eines weit von seinem Vaterlande entfernten Gesellen, seine traurige geld-, arbeit- und kleidungslose Lage, den im Auge junger Leute äusserlich gemächlich, oft glänzenden Reiz des Soldatenstandes; einen unbilligen Verdruß, den mancher wackere Geselle mit einem schlimmen Meister, unverdient bekommt, indem er sich anwerben läßt — die verführerische Liebe zu einer Dirne, die er als Rekrut zu ehelichen, die Hoffnung erhält — und man kann, ohne Gefahr zu irren, sicher annehmen: daß unter zehen Rekruten aus dem Handwerksstande sich Neun durch eben angeführte Lagen verleitete, oder auch wirklich verführte befinden. — Und solchen Unglücklichen sollten gute Fürsten ihr kleines Vermögen entziehen? Sie thätens und thuns gewiß nicht, wenn sie die Umstände kennen: denn keiner von ihnen will sich wie Ischariot bereichern.

IX. Wie lange sollen aber die gesetzmässigen Wanderjahre dauren? Wenns ja den Umständen gemäß gewandert seyn muß, so möchte ich nicht mit Hrn. Professor Parrot nur eine zweyjährige Zeit dazu aussetzen. *) Ich würde die nemliche nachtheilige Folgen davon besorgen, welche das schnelle nach Hause-Eilen von hohen Schulen, bey vielen Gelehrten heut zu Tage nach sich zieht. Die oben angeführte Oettingische Wanderungs-Tabelle bestimmt sie für einen Meisters-Sohn bey keinem Handwerk über 8, nie unter 2, im Durchschnitt auf 4 Jahre, für andere Gesellen, bey keiner Profession über 10, nie unter 2, im Durchschnitt auf 5 Jahre. Zeit der Wanderjahre.

Sie setzt hiebey höchst wahrscheinlich voraus: daß ein Meisters-Sohn in der Lehre besser als ein anderer gebildet werde, welches vielleicht noch zu erweisen seyn dürfte; doch dem sey wie ihm wolle. Ich dächte, vorausgesetzt, daß die übrigen, die Handwerks-Erziehung betreffenden, in dieser Schrift gemachten Vorschläge realisirt würden: Es möchten im Durchschnitt 4 und 3 Jahre hinreichend seyn, doch mit Ausnahme derer Gewerbe, welche ihrer Natur nach, längere Erfahrung, folglich mehrere Jahre nothwendig erheischen, wenn etwas Tüchtiges geleistet werden solle.

---

*) In dem schon angeführten gemeinnützig praktischen Handbuch rc. I. Th. S. 449.

Wenn das Wandern für den größten Theil ganz aufzuheben seyn dürfte.

e) Befindet sich aber ein Staat in der No. d. dieses Absatzes gleich anfänglich angenommenen glücklichen Lage, so möchte das Wandern für Alle nicht nur überflüssig, sondern sogar der Staats-Kasse gewiß und oft genug dem Privat-Beutel der Eltern sehr schädlich seyn. Denn

Voraussetzung bey diesem Vorschlag.

I. Ich setze voraus: daß in einem, oder nach der Größe des Landes mehrern Hauptorten, Alles oben Gesagte zur verbesserten Handwerker-Erziehung wirklich geleistet werde; daß in diesen Städten die trefflichsten Meister, wo nicht in allen, doch in den vorzüglichsten Professionen sich befinden, folglich Jungen und Gesellen sich ganz theoretisch und praktisch ausbilden können — setze voraus: daß in diesem nicht sehr mittelmäßigen Staate, alle übrige in den Landstädten gebildete Jungen angehalten werden, einige Jahre in diesen Hauptorten zu arbeiten, und ausser diesem nie des Meister-Rechts fähig seyn sollen. — Ich nehme an: daß in einem solchen ganzen Staate nur 3000 Gesellen einige Jahre wandern müssen — daß jeder im Durchschnitt, jährlich nur 5 Gulden von Haus in die Fremde erhält, oder auf einmal so viel, als diese Summe in seinen Wanderjahren betrüge, mitgenommen habe; folglich gehen durch das zur Pflicht gemachte Wandern alljährlich aus diesem Lande 15000 fl. hinaus, wovon schwerlich ein Gulden wieder zurück kommt. Diese Summe bliebe, wenn sie nicht wanderten, sondern in den bemerkten Hauporten ihre Geschicklichkeit erwürben und erweiterten, im Lande, und dafür könnte mit Gewinn vieler tausend Gulden

II. dieser Staat alle 4, 5 oder 6 Jahre diejenigen Gesellen, (z. B. Sechs, oder wenn der Staat sehr groß wäre, noch mehrere) welche sich durch natürliche Anlagen, Fleiß und Rechtschaffenheit und Geschicklichkeit ausnehmend auszeichneten, alsdann auf öffentliche Kosten in sehr entlegene Länder, wo ausserordentlich vorzügliche Künstler und Handwerker sind, erst in ihren gesetzten Jahren reisen lassen, um von Zeit zu Zeit, mit Gewißheit, alles wahre Grosse, Gute und Schöne von dergleichen Kenntnissen in sich zu verpflanzen, ohne daß er Gefahr liefe, das Geld seiner Unterthanen zu verschwenden, und mit vielen sonst wandernden Gesellen, statt des Guten und der Geschicklichkeit, eine Menge ausländischer Uebel zurücke zu bekommen. *)

Welche in diesem Fall in die Fremde sollen.

III. Alle auf diese Art ganz vollkommen gebildete Gesellen würden sich nun wieder nach ihrer Zurückkunft in den Hauptorten niederlassen, da eine Art von inländischer hoher Schule für die Professionisten des Landes bilden, eine Menge der besten Zöglinge liefern, bey Fortsetzung die-

So entstünden in den Hauptstädten eine Art hoher Schulen für die Handwerker jedes Landes.

*) Siehe Schlözers Staats-Anzeigen Vter Band, 18tes Heft, S. 160. wo der Verfasser des Aufsatzes einen ähnlichen Vorschlag macht, doch nicht im unmittelbaren Bezug auf die Handwerker.

ser Anstalt nie aussterben, sich nie übermäsig vermehren, und folglich Künste und Gewerbe in den höchst möglichen Flor versetzen.

Meisterstücke und Meisterwerden.

50) Ueber die Meisterstücke und das Meisterwerden überhaupt, sind die Meynungen gewiß nicht minder verschieden, als über das Wandern. Grosse Mißbräuche herrschten dabey unläugbar, herrschen vielleicht noch in manchen Gegenden. Allein der Mißbräuche wegen soll man nie das Gute einer Sache zerstöhren, das sie wirklich hat, oder doch durch vernünftige Verbesserungen erhalten kann. Noah wurde vom Wein trunken, und — weil er zu viel that — aber auch Thraciens Lykurg rasend, als er alle Weinstöcke zerstöhren wollte, und hieb sich selbst die Fußzehen ab, weil er wähnte Reben zu zerstöhten. Man führe ja nicht England gegen die Erlangung der Meister-Rechte an. Hierauf habe ich schon bey den Lehrjahren (No. 39. IV. wie auch No. 26. b.) geantwortet, auch ihre Nothwendigkeit (No. 22. IV.) gezeigt. Hier kann also nur davon die Frage seyn: Sind sie auch bey der verbesserten Jungen- und Gesellen-Einrichtung nöthig? welche Mißbräuche wären, wo sie noch herrschen, beym Meisterwerden abzuschaffen? Wie können vorzüglich die Meisterstücke zum grossen Nutzen der Gewerbe und Künste eingerichtet werden?

I. Nach der oben vorgeschlagenen Verbesserung der Jungen- und Gesellen-Erziehung, darf keiner Geselle werden, der nicht in der scharfen Prüfung genau besteht. Wird ers also, so muß es ein tüchtiger Handwerker seyn, und nun ist er ein tüchtiger Geselle. Aber von diesem bis zum vollendeten Meister ist noch eine grosse Lücke. Unzählige eigene und fremde Erfahrungen, die er sich durch anhaltende Uebung zu eigen machen muß, erfordern Zeit und Fleiß und Anwendung des Gelernten. Ob dieß wirklich von jedem geschehen seye? muß doch in der That gewissenhaft untersucht werden, wenn dem Staate nicht ein oft unbrauchbarer Meister aufgehalset werden soll. Oder hat man etwa keine Beyspiele von vortrefflichen Gymnasiasten, welche als Akademiker ihre schönen Kenntnisse verraseten, und bey der Hauptprüfung, nach ihrer Rückkunft von hohen Schulen, eben deswegen abgewiesen, nicht zur eigenen Ausübung ihrer Wissenschaft gelassen wurden — kein Amt erhielten? Nothwendigkeit der Meisterstücke.

II. Allein die Zunft-Einrichtungen haben eine Menge lästige, kostspielige, oft ins Kindische fallenden Gebräuche bey dieser Prüfung. Es seye! Sie sollen hier beleuchtet, und Mittel zu ihrer Ausrottung angegeben werden. Einwendungen dagegen und ihre Auflösung.

a) So waren, sind vielleicht noch in vielen Gegenden bey Verfertigung der Meisterstücke eine Menge spitzfündige Kleinigkeiten zu beobachten, und offenbar nur zu dem Endzweck angebracht, um recht viele Strafen in die Lade zu bekommen, und den Jungmeister tüchtig Es kommt viel Unnützes dabey vor.

herumzuhudeln. Diese müssen ohne Schonung verbannt werden; ein Meisterstück nie als eine Last mißbraucht, nur als Prüfung der Geschicklichkeit eines Meisterrechts-Kandidaten aufgegeben werden.

Sie kosten den jungen Meister viel, und nützen keinem Menschen.

b) Die Meisterstücke bestunden zum Theil aus unnützen, heut zu Tage ganz unverkäuflichen Stücken, und mußten dem Herkommen nach, der Beschau verehrt werden; die Oberzunftmeister behielten sie dann vor sich, selten bekam sie ein jüngerer Meister, geschweige denn Geselle oder Junge *) zu sehen — fast schier wie in manchen Stadt-Bibliotheken, Naturalien-Kabinetten, wo immer angeschafft, immer gesammelt wird, damit die Herren Direktoren recht bequem und kostenfrey ihre Kenntnisse erweitern, auch bey blossen Dilettanten oder Fremden sich damit brüsten können. Das Publikum hingegen, und andere, die sie trefflich nutzen könnten, bekommen nichts, oder sehr mühsam davon zu sehen, damit der Herr Direktor ja allein der grosse Mann bleibt, und die andern in einer kränkenden Unwissenheit, ohne ihre Schuld, erhalten werden.

*) In meiner Vaterstadt wird von jeher das verfertigte Schuhmacher-Meisterstück jedesmal den nächsten Sonntag darauf in die Herberge gebracht, und daselbst der Gesellen-Kritik ausgesetzt. Eine Einrichtung, die überall und bey jeder Profession Nachahmung verdiente.

Man kann die Gegenstände der Meisterstücke weise abändern, und sie für die ganze heranwachsende Zunft ungemein nützlich machen.

c) Sehr grosser Kosten-Aufwand, Freß- und Saufgelage sind, oder waren wenigstens häufig damit verbunden, welche den guten künftigen jungen Meister oft auf ein halbes Jahr, wo nicht länger zurücke setzen, und nicht selten in Schulden stürzen. Auch diese trifft mit Recht die Verbannung.

Veranlassen unnütze Schmausereyen.

d) Ueberdieß sagt die Erfahrung, und ich weiß es selbst aus dem Munde aller Meister, daß oft genug dem Gesellen bey Verfertigung des Meisterstücks von dem Aufsicht dabey habenden Meister gegen künftige Bezahlung geholfen, folglich Zunft und Publikum getäuscht, beyden dem ungeachtet ein Pfuscher aufgedrungen wird. — Gerade als wenn nie bey Fakultäten auf Universitäten ein Dummkopf um die Gebühr und Nebengebühr zum zünftigen Handwerksmeister creirt worden wäre, von dessen medizinischer oder theologischer Pfuscherey nichts weniger als tausendfacher Leib- oder Seelen-Mord zu befahren war. Gerade, als wenn nie ein Landprediger eine Predigt von Spalding auswendig gelernt, in der Residenz fertig recitirt, und sich dadurch zum Oberpfarrer gepredigt hätte, weil seinen hochwürdigen und hochgelahrten Beurtheilern Spalding unbekannt war. Ueberdieß möchten sich bey vielen wissenschaftlichen Prüfungen mehrere Parallel-Fälle finden,

Der unwissende Meisterrechts-Candidat läßt sich oft von andern helfen.

wo der Herr Candidat trefflich bestund, wenn er sich nur vorher mit des Herrn Oberpfarrers Jungfer Tochter gut stand, dabey Stellen und Materien, worüber er geprüft werden sollte, im voraus erfuhr. Und doch verwirft wegen diesem Mißbrauch kein helle sehender redlicher Gelehrte diese wissenschaftlichen Prüfungen; dringt hingegen, wenn er in der Lage dazu ist, desto ernstlicher auf strenge Abschaffung aller dieser entehrenden Mißbräuche. Daher sind auch Meisterstücks-Betrügereyen bey fremden Gesellen, die eine Meisters-Tochter oder Wittwe heurathen, so wie bey Meisters-Söhnen eine ganz gewöhnliche Sache. Ihre Eltern und Verwandten wissen schon Rath zu schaffen, und den Staat mit einem Pfuscher mehr zu beschweren. Desto strenger und unpartheyischer müssen diese Prüfungen angestellt werden.

III. Vielleicht heben folgende Vorschläge alle diese Klagen auf:

a) Wenn der Junge nicht vor dem 16ten Jahr in die Lehre genommen wird, und der Geselle nicht vor dem 20sten die Wanderschaft antreten darf, so wird sich das Alter des jungen anzunehmenden Meisters nach dem Vorhergehenden selbst geben. Man sollte keinen vor dem 24sten Jahr annehmen, selbst dann, wann durch den (No. 37. II. b.) gethanen Vorschlag, der Uebersetzung der Gewerbe vorgebogen wäre. Doch möchten gleich anfänglich folgende Ausnahmen von diesem Gesetz zu bestimmen seyn. Wenn der

Candidat des Meister-Rechts vollkommene Geschicklichkeit hat, und seine Eltern bey einer schönen Kundschaft wegsterben, oder sonst unfähig zum Betrieb ihres Gewerbs werden, der Sohn aber durch frühere Erhaltung des Meisterrechts sie ernähren, vielleicht gar durch eine glückliche Heurath ihr Alter erträglich, und seine Anfangs-Bemühungen vortheilhaft machen kann. Wenn eine Professionisten-Wittwe ihren Sohn zu Fortsetzung des Gewerbes ununmgänglich nöthig hat, insonderheit aber, wenn noch mehrere zurückgelassene Waisen zu erziehen sind.

In beyden Fällen könnte zwar der ledige Sohn das nemliche Gewerbe im Namen der Eltern fortsetzen: allein er hat immer ein grösseres Zutrauen bey dem Publikum und mehrere Achtung von den ihm untergebenen Gesellen zu erwarten, wenn er selbst Meister ist. *)

Bey diesen Umständen mag er nach vorhergegangener besonders obrigkeitlicher Dispensation vor dem 24sten Jahr Meister werden, in so fern er leistet, was man von ihm mit Recht fodern kann. Ist er aber untüchtig, so muß falsche Barmherzigkeit gegen einzelne nicht zum Nachtheil des Ganzen geduldet werden, und der Staat viel lieber

*) Es versteht sich allerdings von selbst, daß ein Meisters-Sohn in beyden Fällen auch von den schuldigen Wanderjahren freyzusprechen seye.

auf eine andere Art für die Hinterlassenen sorgen, nicht aber durch Annahme untüchtiger Meister die Zahl der Armen aufs künftige vermehren, den Flor der Gewerbe hindern, und das ganze Publikum durch seine schlechte Arbeiten besteuren.

Was zum Meisterstück gewählt werden soll.

b) Man wähle zum Meisterstück ein Kleid, Stiefel, Schloß, Commode rc., kurz, lauter Arbeiten, die nach dem gerade herrschenden guten Geschmack Kaufmanns-Gut sind. Diese werden immer, als mit vorzüglichem Fleiß verfertigte Waaren, ihre Käufer finden, und dem neuen Meister nicht nur Geld eintragen, wenigstens die Kosten ersetzen, sondern ihn auch dem Publikum zur Kundschaft empfehlen. Sehr schicklich aber könnte damit eine herrliche Anstalt verbunden werden, welche binnen 10 — 20 Jahren den technologischen Unterricht bey der Handwerker-Erziehung, ohne Kosten unendlich erleichtern würde. Man gebe jedem neben dem eigentlichen Meisterstück auf: Ein in seine Profession einschlagendes kleines Modell, ein Stück Waare oder Werkzeug rc. zu verfertigen. Dieses bliebe dem Erziehungs-Institut, seinen Nachkommen, und würde in weniger als einer Generation eine beträchtliche sehr nützliche Sammlung abgeben. *)

---

*) Siehe Beckmanns kleine Schriften Seite 34. und 35.

Und nun wird die Fertigung des Meisterstücks den grossen Nutzen nach sich ziehen: daß jeder Junge, jeder Geselle desto mehr Fleiß auf die Erlernung seiner Profession verwendet, sich nicht mit kindischen Possen, sondern mit dem wahrhaft Brauchbaren ernstlich abgiebt; daß elende Stümper sich nicht zum Nachtheil und Uebersetzung des Gewerbestandes heran drängen werden, wenn sie einmal durch Anderer Schande und Schaden gewitzigt und überzeugt sind: daß diese Prüfung unmöglich durch Geld abgekauft werden kann; daß der Unfähige ohne Partheylichkeit, ohne Ausnahme geradezu abgewiesen wird. *)

c) Alle Unkosten beym Meisterwerden aufzuheben, wäre eben so unbillig als nicht räthlich. Fast alle Zünfte haben liegendes Eigenthum, Zunfthäuser, gemeinschaftliche Fleisch- und Brod-Hallen, Aecker, besondere Gefälle, Möbeln, Sterbe-Kassen, zu- Bestimmung der Kosten beym Meisterwerden.

*) Aus einer falschen Barmherzigkeit gegen unfähige Meisterstücks-Verfertiger verfielen hie und da Obrigkeiten auf den schändlichen Gedanken: Dergleichen Mitteldinge zwischen Geselle und Meister auf bloße Flickarbeiten für ihre Hand, z. B. den Schuhmacher zum Schuhflicker rc. zu Bürgern, ohne Zunft- und Meisterrecht anzunehmen, wodurch nicht nur dem schon nahrungslosen Meister diese Arbeit entzogen, sondern auch manche neue Pfuscher-Arbeit eingeschwärzt, und in wenig Jahren dem Staat meist eine Bettler-Familie mehr aufgebürdet wird.

weilen, obschon selten, wohlthätige Anstalten für Arme und Kranke ihrer Zunft. An allen diesen Vortheilen nimmt der neuangenommene Meister Theil. Mit Recht trägt er also, vorzüglich wenn er fremd ist, auch das Seinige dazu bey, sie zu erhalten, wo möglich zu vermehren. Hingegen soll allen auf bloßes Schmaußen und Wohlleben abzweckenden Abgaben mit dem größten Ernst gesteuert, diejenigen Meister aber, welche dazu Gelegenheit geben, oder sie nicht möglichst hindern, mit solchen Strafen belegt werden, welche jeden Uebertretter kräftig zurücke schrecken: z. B. Beytrag zur Handwerker-Erziehungs-Anstalt, Untersagung des Rechts, Jungen anzunehmen; eine Strafe, die sich nach der Größe und Wiederholung der Uebertrettung auf ein- oder mehrere Jahre erstrecken könnte. Gegen diese Verordnung wird gewiß kein Geselle murren, da sie ihm, seiner Zeit, selbst Vortheil bringt; und vernünftige Meister werden mit Vergnügen darauf halten, und schlechte stehen ja als Angesessene unter der Obrigkeit.

Wie dem Unterschleif bey Fertigung der Meisterstücke vorzubeugen.

d) Dem Unterschleif bey Fertigung der Meisterstücke, der im Grunde jeder Zunft selbst höchst nachtheilig ist, ließe sich durch folgende Mittel vorbeugen. Man errichte aller Orten wiederum, wo es abgekommen seyn sollte, das in so vielem Betracht, dem Staate, dem Handwerker und Publikum höchst nützliche Schauamt, verbinde damit die nöthige Würde, hauptsächlich durch Wahl einsichtsvoller geprüft redlicher

Männer. Man gebe ihnen Ein oder zween Senatoren zu Beysitzern, welche hinreichende Kenntniß vom Gewerbestand haben. Dieß beeidigte Amt soll auch nicht nur die gefertigten Meisterstücke pflichtmäsig untersuchen, sondern während der Fertigung derselben, den künftigen jungen Meister öfters ganz unvermuthet überraschen. Dieß wird dem geschickten ehrlichen Manne Freude machen, und den schlechten (wenn nicht schon diese Einrichtung selbst jeden vom Versuch des zu fertigenden Meisterstücks vorher abschreckt), mit seinen Helfers Helfern desto gewisser von Betrügereyen zurück halten, da noch überdieß jeder darauf Ertappte auf immer vom Meister-Recht auszuschliessen, die ihm pflichtwidrig helfende ältere Meister hingegen mit einer so ansehnlichen Geldstrafe zum Vortheil der Handwerks-Erziehung belegt werden müßten, daß sich nicht leicht ein elender Geselle so viel zu versprechen, und ihn dieß zu Uebertrettung seiner Pflichten verleiten könnte.

Wie der Liederlichkeit einzelner Meister zu steuern?

51) So sehr es erwiesen ist, daß Uebersetzung der Professionen im Ganzen, die Haupt-Ursache des Verfalls der Künste und Gewerbe seye, so ist doch auf der andern Seite nicht zu läugnen: daß bey einzelnen Meistern auch oft genug der Fall eintritt, in welchem Liederlichkeit, Schwelgerey und freywilliger Müssiggang sie in muthwillige Concurse stürzen, zu Betrügern an ihren Mitbürgern und ihren eigenen Familien machen. Dergleichen häßliche Auftritte verhindern, wäre zu-

verläßig tausendfach heilsamer, als die Unglücklichgewordenen aufs schärfste bestrafen. Ließe sich nun eine Strafe ausfindig machen, deren bloße Androhung dem zunftgerechten Handwerker unendlich beschimpfender und härter, als alle andere wäre, ihm beständig vor Augen schwebte, im Uebertrettungsfalle nur den liederlichen Haushälter träfe, und nicht zugleich seine oft unschuldige Familie kränkte, und ihr Nachtheil zufügte — so möchte dieselbige wohl ein wünschenswerthes Mittel gegen diese Pest einzelner Häuser seyn, die doch am Ende mit andern das Ganze ausmachen.

Wenn mich nicht alle meine wenige Kenntniß des Zunft-Geistes trügt, so hoffe ich, diese in Folgendem gefunden zu haben. Man gebe das unwiderrufliche Gesetz: Jeder aus den oben angeführten schlechten Ursachen in Concurs verfallende Professionist, der sich nicht durch erweisbare Unglücksfälle, unschuldigen Nahrungs-Mangel, oder Erhaltung einer überzahlreichen Familie rechtfertigen kann, behält zwar das Recht als Meister auf seinem Handwerk fortzuarbeiten: allein er wird von allen andern Zunft-Rechten, Beywohnungen und Abschliessungen lebenslänglich, von obrigkeitswegen, feyerlich ausgeschlossen, dieß ins Zunftprotokoll eingetragen, und er noch überdieß aller, auch der geringsten

Aemter im Staate unfähig erklärt. Kaum kann sich ein Gesetzgeber, der nicht mit in das Innere der Zünfte und ihres Geistes ganz eingedrungen ist, das Abschreckende denken, welches für jeden, auch den schlechtesten *) in dieser Verordnung liegen würde. Sie träfe offenbar nur den Sünder; Weib und Kind blieben verschont, und wenn auch, wie es möglich wäre, die theure Ehehälfte ganz allein, oder doch größtentheils die Ursache an einem solchen Verfall der Haushaltung seyn sollte, so würde die Furcht vor einer so schrecklichen Ahndung jeden anspornen, zeitlicher als sonst gewöhnlich ist, da die gehörige Anzeige zu machen, wo die nöthigen Vorkehrungen zu Rettung des Vaters und der Kinder gewiß getroffen werden könnten.

Durchs Schwelgen, aber noch mehr durchs Spielen, gerathen manche nach und nach ins Verderben. Wenn man, ohne der gesellschaftlichen Freyheit zu nahe zu tretten, alle Spiele um Geld, Wein oder Bier in öffent- Vorzüglich der Spielsucht.

*) Ich könnte ganz neue Beyspiele anführen, wo wegen Kassen-Betrug, Ehebruch ꝛc. von der Zunft gestrafte Meister auf einem abgesonderten Stuhl zu sitzen, verdammt wurden. Diesen Schandstuhl konnten sie durch ihr Hinwegbleiben aus den Zunftversammlungen leer stehen lassen, und doch wohnten sie immer bey. Wenn sich nun der Niederträchtige gleich nicht selbst schämte, so nützte doch sein warnendes Beyspiel, das andere abschreckte.

lichen Wirthshäusern (denn nur Spieler von Profession verkriechen sich in Privathäuser) wenigstens an Werketagen abschaffen könnte, so wäre mancher verschwendete Gulden und Stunde erspart. Diese elende Spielsucht wird beym Handwerker oft in wenig Tagen zur fürchterlichen Leidenschaft, und nun zählt er vom frühen Morgen an, in seiner Werkstatt jede Minute, bis die für ihn so reitzend gewordene Abendstunde schlägt, in der er seine ehrbaren Spielgenossen im Wein- oder Bierhaus zu finden sicher ist.

Methode dergleichen üble Wirthschafter in Zeiten zu erfahren.

52) Und doch werden alle Verordnungen gegen dergleichen schlechte Hauswirthe wenig oder dann erst wirken, wenn sie sich schon größtentheils so zu Grunde gerichtet haben, daß ihre eigene Rettung beynahe unmöglich ist. Ein trefflicher Vorschlag, den ich im Journal von und für Deutschl. im Jahr 1790. XItes Stück, No. IV. Seite 144. bis 153. finde, scheint mir hier vollkommen passend. Er läuft im Grunde auf Wiederherstellung der alten römischen Censur hinaus, ohne jedoch diesen neuern Censoren die nemliche Macht einzuräumen, die sie in Rom hatten, als welches freylich heut zu Tage etwas unthunlich seyn dürfte, da schon in Rom der unangenehm klingende Name Censor, mit dem feinern Präfekt noch vor Trajanen vertauscht wurde. Er verlangt Anstellung von Gassen-Hauptleuten hiezu. Ich würde sie lieber Quartier-Meister, oder Quartier-Hauptleute nennen, um aller Aehnlichkeit mit

Gassen- oder Bettelvögten auszuweichen, und selbst in der Benennung ihrem Amt mehr Ansehen zu verschaffen. Denn man weiß ja aus der Erfahrung, wie viele Hindernisse derglei-chen Kleinigkeiten oft der Ausführung der besten Vorschläge, in die Queere werfen. Sie sollen einige Besoldung oder Entschädigung erhalten. Diese würde ich vermehren. Denn ihre Anstellung brächte den Aufwand gewiß zehnfach wieder ein. Eben so möchte es sehr zum Zweck führen, wenn diese Quartier-Hauptleute, ihnen und der Obrigkeit allein bekannte Untergeordnete hätten, um zeitlich genug mit Gewißheit zu erfahren: Wo und wann in Wirthshäusern nahrungsverderbender Unfug getrieben würde. Allein dieser ganze Aufsatz ist so passend, daß ich meine Leser (mit diesen meinen wenigen vorausgeschickten Bemerkungen) lieber darauf verweisen, als ihn im Auszug liefern will, und dieß um so mehr, da diese beliebte Zeitschrift ja in allen Händen ist.

Könnte oder wollte man diesen Vorschlag realisiren, so dürfte manche Obrigkeit in den Stand gesetzt werden, die so heilsame Regel thätig auszuüben: Principiis obsta! sero medicina paratur. Siehe Philipps, Landgrafen von Hessen, Polizey-Ordnung im Journal von und für Deutschl. 1785. IVtes St. No. I. S. 296. Casperson von deutscher Polizey. Man fand nach dieser schon im 16ten Jahrhundert nothwendig, die Verschwender bey Zeiten zu retten. Wie sehr ist diese Nothdurft heut zu Tage gestiegen!

Wie den Gesellen-Aufständen und andern Handwerks-Tumulten vorzubeugen.

53) Kein Vorwurf, den man den Zunft-Verfassungen je gemacht hat, stellte sie ihren Gegnern in einem gehässigern Lichte dar, als folgender: Der Zunftgeist, verbunden mit ihren zum Theil albernen, zum Theil wirklich schädlichen Mißbräuchen und Vorurtheilen, ist die unselige Haupt-Quelle so vieler Tumulte und Empörungen der Gesellen nicht nur gegen ihre Meister, oft genug gegen die hohe und niedere Obrigkeit. Empörungen, welche mehr als einmal ganze Städte in die größte Gefahr setzten, einen Stillstand mehrerer Gewerbe auf viele Tage nach sich zogen, den Meistern ihre Arbeiter, dem Publikum die Arbeit raubten, und durch ihre Hartnäckigkeit mehr als einmal Menschen-Blut und Leben gekostet haben. Wer kennt nicht (daß ich nur einige der berühmtesten anführe) Stuttgards und Frankfurts am Mayn Schreiner-Gesellen-Aufstände mit allen ihren garstigen Folgen, und welchem Leser öffentlicher Blätter sollte die erst im verflossenen Jahr 1791. in Hamburg vorgefallene, im VIIten Stück des Journals von und für Deutschland 1791. No. II. S. 551. bis 564. ausführlich erzählte Schlosser-Geschichte, woran endlich alle Zünfte Theil nahmen, und doch zur Ehre des weisen Magistrats mit so ausnehmender Schonung behandelt wurden, unbekannt seyn? Diese entstund offenbar aus dem reichsschlußwidrigen elenden Schimpfen der Schlosser-Gesellen, und den verkehrten Begriffen von Zunft-Ehre und Zunft-Gerechtigkeiten.

Die Fakta sind richtig, beweisen klar: daß dem hohen Reichs-Gesetz zuwider, die Zunft-Mißbräuche sie veranlaßt haben; daß diese mit größtem Ernst und Wirksamkeit für die Zukunft unmöglich gemacht werden müssen. Aber sie beweisen deßwegen nicht: daß dieß auf keine andere Art als durch gänzliche Zerstöhrung der Zünfte und Innungen geschehen könne, deren wesentlich Gutes in diesen Blättern zur Genüge erwiesen worden ist. Ich glaube daher eine Haupt-Absicht dieses Aufsatzes zu erreichen, wenn ich einige gewiß wirksame Vorschläge zur Verhinderung der Handwerks-Purschen-Tumulte hier zur Beurtheilung vorlege.

54) Der Reichsschluß vom Jahr 1731. über die Abstellung der Handwerks-Mißbräuche, droht zwar jedem Rädelsführer bey dergleichen Empörungen die Lebensstrafe. Allein er ist zum Theil diesen Leuten gar nicht, oder doch nicht hinreichend bekannt *, und die wenigsten von ihnen denken bey ihrem ersten kleinen Troz, an die grossen Folgen, die er hat, wenn sie ihre tobende rohe Hitze hinreißt. Tief ist dieß Uebel wirklich eingewurzelt, und durch obrigkeitliche Straf-Gesetze solange unmöglich aufzuheben, bis Alle Reichsstände unverbrüchlich, ob-

*) Siebers Abhandlung von den Schwierigkeiten, das Reichsgesetz wegen der Mißbräuche bey den Zünften zu vollziehen. S. 222. u. 223.

ne Ausnahme, diese Gesetze vollziehen. Die gewöhnlichsten Veranlassungen zu dergleichen Unruhen sind:

I. Aufrechthaltung einer alten lächerlichen, oft schädlichen Observanz;

II. Kleinigkeiten zwischen Meistern und Gesellen, worinnen etwa die Obrigkeit mit vollem Recht, zu Gunsten der erstern entscheidet.

III. Häufig sind die Folgen einer versagten Erhöhung des nicht zulänglichen Tag- oder Wochenlohns, den doch eine Menge dürftiger Meister unmöglich bewilligen oder bestreiten können;

IV. Wozu noch öfters übertriebene Arbeit und Mangel aller, jedem Geschöpf doch unentbehrlichen Erholung kommt; ein Umstand, der auch das geduldigste Lastthier endlich aufbringt und rasend macht. *)

---

*) Einen Beweis hievon giebt: Ein erst den 31ten October 1791. an mehrere Städte von der churfürstlich Mainzischen Regierung erlassenes nachbarliches Schreiben.

Unsern Gruß und freundlichen Dienst zuvor. Ehrenveste und weise, besonders lieben und guten Freunde!

Da die hiesigen Schneider-Gesellen sich dieser Tagen beygehen lassen, gegen die zeither bestehende Gewohnheit, nicht mehr bis 10 Uhr, von Michaeli bis Ostern arbeiten zu wollen, und hierinnen ihre Widerspenstigkeit wohl so weit treiben dörften, daß sie aus hiesiger Arbeit aus-

a) In jedem dieser Fälle sind entweder die Gesellen, oder Gesellen und Meister, oder Meister vorzüglich die Haupt-Quelle des Aufstandes. Sind die Gesellen allein schuld, oder haben sie wenigstens ein Grosses dazu beygetragen, so sollte nach vorhergegangener strenger Untersuchung von Seiten des Handwerks (welcher immer ein Deputirter des Senats beywohnen müßte) und der Klage eines oder mehrerer Meister über die Brutalität und Chikanen

Vorkehr gegen die Gesellen.

---

tretten, und sich ausser Land begeben möchten; Um nun einer hiedurch entstehen könnenden Unordnung zweckmäsig vorzubeugen, finden wir nöthig, Euch anmit freundnachbarlich zu ersuchen, die ohnschwere baldbeliebige Verfügung dahin ergehen zu lassen, damit denen etwa hier austrettenden halsstarrigen Schneider-Gesellen, welche auch nie mit einer Kundschaft von hier aus versehen seyn werden, weder ein Aufenthalt noch Arbeit in denen Deroseitigen Landen verstattet werde. Wir schmeicheln uns um so mehr, auf die Deroseitige hierinnen mitwirkende Veranstaltung zählen zu dürfen, als wir in ähnlichen Fällen jederzeit bereitwillig zu finden sind. Wir verbleiben Euch hiemit ꝛc. Mainz den 31ten October 1791.

Mir scheint Folgendes hieraus ganz natürlich zu fliessen.

1) Churmainz giebt hier ein Beyspiel, wie dem Gesellen-Unfug durch nachbarliche schnelle Communication gesteuert werden kann.

2) Es hat sowohl als die dasige Schneiderzunft nach dem Buchstaben der Gesetze vollkommen Recht.

des Gesellen, das schlechte Betragen desselben, ohne Schonung, an die Obrigkeit seiner Vaterstadt berichtet, und demselben, von dieser bey seiner Zurückkunft, nach der Größe des Vergehens, das Meister-Recht auf Ein- oder mehrere Jahre, oder wohl gar lebenslänglich versagt werden.

Man sollte aber auch überhaupt keinem Gesellen, der nicht ein bestimmtes Zeugniß von dem Meister, bey welchem er in Arbeit stund, vorlegen kann, daß er, in

---

3) Allein man sieht auch daraus: Wohin einen Menschen die Umstände bringen können, wenn er in dem Winterhalb-Jahr täglich von Morgens 6 Uhr bis Nachts um 10 Uhr, bey magerer Kost, und einem Tagelohn von 4 — 6 Kreuzer, auf seinem harten Arbeitsstuhl, wie angenagelt sitzen muß, da doch der Taglöhner an vielen Orten, Vor- und Nachmittags eine Ruhestunde zur Erholung, und mit dem Anbruch der Nacht, höchstens um 7 Uhr Feyerabend hat. Freylich kann ihm der Meister, solange im Ganzen seine eigene dürftige Lage fortdauert, weder mehr Lohn geben, noch die Arbeits-Stunden mindern. Aber eben aus diesem dürftigen Gesellen-Lohn bey angestrengter Arbeit, läßt sich auch die geringe Bezahlung des Meisters für seine gelieferte Arbeit einigermaßen schliessen, und die Armuth eines wandernden Handwerks-Purschen erklären. Bey dem wirklichen hohen Preiß aller Bedürfnisse, muß er ein sehr sparsamer Mensch seyn; wenn er sich wöchentlich mit 24 bis 36 Kreuzer in Kleidung und Wäsche erhalten will. Ueberfällt

diesem Punkt, keine Schlechtigkeiten begangen habe, eine Kundschaft ertheilen. Wenn diese beyde Verordnungen aller Orten in Deutschland bekannt gemacht, und scharf beobachtet würden, so müßte aller Zunft-Geist ersterben, alle Sorge für sein künftiges

---

ihn nun dazu Krankheit, oder sieht er sich durch einen Zufall genöthigt, einige Monate arbeitslos herum zu wandern — dann ist sein Elend vollkommen. Kann nun die Belohnung nicht aller Orten erhöhet werden, so gönne man wenigstens dem hart Angestrengten nur auch einige Erholungszeit, damit er nicht ganz niedergeschlagen und endlich aus Verzweiflung muthlos werde.

Daß übrigens dem Gesellen-Unfug, durch schleunige obrigkeitliche Communicationen wirksam gesteuert werden könne, beweißt unter andern ein Fürstbischöfflich Speyerisches Regierungs-Rescript d. d. Bruchsal den 7ten Dec. 1791. an das Vicedomamt Bruchsal:

„Von mehrern Städten her vernimmt man, daß die Handwerkspursche in den Schranken der Ordnung sich nicht mehr halten lassen wollen, und solche allda ohne Zunft-Atteftate fortgewiesen werden. Um nun allen hieraus entstehen könnenden Unordnungen zweckmäßig vorzukommen, so haben dieselbe in ihren Amts-Bezirken, allen Ortsvorstehern, Zünften und Wirthen bekannt zu machen: daß

1) Kein Meister, bey unnachläßigen, in dem Reichsschluß von 1731. und in den Zunft-Artikeln enthaltenen Strafen sich unterfangen solle, einem fremden ankommenden Handwerkspurschen, welcher mit einem

Glück in jedem verlöschen — oder sie würden sich aus Eigennutz, wo nicht aus vernünftigen Gründen tausendfach bedenken, ehe sie sich nur einmal einfallen ließen, sich an die Spitze solcher tollen, lärmenden Pursche zu stellen. Und weiß denn nicht jeder, wie viel gewonnen ist, wenn unruhige Köpfe keinen Anführer haben?

---

glaubhaften Zunft-Attestate oder Kundschaft nicht versehen ist, einige Arbeit zu geben.

2) Sollen dergleichen Handwerkspursche über ein Nachtlager in den Herbergen nicht geduldet, sondern gleich denen, deren Kundschaften über ein halbes Jahr sind, wie solches schon in der Allmosen-Ordnung vom 16ten Sept. 1771. verordnet ist, sogleich fort, und aus den Fürstlichen Landen verwiesen werden.

3) Den sogenannten geschenkten Zünften zu untersagen, dergleichen Handwerkspurschen einiges Geschenk, welches bey denselben herkommlich ist, angedeyhen zu lassen. Wir sind 2c.

Sobald sich mehrere oder vielmehr alle Staaten Deutschlands mit Ernst vereinigten, dem oft angeführten Reichsschluß pünktlich gemäß zu handeln, würde man, verbunden mit denen oben gegebenen innern Vorschlägen, schwerlich mehr vieles von Gesellen-Aufständen und Empörungen hören.

Man muß aber auch allen von ferne veranlassenden Ursachen dieser Unordnungen möglichst vorzubeugen suchen, keine der geringsten sind:

Der schädliche Gebrauch: Gesellen nur wochenweise zu miethen. Bey dieser Einrichtung gewöhnt sich der vogelfreye Geselle ungemein leicht ans Herumstreichen, und man wird bey genauer Untersuchung der Umstände gemeiniglich finden: daß die meisten Stifter von Unruhen und Tumulten nur Gesellen von solchen Handwerkern sind, welche alle 8 oder 14 Täge dem Meister aufsagen können, und durch ihr beständiges Schwärmen desto roher, zügelloser, Freyheitsherolde im schlimmen Verstande, wurden. Diese finden bey dergleichen Empörungen die ihnen erwünschte Gelegenheit, einige Tage, vielleicht Wochen, auf fremde Kosten zu zechen, machen die Handwerks-Renommisten, und glauben sich wohl dadurch bey der Gesellschaft, aller Orten in Ansehen und grossen Ruf zu setzen. Dergleichen Gewerbe-Herostraten, welche so manchen Vernünftigen, Unschuldigen aus ihrem Mittel verführen, sollte man ohne Nachsicht ihren zerstöhrenden Muth einige Jahre im Zuchthause büssen lassen, und dann zugleich alle Gegenden durch öffentliche Zeitungs-Anzeigen für ihnen warnen, damit die Race endlich vertilgt würde. Freylich sind mehrere Gewerbe in der Lage, daß ihre Meister einige Monate nach einander mit Arbeit überhäuft, und dann wieder davon entblößt sind, auch eben darum die Gesellen nicht auf ganze oder halbe Jahre miethen können. Allein es wäre doch immer auf Monate möglich, und dann hätten doch die Meister überdieß den höchst beträchtlichen Vortheil, daß sie kein Geselle nach Belieben alle 8 Tage in der dringendsten Arbeit könnte sitzen lassen. Herr und Diener lernten sich zu ihrem wechselseitigen Vortheil genauer kennen, und würden vielleicht, wenn dieß geschähe, Jahre lang beysammen bleiben. Ueberdieß macht nicht selten der längere Aufenthalt in einer Stadt, und einige Bekanntschaft mit ihren Einwohnern, dem anfänglich bisweilen unmuthigen Gesellen den Ort erst angenehm, so daß er denselben nicht früher verläßt, als bis er entweder keine Arbeit mehr findet, oder die Erweiterung seiner Kenntnisse es nothwendig macht, oder auch die Zeit seiner Rückreise herannahet.

Sehr viel würde es zur Beförderung des guten Vernehmens zwischen Meistern und Gesellen beytragen, manche Zeit-Versäumniß, manche Verführung zum Müßiggang hindern; wenn jeder Meister seinen Gesellen nach Möglichkeit, Kost und Wohnung gäbe. In meiner Vaterstadt haben die Schuhknechte nur den einzigen Sonntag Abends die Kost nicht beym Meister. Und schon dieß zieht sehr üble Folgen nach sich. Gemeiniglich bringen sie da den halben Sonntag und Nacht auf der Herberge zu, verprassen den mühselig verdienten Wochenlohn in wenigen Stunden, sind den folgenden Tag krank, oder feyren den bey dieser Gelegenheit beschlossenen blauen Montag, weil sie doch wissen, daß der Meister nach seiner häuslichen Tischeinrichtung, gewöhnlich an diesen Sonntag Abenden seine bessere Speisen, Braten rc. zu verzehren pflegt, wodurch er nicht wenig von ihrer Liebe verliert.

b) Allein ich will durch dieß alles gar nicht behaupten: daß immer nur die Gesellen bey solchen Unruhen allein strafwürdig seyen. Es finden sich allerdings auch schlechte, rohe Meister, welche die erste Veranlassung zu Zänkereyen und Gesellen-Aufständen geben. Wo sich diese so weit vergessen, daß sie an dergleichen Tumulten nicht nur Theil nehmen, sondern wohl gar die Urheber davon sind; sollten sie durch Obrigkeit und Zünfte aller Zunft-Aemter und Deputationen unfähig erklärt werden, auf immer den untersten Platz in der Zunft einnehmen, nur auf einem besonders gesetzten Stuhl beywohnen, auch wohl nach Befinden, auf immer von jeder Zunft-Versammlung ausgeschlossen seyn, und wenn das Vergehen äusserst stark wäre, diese ihre Bestrafung, nach Möglichkeit aller Orten beym Handwerk bekannt zu machen; nur das Meister-Recht mag ihnen zur Erhaltung der Ihrigen bleiben, aber die Zunft-Rechte kann kein Mann mehr haben, der eine ganze Zunft in einen so bösen Ruf gebracht hat.

Verkehr gegen die Meister.

II.

Wie sind die bisher vorgetragenen Sätze auf den in der Preißfrage eigentlich bestimmten Staat anzuwenden.

55) Ich habe bisher Künste und Gewerbe im Ganzen betrachtet, immer Rücksicht auf das deutsche Vaterland überhaupt genommen, und mich also nicht um die Umstände bekümmert, welche in einem blos durch Zwischenhandel (Commerce d'entrepôt) bestehenden Staate, ja schon zum Theil in sehr grossen volkreichen, hauptsächlich Residenz-Städten, manches in meiner Abhandlung Gesagte anderst zu modifiziren rathen. Nun kann ich kurz, ohne der Vollständigkeit zu schaden, mit Rückweisung auf das Vorhergehende, auch diese erwägen, und so vielleicht der edlen Absicht der aufgegebenen Preißfrage am besten ein Genüge thun.

Wenn er im strengsten Verstande blos durch Zwischenhandel besteht. Wenn er eingeführte rohe Materialien verarbeiten läßt, und so wieder ausführt.

56) Ein Staat besteht entweder im allerstrengsten Verstande blos durch Zwischenhandel, oder er giebt einem beträchtlichen Theil der eingeführten Waaren eine durch seine Künste und Gewerbe verbesserte Form, ehe sie wieder ausgeführt werden.

Uebersetzung der Gewerbe ist in ihm minder gewöhnlich und minder schädlich.

In beyden Fällen hat er immer im Verhältniß gegen andere Staaten, ungleich mehrere und wohlhabendere Abnehmer, also auch weniger von der Uebersetzung der Professionisten zu besorgen; er hat doppelte innere und auswärtige Abnahme. Doch kann auch ihre Anzahl nicht ins Unendliche, Unverhältnißmäßige vermehrt werden, weil auch sie ihr Größtes der Natur nach hat. Er wird freylich weniger davon leiden, als die übrigen bisher geschilderten, aber auch alle die Vortheile verlieren, welche aus einer verhältnißmäßigen Anzahl entspringen. Er hat keinen, oder doch äusserst unbeträchtlichen eigenen Ackerbau. Alle bey diesem eingerissene, oben gerügte Fehler haben daher auch nicht den unmittelbaren Einfluß auf seine Gewerbe, wie in andern, wohl aber mittelbar von seinen Nachbarn, denen er die Lebens-Mittel theurer bezahlen muß, wenn sie nicht so viel erzeugen, als sie erzeugen könnten. Er kann diesem Fehler nicht durch sich abhelfen, wohl aber durch seine beständige Ein- und Ausfuhr die Folgen davon, für ihn selbst, ausserordentlich vermindern. Aufnahme mehrerer Bürger wird ihn weniger drücken, oft vortheilhaft seyn, doch nie, wenn sie unvorsichtig, regellos ist, und das Verhältniß überschreitet. Denn auch dieser Staat müßte am Ende die, welche sich aus diesem Grunde nicht mehr nähren können, erhalten, sobald er sie einmal als Bürger und Meister angenommen hat.

Eben so die Fehler des Ackerbaus, wenigstens nicht unmittelbar.

Ingleichen die Aufnahm mehrerer Bürger.

Läßt der Staat einen sehr beträchtlichen Theil der eingeführten Waaren, vor ihrer Versendung verarbeiten, dann finden gewiß die nemlichen Grundsätze Statt, welche (No. I. 27. II. f.) entwickelt wurden. Er kann und muß ungleich grössere Gewerbe-Freyheit, als andere gestatten, doch immer mit

Bey grosser Ausfuhr verarbeiteter vorhin eingeführter roher Produkte, ist schon grössere Vorsicht nöthig.

Doch gestattet sie mehrere Gewerbe-Freyheit.

der so natürlichen Behutsamkeit, daß die Kunstprodukte dadurch nicht an ihrer Güte verlieren, und also sein Absatz ins Ausland, statt sich zu erweitern, ja nicht vermindert werde. Ihm werden viele Zeit und Hände ersparende, künstlichr Maschinen Vortheil bringen, solange ihre Wirkung die Grösse des Absatzes nicht übersteigt, und keine schlechteren Fabrikate liefert. Er kann die (No. I. 20.) erwlesenen Vortheile der Zünfte benutzen, wenn er will, kann ihre wirklichen Nachtheile (No. I. 21.) leichter beseitigen, da sich Alles in solche Staaten drängt, um an der, aus der Menge der Abnehmer entspringenden bessern Nahrung Antheil zu nehmen, folglich die hartnäckigte Anhänglichkeit am Alten, durch das eigene Interesse überwogen wird. Das nemliche wird ihm bey denen (No. I. 22.) geschilderten, in allen andern Verfassungen eingebildeten Nachtheilen möglich, sobald sie sich, bey ihm in seiner Lage, in wirkliche Nachtheile verwandeln.

Selbst Gebrauch mancher, sonst schädlicher Maschinen.

Er kann Vortheile der Zünfte besser benutzen, und ihre Nachtheile besser beseitigen.

In ihm läßt sich der Versuch das Zunftwesen ganz aufzuheben, eher wagen.

57) In einem solchen Staate könnte also mit Aufhebung alles Zunftwesens eher ein Versuch gemacht werden, als in minder bevölkerten, nicht blos durch Zwischenhandel bestehenden Staaten, wo der Abnehmer so ungleich weniger sind! Denn wenn auch in ihm der Handwerker auf seiner gelernten Profession nicht fortkommen kann, so findet er noch tausend andere Gelegenheiten sich zu nähren, oder auch neben seinem Gewerbe mancherley Verdienst

zu verschaffen, und wird selten nothwendig ein Bettler, solang er arbeiten mag.

58) Und doch wird auch dieser Staat mit denen (No. 23. 24. 25.) bemerkten Schwierigkeiten, welche sich der gänzlichen Aufhebung der Zünfte entgegen stellen, zu kämpfen, wohl zu überlegen haben: Ob gänzliche Zunftfreyheit wohl modifizirten, von allem ihrem bisherigen Unrath gereinigten Zünften vorzuziehen seye? Denn will er sich nicht alle den unangenehmen Folgen, die aus einer plötzlichen allgemeinen Aufhebung der Zünfte nothwendig (seys auch weniger in ihm) entstehen, aussetzen; so müssen doch auch bey ertheilter Zunft-Freyheit, die Gewerbe Treibenden unter einem besondern Kollegio stehen, aus welchem man schwerlich ohne Nachtheil, alle Professionisten und Handwerker verbannen würde. Werden nun die Zünfte nach meinen obigen Vorschlägen modifizirt, so stünde dieses Kollegium gleichfalls da, hätte an den verbesserten Zünften so viele untergeordnete kleinere, welche ihm die Direktion des ganzen Handwerks erleichterten, und man wäre nicht genöthigt, eine Menge Mißvergnügte zu machen, ohne einen bessern Zweck dadurch zu erreichen. Er hat aber doch mit denen damit verknüpften Schwierigkeiten zu kämpfen.

59) Weise Ein- und Ausfuhr-Gesetze, sind dem Wesen dieser Staaten nach, gewöhnlich schon vorhanden, (No. I. 32.) dem verderblichen Luxus der untersten Volks-Klasse (No. I. 34.) können sie wehren. Ihr Be- Alle (No. I. 32. 34. 35. 36.) zum Flor der Gewerbe gemachten Foderungen

gen kann es leichter erfüllen.

tragen gegen Nachbarn ist gewöhnlich sehr klug, bey ihnen sind die Professionisten mehr als irgend mit Handelsleuten so verbunden, auch von den übrigen Ständen mehr geschätzt, als es sonsten gewöhnlich ist. Lauter Forderungen, die (No. I. 35.) mit Recht zum Flor der Gewerbe gemacht würden. Juden und Hausirer (No. I. 36.) sind entweder schon eingeschränkt, oder könnten doch unschädlicher gemacht werden.

Daher darf er nur jeden Meister in den Stand setzen, viele Gesellen zu halten.

Wenn nun ein solcher Staat vorzüglich darauf sieht, seine Professionisten in eine solche Lage zu setzen, daß sie ihre Gewerbs-Produkte, nicht nur eben so wohlfeil, sondern noch wohlfeiler, als ihre Nachbarn und Ausländer erlassen können, so müssen sie in blühende Umstände kommen. Und das allgemein anwendbare Mittel dürfte seyn: Wenn er seine Haupt-Gewerbe nicht zu sehr vertheilt, damit sämmtliche Meister viele Gesellen halten können. So wird der Staat den grossen Vortheil vieler Fabrikanten, wie England (No. I.) 19. g.) geniessen. Viele Gesellen werden nur für eine Familie arbeiten, den Meister durch den oft multiplicirten Gewinn in den Stand setzen, seine Waaren ungleich wohlfeiler, als wenn er einzeln, oder mit wenigen schaffte, zu geben, und seine rohe Materialien im Grossen einzukaufen. Denn dieß ist (schon in kleinen Orten) ein ausgemachter Erfahrungs-Satz: Wenn der Meister mit seiner Hand jährlich 100 fl. verdient, so bringt ihm jeder Geselle, nach Abzug des Lohns und der Kost, jährlich zwischen 30 bis 50 fl. reinen Gewinn, wodurch sein Wohlstand vergrössert und ein besserer Preiß seiner Arbeiten möglich gemacht wird. Nach diesem verjüngten Maasstabe, läßt sich leicht die Berechnung auf grössere, nahrhaftere Städte anwenden. Freylich könnte man sagen: Benachbarte Staaten werden auf das nemliche Mittel verfallen, und woher soll man nun die vielen Gesellen nehmen? Allein solange ganz grosse, nicht blos durch Zwischenhandel bestehende Reiche ihren Reichthum und Macht, nur nach der Volks-Menge und ihren Heeren berechnen, ist dieß wohl nicht, am wenigsten aber Gesellen-Mangel zu fürchten.

60) Allerdings verursacht hier das Eigenthümliche eines Staats für einzelne Gewerbe mächtige Verschiedenheiten. In einem Orte, daß ich nur einige Beyspiele anführe, wo der größte Theil der Einwohner eigene Früchte baut, wo fast jeder aus seinem Zugemüße- und Obst-Garten diese Bedürfnisse nicht nur für sich, sondern so häufig zieht, daß er auch andern davon abgeben kann, werden von 5000 Einwohnern vielleicht nicht 1000 vom Becker ihr Brod kaufen, weil sie ihr eigenes, kräftigeres, und weiter reichendes hausgebackenes Brod vorziehen, und da wird sich kein Gärtner leicht ernähren können. Und wie einträglich sind nicht diese beyden Gewerbe in andern Lagen? Welch ein Unterschied ist nicht nothwendig: zwischen

Verschiedene Lage mancher Gewerbe in diesem gegen andere Staaten.

dem Metzger, Becker, Bierbrauer, Weinhändler, Seiler etc. einer selbst nicht kleinen, aber doch mitten in Deutschland liegenden Stadt, und den nemlichen Handwerkern derer Städte, welche nahe an der See liegen, und eine Menge Schiffe mit Fleisch, Bier, Zwieback, Wein, Seil- und Thauwerk etc. zu versehen haben? Lauter Umstände, die bey manchem Gewerbe in einzelnen Gegenständen ganz andere Verordnungen, Einschränkungen und Erweiterungen als in den ersten möglich machen.

Daher kann er mehr zur Verbesserung des Jungen- und Gesellen-Stands

61) Aber eben deßwegen, weil in einer solchen ungleich günstigern Lage für die Professionisten, auch ungleich mehr zu seiner Vervollkommnung, ihm und dem Staate zum Vortheil, vom Staate (das Publikum mit darunter begriffen) und den Gewerben geleistet werden kann, so wünsche, ja ich hoffe und glaube es auch, daß Staaten, welche blos durch Zwischenhandel bestehen, sich die Ehre schwerlich werden nehmen lassen: Wohlthäter vom ganzen deutschen Vaterlande zu werden. Diesem hats vielleicht schon die nächste Generation zu danken, wenn bey ihr nach (No. I. 39.) die Annahme der Lehrjungen verbessert, ihr Lehrgeld und Lehrjahre billiger bestimmt, ihre Behandlung zweckmäsiger und menschlicher gemacht, eine Menge Mißbräuche aufgehoben, sie nicht nach dem gewöhnlichen Schlendrian zu Gesellen erklärt, sondern vorhin gewissenhaft geprüft, kurz alle die Maasre-

geln angewendet werden, welche in ihnen, unsern Nachkommen gesittetere, rechtschaffene, geschickte Gesellen und Meister liefern müssen.

62) Ihr, als gewöhnlich freyerer Männer, Beyspiel reizt vermuthlich dann auch andere Staaten durch seinen trefflichen Erfolg zur Nacheiferung, daß sie den No. I. 139. bis 149. skizzirten Entwurf zur bessern Handwerker-Erziehung, nicht nur als einen wohlgemeynten Vorschlag ansehen, sondern von dessen wirklichen Nutzen, durch die von so edel denkenden Männern angestellte Erfahrungen überzeugt, ähnliche Veranstaltungen treffen, welche nach einem halben Jahrhundert den ganzen Handwerks- und Innungs-Geist dermaßen verändern müssen, daß von ihm nur das wahre Edle, Schöne und Gute übrig bleiben wird, wenn die Schlacken längst verbannt sind.

zur bessern Handwerker-Erziehung,

Sie können den (No. I. 49.) gegebenen Vorschlag die Verbesserung der Wanderschaft der innländischen Gesellen betreffend, am leichtesten ausführen, wenigstens einen menschenfreundlichen Versuch damit machen, ob meine zwar aus vielen Erfahrungen abstrahirte Theorie, auch in der Ausführung das leiste, was sie dermalen mit so vieler Wahrscheinlichkeit zu leisten, verspricht.

zum zweckmäßigen Wandern der Gesellen, als andere beytragen.

Bey ihren Anstalten, bey der Menge von so mannigfaltigen Arbeiten, bey ihren geschickten Professionisten, bey der (gegen ganze Fürstenthümer und Reiche) verhältnißmäßig geringern Zahl einheimischer Jungen und Gesellen läßt sich das (No. I. 49. c.) gewünschte Wandern, nur derer, welche sich vorzüglich in einem Metier auszeichnen, und ihre öffentliche Unterstützung weit eher als in andern Gegenden erwarten, die immer noch grossen Vortheil davon haben würden, aber doch nicht so ausgezeichnete, wie ein Staat, dessen Wohlstand ganz vom Handel und den Gewerben abhängt, der bey einer Menge von Fremden selbst denen, welche ihn nie verlassen, die herrlichste Gelegenheit giebt: Fremde Menschen, fremde Sitten, fremde Geschicklichkeiten kennen zu lernen, zu nützen — und dieß alles, ohne oder doch weit mindere Gefahr, fremde Thorheiten, fremde Laster in hohem Grade anzunehmen, sie mit seinem eigenen Geld und Gesundheit zu bezahlen.

Auch wenn er die Zünfte beybehält, Meisterstücke und Meisterwerden sehr benuzzen.

63) Sollte die verehrungswürdige Gesellschaft meine Gründe für die Beybehaltung der Zünfte (doch immer unter Voraussetzung der nothwendigen Modifikationen) bindend finden, so kann ich hoffen, daß sie auch das, was (No. I. 50.) über die Meisterstücke und das Meisterwerden, überhaupt erinnert wurde, in einem durch Zwischenhandel bestehenden Staat, desto zweckmäßiger finden wird, je mehr diesem daran gelegen seyn muß, lauter vorzügliche Meister in denen Gewerben zu haben, die den Absatz der eingeführten und verarbeiteten rohen Materialien durch ihre Güte und Schönheit eben so thätig befördern, als er nothwendig von schlechten

Arbeitern oft auf eine lange Zeit gehindert werden kann.

64) Hamburg hat sich schon lange unter den grossen Städten Deutschlands durch seine treffliche Polizey-Anstalten, und vorzüglich im August 1791. durch seinen weisen, väterlich schonenden, aber dann auch, wann es nöthig ist, nicht nachgebenden Ernst, rühmlich ausgezeichnet. Vielleicht gelingts ihm auch, der Liederlichkeit einzelner Gewerbe Treibender thätig zu steuren (denn wo ist ein nur etwas beträchtlicher Ort, in dem sich nicht auch schlechte Menschen befinden sollten?) Vielleicht macht es einen glücklichen Versuch, Uebelhauser frühe zu retten, ehe sie so tief sinken, daß Rettung zu spät kommt.

Er wird bey guter Polizey den Verschwendern trefflich steuren, und

Welch ein Segen würde die edlen Männer beglücken, welche durch ein wirkliches Beyspiel hundert, ja mehr andere Orte zur Nachahmung reizten, viele zur Rechtschaffenheit, Tugend und Arbeitsamkeit zurücke führten, die sonst für sich, ihre Weiber und Kinder auf immer wären verlohren gewesen; wenn sie zeigten: daß weise Erziehung der Handwerker auch bessere ruhigere Gesellen schaffen kann, daß passende Verordnungen, die heilig beobachtet werden, auch die rohesten Menschen allmählich so bilden, wie sie ihrer Bestimmung gemäß, zu ihrem und jedes Staats Vortheil gebildet seyn sollen.

dem Unfug der Handwerks-Tumulten kräftig vorbeugen.

65) So sehr ich auch überzeugt bin, daß alle meine bisher gemachte allgemeine Bemerkun-

Aber doch vorhin d

Zunftgesetze jeder Innung einzeln prüfen, damit

gen und Vorschläge in der Natur der Sache gegründet sind; so kann ich doch beym Schluß dieser Abhandlung den Wunsch nicht unterdrücken:

die neu entworfene Gesetze das Wohl des Ganzen und der Theile befördern.

Möchte doch jede einzelne Zunft-Ordnung eines jeden Handwerks, in jeder Stadt von redlichen, einsichtsvollen Männern geprüft, die vernünftigsten, aufgeklärtesten Meister zu Rathe gezogen, verbessert, und so den Verhältnissen der Bürger, des Orts, der Nachbarn und den Zeit-Umständen angepaßt werden, daß nie Viele einem einzigen oder etlichen aufgeopfert *), nie das Wohl der Bürger vom Wohl des Staats, nie das Wohl des Ganzen vom Wohl der Theile getrennt, nie dabey vergessen würde, daß diese das Ganze ausmachen, und selbst unermeßliche Summen endlich verschwinden müssen, wenn ein Gulden nach dem andern vernachläßigt wird, weil er nicht allein die ganze Summe ausmacht! Eine Forderung, die in meinen Augen kein einzelner Mann, kein Verbesserer einer einigen Zunft vollständig zu erfüllen wagen dürfte.

---

*) Siehe Schlözers Staats-Anzeigen Vter Band, 18tes Heft, S. 229. Anmerkung am Ende.

www.ingramcontent.com/pod-product-compliance
Lightning Source LLC
Chambersburg PA
CBHW032316280326
41932CB00009B/827
9783743406933